中外哲學典籍大全

總主編　李鐵映　王偉光

中國哲學典籍卷

宋元明清哲學類

四存編

〔清〕顔元　著

王廣　點校

中國社會科學出版社

圖書在版編目（CIP）數據

四存編／（清）顔元著；王廣點校．—北京：中國社會科學出版社，2022.3
（中外哲學典籍大全．中國哲學典籍卷）
ISBN 978－7－5203－9737－7

Ⅰ.①四…　Ⅱ.①顔…②王…　Ⅲ.①古典哲學—中國—清代
Ⅳ.①B249.51

中國版本圖書館CIP數據核字（2022）第027214號

出 版 人　趙劍英
項目統籌　王　茵
責任編輯　張　潛
責任校對　趙　威
責任印製　王　超

出　　版　中国社会科学出版社
社　　址　北京鼓樓西大街甲158號
郵　　編　100720
網　　址　http://www.csspw.cn
發 行 部　010－84083685
門 市 部　010－84029450
經　　銷　新華書店及其他書店

印　　刷　北京君昇印刷有限公司
裝　　訂　廊坊市廣陽區廣增裝訂廠
版　　次　2022年3月第1版
印　　次　2022年3月第1次印刷

開　　本　710×1000　1/16
印　　張　23.75
字　　數　281千字
定　　價　86.00元

中外哲學典籍大全

學術委員會

「中國哲學典籍卷」

學術委員會

主　任　陳　來　趙汀陽　謝地坤　李存山　王　博

委　員（按姓氏拼音排序）

白　奚　陳壁生　陳　静　陳立勝　陳少明　陳衛平　陳　霞　丁四新　馮顔利

于春松　郭齊勇　郭曉東　景海峰　李景林　李四龍　劉成有　劉　豐　王中江

王立勝　吴　飛　吴根友　吴　震　向世陵　楊國榮　楊立華　張學智　張志强

鄭　開

項目負責人　張志强

提要撰稿主持人　劉　豐　趙金剛

提要英譯主持人　陳　霞

中外哲學典籍大全

總　序

中外哲學典籍大全的編纂，是一項既有時代價值又有歷史意義的重大工程。

中華民族經過了近一百八十年的艱苦奮鬥，迎來了中國近代以來最好的發展時期，迎來了奮力實現中華民族偉大復興的時期。中華民族祇有總結古今中外的一切思想成就，才能並肩世界歷史發展的大勢。爲此，我們須編纂一部匯集中外古今哲學典籍的經典集成，爲中華民族的偉大復興、爲人類命運共同體的建設、爲人類社會的進步，提供哲學思想的精粹。

哲學是思想的花朵，文明的靈魂，精神的王冠。一個國家、民族，要興旺發達，擁有光明的未來，就必須擁有精深的理論思維，擁有自己的哲學。哲學是推動社會變革和發展的理論力量，是激發人的精神砥石。哲學解放思維，净化心靈，照亮前行的道路。偉大的時代需要精邃的哲學。

一　哲學是智慧之學

哲學是什麽？這既是一個古老的問題，又是哲學永恒的話題。追問哲學是什麽，本身就是「哲學」問題。從哲學成爲思維的那一天起，哲學家們就在不停追問中發展、豐富哲學的篇章，給出一個又一個答案。每個時代的哲學家對這個問題都有自己的詮釋。哲學是什麽，是懸疑在人類智慧面前的永恒之問，這正是哲學之爲哲學的基本特點。

哲學是全部世界的觀念形態，精神本質。人類面臨的共同問題，是哲學研究的根本對象。本體論、認識論、世界觀、人生觀、價值觀、實踐論、方法論等，仍是哲學的基本問題和生命力所在！哲學研究的是世界萬物的根本性、本質性問題。人們可以給哲學做出許多具體定義，但我們可以嘗試用「遮詮」的方式描述哲學的一些特點，從而使人們加深對何爲哲學的認識。

哲學不是玄虛之觀。哲學來自人類實踐，關乎人生。哲學對現實存在的一切追根究底、「打破砂鍋問到底」。它不僅是問「是什麽」（being），而且主要是追問「爲什麽」（why），特別是追問「爲什麽的爲什麽」。它關注整個宇宙，關注整個人類的命運，關注人生。它關心柴米油鹽醬醋茶和人的生命的關係，關心人工智能對人類社會的挑戰。哲學是對一切實踐經驗的理論升華，它關心具體現象背後的根據，關心人類如何會更好。

哲學是在根本層面上追問自然、社會和人本身，以徹底的態度反思已有的觀念和認識，從價值理想出發把握生活的目標和歷史的趨勢，展示了人類理性思維的高度，凝結了民族進步的智慧，寄託了人們熱愛光明、追求真善美的情懷。道不遠人，人能弘道。哲學是把握世界、洞悉未來的學問，是思想解放、自由的大門！

古希臘的哲學家們被稱爲「望天者」，亞里士多德在《形而上學》一书中說，「最初人們通過好奇—驚讚來做哲學」。如果說知識源於好奇的話，那麽産生哲學的好奇心，必須是大好奇心。這種「大好奇心」衹爲一件「大事因緣」而來，所謂大事，就是天地之間一切事物的「爲什麽」。哲學精神，是「家事、國事、天下事，事事要問」，是一種永遠追問的精神。

哲學不祇是思維。哲學將思維本身作爲自己的研究對象，對思想本身進行反思。哲學不是一般的知識體系，而是把知識概念作爲研究的對象，追問「什麼才是知識的真正來源和根據」。哲學的「非對象性」的思想方式，不是「純形式」的推論原則，而有其「非對象性」之對象。哲學之對象乃是不斷追求真理，是一個理論與實踐兼而有之的過程，是認識的精粹。哲學追求真理的過程本身就顯現了哲學的本質。天地之浩瀚，變化之奥妙，正是哲思的玄妙之處。

哲學不是宣示絶對性的教義教條，哲學反對一切形式的絶對。哲學解放束縛，意味著從一切思想教條中解放人類自身。哲學給了我們徹底反思過去的思想自由，給了我們深刻洞察未來的思想能力。哲學就是解放之學，是聖火和利劍。

哲學不是一般的知識。哲學追求「大智慧」。佛教講「轉識成智」，識與智相當於知識與哲學的關係。一般知識是依據於具體認識對象而來的、有所依有所待的「識」，而哲學則是超越於具體對象之上的「智」。

公元前六世紀，中國的老子説，「大方無隅，大器晚成，大音希聲，大象無形，道隱無名。夫唯道，善貸且成」。又説，「反者道之動，弱者道之用。天下萬物生於有，有生於無」。對道的追求就是對有之爲有、無形無名的探究，就是對天地何以如此的探究。這種追求，使得哲學具有了天地之大用，具有了超越有形有名之有限經驗的大智慧。這種大智慧、大用途，超越一切限制的籬笆，達到趨向無限的解放能力。

哲學不是經驗科學，但又與經驗有聯繫。哲學從其作爲學問誕生起，就包含於科學形態之中，是以科學形態出現的。哲學是以理性的方式、概念的方式、論证的方式來思考宇宙人生的根本問題。在亞里士多德那裏，凡是研究實體(ousia)的學問，都叫作「哲學」。而「第一實體」則是存在者中的「第一個」。研究第一實體的學問稱爲「神學」，也就是「形而上學」，這正是後世所謂「哲學」。一般意義上的科學正是從「哲學」最初的意義上贏得自己最原初的規定性的。哲學雖然不是經驗科學，却爲科學劃定了意義的範圍、指明了方向。哲學最後必定指向宇宙人生的根本問題，大科學家的工作在深層意義上總是具有哲學的意味，牛頓和愛因斯坦就是這樣的典範。

哲學不是自然科學，也不是文學藝術，但在自然科學的前頭，哲學的道路展現了；在文學藝術的山頂，哲學的天梯出現了。哲學不斷地激發人的探索和創造精神，使人在認識世界的過程中，不斷達到新境界，在改造世界中從必然王國到達自由王國。

哲學不斷從最根本的問題再次出發。哲學史在一定意義上就是不斷重構新的世界觀、認識人類自身的歷史。哲學的歷史呈現，正是對哲學的創造本性的最好説明。哲學史上每一位哲學家對根本問題的思考，都在爲哲學添加新思維、新向度，猶如爲天籟山上不斷增添一隻隻黃鸝翠鳥。

如果説哲學是哲學史的連續展現中所具有的統一性特徵，那麽這種「一」是在「多」個哲學的創造中實現的。如果説每一種哲學體系都追求一種體系性的「一」的話，那麽每種「一」的體系之間都存在着千絲相聯、多方組合的關係。這正是哲學史昭示於我們的哲學多樣性的意義。多樣性與統一性的依存關係，正是哲學尋求現象與本質、具體與普遍相統一的辯證之意義。

哲學的追求是人類精神的自然趨向，是精神自由的花朵。哲學是思想的自由，是自由的思想。

中國哲學，是中華民族五千年文明傳統中，最爲内在的、最爲深刻的、最爲持久的精神追求和價值觀表達。中國哲學已經化爲中國人的思維方式、生活態度、道德準則、人生追求、精神境界。中國人的科學技術、倫理道德，小家大國、中醫藥學、詩歌文學、繪畫書法、武術拳法、鄉規民俗，乃至日常生活也都浸潤着中國哲學的精神。華夏文化雖歷經磨難而能够透魄醒神，堅韌屹立，正是來自於中國哲學深邃的思維和創造力。

先秦時代，老子、孔子、莊子、孫子、韓非子等諸子之間的百家争鳴，就是哲學精神在中國的展現，是中國人思想解放的第一次大爆發。兩漢四百多年的思想和制度，是諸子百家思想在争鳴過程中大整合的結果。魏晋之際，玄學的發生，則是儒道冲破各自藩籬，彼此互動互補的結果，形成了儒家獨尊的態勢。隋唐三百年，佛教深入中國文化，又一次帶來了思想的大融合和大解放，禪宗的形成就是這一融合和解放的結果。兩宋三百多年，中國哲學迎來了第三次大解放。儒釋道三教之間的互潤互持日趨深入，朱熹的理學和陸象山的心學，就是這一思想潮流的哲學結晶。

與古希臘哲學强調沉思和理論建構不同，中國哲學的旨趣在於實踐人文關懷，它更關注實踐的義理性意義。中國哲學當中，知與行從未分離，中國哲學有着深厚的實踐觀點和生活觀點，倫理道德觀是中國人的貢獻。馬克思説，「全部社會生活在本質上是實踐的」，實踐的觀點、生活的觀點也正是馬克思主義認識論的基本觀點。這種哲學上的契合性，正是馬克思主義能够在中國扎根並不斷中國化的哲學原因。

「實事求是」是中國的一句古話。今天已成爲深遂的哲理，成爲中國人的思維方式和行爲基準。實事求是就是解放思想，解放思想就是實事求是。實事求是是毛澤東思想的精髓，是改革開放的基石。只有解放思想才能實事求是。實事求是就是中國人始終堅持的哲學思想。實事求是就是依靠自己，走自己的道路，反對一切絶對觀念。所謂中國化就是一切從中國實際出發，一切理論必須符合中國實際。

二　哲學的多樣性

實踐是人的存在形式，是哲學之母。實踐是思維的動力、源泉、價值、標準。人們認識世界、探索規律的根本目的是改造世界，完善自己。哲學問題的提出和回答，都離不開實踐。馬克思有句名言：「哲學家們只是用不同的方式解釋世界，而問題在於改變世界！」理論只有成爲人的精神智慧，才能成爲改變世界的力量。

哲學關心人類命運。時代的哲學，必定關心時代的命運。對時代命運的關心就是對人類實踐和命運的關心。人在實踐中產生的一切都具有現實性。哲學的實踐性必定帶來哲學的現實性。哲學的現實性就是强調人在不斷回答實踐中各種問題時應該具有的態度。

哲學作爲一門科學是現實的。哲學是一門回答並解釋現實的學問，哲學是人們聯繫實際、面對現實的思想。可以説哲學是現實的最本質的理論，也是本質的最現實的理論。哲學始終追問現實的發展和變化。哲學存在於實踐中，也必定在現實中發展。哲學的現實性要求我們直面實踐本身。

哲學不是簡單跟在實踐後面，成爲當下實踐的「奴僕」，而是以特有的深邃方式，關注着實踐的發展，提升人的實踐水平，爲社會實踐提供理論支撑。從直接的、急功近利的要求出發來理解和從事哲學，無異於向哲學提出它本身不可能完成的任務。哲學是深沉的反思，厚重的智慧，事物的抽象，理論的把握。哲學是人類把握世界最深邃的理論思維。

哲學是立足人的學問，是人用於理解世界、把握世界、改造世界的智慧之學。「民之所好，好之，民之所惠，惠之。」哲學的目的是爲了人。用哲學理解外在的世界，理解人本身，也是爲了用哲學改造世界、改造人。哲學研究無禁區，無終無界，與宇宙同在，與人類同在。

存在是多樣的，發展是多樣的，這是客觀世界的必然。宇宙萬物本身是多樣的存在，多樣的變化。歷史表明，每一民族的文化都有其獨特的價值。文化的多樣性是自然律，是動力，是生命力。各民族文化之間的相互借鑒，補充浸染，共同推動著人類社會的發展和繁榮，這是規律。對象的多樣性、複雜性，決定了哲學的多樣性；即使對同一事物，人們也會産生不同的哲學認識，形成不同的哲學派别。哲學觀點、思潮、流派及其表現形式上的區别，來自於哲學的時代性、地域性和民族性的差异。世界哲學是不同民族的哲學的薈萃，如中國哲學、西方哲學、阿拉伯哲學等。多樣性構成了世界，百花齊放形成了花園。不同的民族會有不同風格的哲學。恰恰是哲學的民族性，使不同的哲學都可以在世界舞臺上演繹出各種「戲劇」。即使有類似的哲學觀點，在實踐中的表達和運用也會各有特色。

人類的實踐是多方面的，具有多樣性、發展性，大體可以分爲：改造自然界的實踐，改造人類社會的實踐，完善人本身的實踐，提升人的精神世界的精神活動。人是實踐中的人，實踐是人的生命的第一屬性。實踐的社會性决定了哲學的社會性，哲學不是脱離社會現實生活的某種遐想，而是社會現實生活的觀念形態，是文明進步的重要標誌，是人的發展水平的重要維度。哲學的發展狀况，反映着一個社會人的理性成熟程度，反映著這個社會的文明程度。

哲學史實質上是自然史、社會史、人的發展史和人類思維史的總結和概括。自然界是多樣的，社會是多樣的，人類思維是多樣的。所謂哲學的多樣性，就是哲學基本觀念、理論學說、方法的異同，是哲學思維方式上的多姿多彩。哲學的多樣性是哲學的常態，是哲學進步、發展和繁榮的標誌。哲學是人的哲學，哲學是人對事物的自覺，是人對外界和自我認識的學問，也是人把握世界和自我的學問。哲學的多樣性，是哲學的常態和必然，是哲學發展和繁榮的內在動力。一般是普遍性，特色也是普遍性。從單一性到多樣性，從簡單性到複雜性，是哲學思維的一大變革。用一種哲學話語和方法否定另一種哲學話語和方法，這本身就不是哲學的態度。

多樣性並不否定共同性、統一性、普遍性。物質和精神，存在和意識，一切事物都是在運動、變化中的，是哲學的基本問題，也是我們的基本哲學觀點！

當今的世界如此紛繁複雜，哲學多樣性就是世界多樣性的反映。哲學是以觀念形態表現出的現實世界。哲學的多樣性，就是文明多樣性和人類歷史發展多樣性的表達。多樣性是宇宙之道。

哲學的實踐性、多樣性，還體現在哲學的時代性上。哲學總是特定時代精神的精華，是一定歷史條件下人的反思活動的理論形態。在不同的時代，哲學具有不同的內容和形式，哲學的多樣性，也是歷史時代多樣性的表達。哲學的多樣性也會讓我們能够更科學地理解不同歷史時代，更爲内在地理解歷史發展的道理。多樣性是歷史之道。

哲學之所以能發揮解放思想的作用，在於它始終關注實踐，關注現實的發展；在於它始終關注著科學技術的進步。哲學本身没有絶對空間，没有自在的世界，只能是客觀世界的映象，觀念形態。没有了現實性，哲學就遠離人，就離開了存在。哲學的實踐性，説到底是在説明哲學本質上是人的哲學，是人的思維，是爲了人的科學！哲學的實踐性、多樣性告訴我們，哲學必須百花齊放、百家争鳴。哲學的發展首先要解放自己，解放哲學，就是實現思維、觀念及範式的變革。人類發展也必須多途並進，交流互鑒，共同繁榮。采百花之粉，才能釀天下之蜜。

三　哲學與當代中國

中國自古以來就有思辨的傳統，中國思想史上的百家争鳴就是哲學繁榮的史象。哲學是歷史發展的號角。中國思想文化的每一次大躍升，都是哲學解放的結果。中國古代賢哲的思想傳承至今，他們的智慧已浸入中國人的精神境界和生命情懷。

中國共産黨人歷來重視哲學，毛澤東在一九三八年，在抗日戰爭最困難的條件下，在延安研究哲學，創作了實踐論和矛盾論，推動了中國革命的思想解放，成爲中國人民的精神力量。

中華民族的偉大復興必將迎來中國哲學的新發展。當代中國必須有自己的哲學，當代中國的哲學必須要從根本上講清楚中國道路的哲學道理。中華民族的偉大復興必須要有哲學的思維，必須要有不斷深入的反思。發展的道路，就是哲思的道路，文化的自信，就是哲學思維的自信。哲學是引領者，可謂永恒的「北斗」，哲學是時代的「火焰」，是時代最精緻最深刻的「光芒」。從社會變革的意義上説，任何一次巨大的社會變革，總是以理論思維爲先導。理論的變革，總是以思想觀念的空前解放爲前提，而「吹響」人類思想解放第一聲「號角」的，往往就是代表時代精神精華的哲學。社會實踐對於哲學的需求可謂「迫不及待」，因爲哲學總是「吹響」這個新時代的「號角」。「吹響」中國改革開放之

「號角」的，正是「解放思想」「實踐是檢驗真理的唯一標準」「不改革死路一條」等哲學觀念。「吹響」新時代「號角」的是「中國夢」，「人民對美好生活的向往，就是我們奮鬥的目標」。發展是人類社會永恒的動力，變革是社會解放的永遠的課題，思想解放，解放思想是無盡的哲思。中國正走在理論和實踐的雙重探索之路上，搞探索没有哲學不成！

中國哲學的新發展，必須反映中國與世界最新的實踐成果，必須反映科學的最新成果，必須具有走向未來的思想力量。今天的中國人所面臨的歷史時代，是史無前例的。十三億人齊步邁向現代化，這是怎樣的一幅歷史畫卷！是何等壯麗、令人震撼！不僅中國歷史上亘古未有，在世界歷史上也從未有過。當今中國需要的哲學，是結合天道、地理、人德的哲學，是整合古今中西的哲學，只有這樣的哲學才是中華民族偉大復興的哲學。

當今中國需要的哲學，必須是適合中國的哲學。無論古今中外，再好的東西，也需要再吸收，再消化，必須要經過現代化和中國化，才能成爲今天中國自己的哲學。哲學是解放人的，哲學自身的發展也是一次思想解放，也是人的一个思維升華、羽化的過程。中國人的思想解放，總是隨著歷史不斷進行的。歷史有多長，思想解放的道路就有多長；發展進步是永恒的，思想解放也是永無止境的，思想解放就是哲學的解放。

習近平説，思想工作就是「引導人們更加全面客觀地認識當代中國、看待外部世界」。這就需要我們確立一種「知己知彼」的知識態度和理論立場，而哲學則是對文明價值核心最精練和最集中的深邃性表達，有助於我們認識中國、認識世界。立足中國、認識中國，需要我們審視我們走過的道路，立足中國、認識世界，需要我們觀察和借鑒世界歷史上的不同文化。中國「獨特的文化傳統」、中國「獨特的歷史命運」、中國「獨特的基本國情」，「決定了我們必然要走適合自己特點的發展道路」。一切現實的，存在的社會制度，其形態都是具體的，都是特色的，都必須是符合本國實際的。抽象的制度，普世的制度是不存在的。同時，我們要全面客觀地「看待外部世界」。研究古今中外的哲學，是中國認識世界、認識人類史，認識自己未來發展的必修課。今天中國的發展不僅要讀中國書，還要讀世界書。不僅要學習自然科學、社會科學的經典，更要學習哲學的經典。當前，中國正走在實現「中國夢」的「長征」路上，這也正是一條思想不斷解放的道路！要回答中國的問題，解釋中國的發展，首先需要哲學思維本身的解放。哲學的發展，就是哲學的解放，這是由哲學的實踐性、時代性所決定的。哲學無禁區、無疆界。哲學是關乎宇宙之精神，是關乎人類之思想。哲學將與宇宙、人類同在。

四 哲學典籍

中外哲學典籍大全的編纂，是要讓中國人能研究中外哲學經典，吸收人類精神思想的精華；是要提升我們的思維，讓中國人的思想更加理性、更加科學、更加智慧。

中國有盛世修典的傳統。中國古代有多部典籍類書（如「永樂大典」「四庫全書」等），在新時代編纂中外哲學典籍大全，是我們的歷史使命，是民族復興的重大思想工程。

只有學習和借鑒人類精神思想的成就，才能實現我們自己的發展，走向未來。中外哲學典籍大全的編纂，就是在思維層面上，在智慧境界中，繼承自己的精神文明，學習世界優秀文化。這是我們的必修課。

不同文化之間的交流、合作和友誼，必須達到哲學層面上的相互認同和借鑒。哲學之間的對話和傾聽，才是從心到心的交流。中外哲學典籍大全的編纂，就是在搭建心心相通的橋樑。

我們編纂這套哲學典籍大全，一是中國哲學，整理中國歷史上的思想典籍，濃縮中國思想史上的精華；二是外國哲學，主要是西方哲學，吸收外來，借鑒人類發展的優秀哲學成果；三是馬克思主義哲學，展示馬克思主義哲學中國化的成就；四是中國近現代以來的哲學成果，特別是馬克思主義在中國的發展。

編纂這部典籍大全，是哲學界早有的心願，也是哲學界的一份奉獻。中外哲學典籍大全總結的是書本上的思想，是先哲們的思維，是前人的足迹。我們希望把它們奉獻給後來人，使他們能够站在前人肩膀上，站在歷史岸邊看待自己。

中外哲學典籍大全的編纂，是以「知以藏往」的方式實現「神以知來」；中外哲學典籍大全的編纂，是通過對中外哲學歷史的「原始反終」，從人類共同面臨的根本大問題出發，在哲學生生不息的道路上，綵繪出人類文明進步的盛德大業！

發展的中國，既是一個政治、經濟大國，也是一個文化大國，也必將是一個哲學大國、思想王國。人類的精神文明成果是不分國界的，哲學的邊界是實踐，實踐的永恒性是哲學的永續綫性，打開胸懷擁抱人類文明成就，是一個民族和國家自强自立，始終佇立於人類文明潮頭的根本條件。

擁抱世界，擁抱未來，走向復興，構建中國人的世界觀、人生觀、價值觀、方法論，這是中國人的視野、情懷，也是中國哲學家的願望！

李鐵映

二〇一八年八月

「中國哲學典籍卷」

序

中國古無「哲學」之名，但如近代的王國維所説，「哲學爲中國固有之學」。「哲學」的譯名出自日本啓蒙學者西周，他在一八七四年出版的百一新論中説：「將論明天道人道，兼立教法的philosophy譯名爲哲學。」自「哲學」譯名的成立，「philosophy」或「哲學」就已有了東西方文化交融互鑒的性質。

「philosophy」在古希臘文化中的本義是「愛智」，而「哲學」的「哲」在中國古經書中的字義就是「智」或「大智」。孔子在臨終時慨嘆而歌：「泰山壞乎！梁柱摧乎！哲人萎乎！」（史記孔子世家）「哲人」在中國古經書中釋爲「賢智之人」，而在「哲學」譯名輸入中國後即可稱爲「哲學家」。

哲學是智慧之學，是關於宇宙和人生之根本問題的學問。對此，中西或中外哲學是共同的，因而哲學具有世界人類文化的普遍性。但是，正如世界各民族文化既有世界的普遍性，也有民族的特殊性，所以世界各民族哲學也具有不同的風格和特色。如果説「哲學」是個「共名」或「類稱」，那麽世界各民族哲學就是此類中不同的「特例」。這是哲學的普遍性與多樣性的統一。

在中國哲學中，關於宇宙的根本道理稱爲「天道」，關於人生的根本道理稱爲「人道」，中國哲學的一個貫穿始終的核心問題就是「究天人之際」。一般説來，天人關係問題是中外哲學普遍探索的問題，而中國哲學的「究天人之際」具有自身的特點。

亞里士多德曾説：「古今來人們開始哲學探索，都應起於對自然萬物的驚異……這類學術研究的開始，都在人生的必需品以及使人快樂安適的種種事物幾乎全都獲得了以後。」「這些知識最先出現於人們開始有閒暇的地方。」這是説的古希臘哲學的一個特點，是與當時古希臘的社會歷史發展階段及其貴族階層的生活方式相聯繫的。與此不同，中國哲學是産生於士人在社會大變動中的憂患意識，爲了求得社會的治理和人生的安頓，他們大多「席不暇暖」地周遊列國，宣傳自己的社會主張。這就決定了中國哲學在「究天人之際」

中首重「知人」，在先秦「百家争鳴」中的各主要流派都是「務爲治者也，直所從言之異路，有省不省耳」（史記太史公自序）。

中國哲學與其他民族哲學所不同者，還在於中國數千年文化一直生生不息而未嘗中斷，中國文化在世界歷史的「軸心時期」所實現的哲學突破也是采取了極温和的方式。這主要表現在孔子的「祖述堯舜，憲章文武」，删述六經，對中國上古的文化既有連續性的繼承，又經編纂和詮釋而有哲學思想的突破。因此，由孔子及其後學所編纂和詮釋的上古經書就以「先王之政典」的形式不僅保存下來，而且在此後中國文化的發展中居於統率的地位。

據近期出土的文獻資料，先秦儒家在戰國時期已有對「六經」的排列，「六經」作爲一個著作群受到儒家的高度重視。至漢武帝「罷黜百家，表章六經」，遂使「六經」以及儒家的經學確立了由國家意識形態認可的統率地位。漢書藝文志著録圖書，爲首的是「六藝略」，其次是「諸子略」「詩賦略」「兵書略」「數術略」和「方技略」，這就體現了以「六經」統率諸子學和其他學術。這種圖書分類經幾次調整，到了隋書經籍志乃正式形成「經、史、子、集」的四部分類，此後保持穩定而延續至清。

中國傳統文化有「四部」的圖書分類，也有對「義理之學」「考據之學」「辭章之學」和「經世之學」等的劃分，其中「義理之學」雖然近於「哲學」但並不等同。中國傳統文化沒有形成「哲學」以及近現代教育學科體制的分科，但是中國傳統文化確實固有其深邃的哲學思想，它表達了中華民族的世界觀、人生觀，體現了中華民族的思維方式、行爲準則，凝聚了中華民族最深沉、最持久的價值追求。

清代學者戴震說：「天人之道，經之大訓萃焉。」（原善卷上）經書和經學中講「天人之道」的「大訓」，就是中國傳統的哲學；不僅如此，在圖書分類的「子、史、集」中也有講「天人之道」的「大訓」，這些也是中國傳統的哲學。「究天人之際」的哲學主題是在中國文化上下幾千年的發展中，伴隨著歷史的進程而不斷深化、轉陳出新、持續探索的。

中國哲學首重「知人」，在天人關係中是以「知人」爲中心，以「安民」或「爲治」爲宗旨的。在記載中國上古文化的尚書皋陶謨中，就有了「知人則哲，能官人；安民則惠，黎民懷之」的表述。在論語中，「樊遲問仁，子曰：『愛人。』問知（智），子曰：『知人。』」（論語顏淵）「仁者愛人」是孔子思想中的最高道德範疇，其源頭可上溯到中國文化自上古以來就形成的崇尚道德的優秀傳統。孔子說：「未能事人，焉能事鬼？」「未知生，焉知死？」（論語先進）「務民之義，敬鬼神而遠之，可謂知矣。」（論語雍也）「智者知人」，在孔子的思想中雖然保留了對「天」和鬼神的敬畏，但他的主要關注點是現世的人生，是「仁者愛人」「天下有道」的價值取向，由此確立了中國哲學以「知人」爲中心的思想範式。西方現代哲學家雅斯貝爾斯在大哲學家一書中把蘇格拉底、佛陀、孔子和耶穌作爲「思想範式的創造者」，而孔子思想的特點就是「要在世間建立一種人道的秩序」，「在現世的可能性之中」，孔子「希望建立一個新世界」。

中國上古時期把「天」或「上帝」作爲最高的信仰對象，這種信仰也有其宗教的特殊性。如梁啓超所說：「各國之尊天者，常崇之於萬有之外，而中國則常納之於人事之中，此吾中華所特長也。……其尊天也，目的不在天國而在世界，受用不在未來（來世）而在現在（現世）。是故人倫亦稱天倫，人道亦稱天道。記曰：『善言天者必有驗於人。』此所以雖近於宗教，而與他國之宗教自殊科也。」由於中國上古文化所信仰的「天」不是存在於與人世生活相隔絕的「彼岸世界」，而是與地相聯繫（中庸所謂「郊社之禮，所以事上帝也」，朱熹中庸章句注：「郊，祀天；社，祭地。不言后土者，省文也。」），具有道德的、以民爲本的特點（尚書所謂「皇天無親，惟德是輔」，「天視自我民視，天聽自我民聽」，「民之所欲，天必從之」），所以這種特殊的宗教性也長期地影響著中國哲學對天人關係的認識。相傳「人更三聖，世經三古」的易經，其本爲卜筮之書，但經孔子「觀其德義而已」之後，則成爲講天人關係的哲理之書。四庫全书總目易類序說：「聖人覺世牖民，大抵因事以寓教……易則寓於卜筮。故易之爲書，推天道以明人事者也。」不僅易經是如此，而且以後中國哲學的普遍架構就是「推天道以明人事」。

春秋末期，與孔子同時而比他年長的老子，原創性地提出了「有物混成，先天地生」（老子二十五章），天地並非固有的，在天地産生之前有「道」存在，「道」是産生天地萬物的總根源和總根據。「道」内在於天地萬物之中就是「德」，「孔德之容，惟道是從」（老子二十一章），「道」與「德」是統一的。老子說：「道生之，德畜之，物形之，勢成之。是以萬物莫不尊道而貴德。道之尊，德之貴，夫莫之命而常自然。」（老子五十一章）老子的價值主張是「自然無爲」，而「自然無爲」的天道根據就是「道生之，德畜之……是以萬物莫不尊道而貴德」。老子所講的「德」實即相當於「性」，孔子所罕言的「性與天道」，在老子哲學中就是講「道」與「德」的形而上學。實際上，老子哲學確立了中國哲學「性與天道合一」的思想，而他從「道」與「德」推出「自然無爲」的價值主張，這就成爲以後中國哲學「推天道以明人事」普遍架構的一個典範。雅斯貝爾斯在大哲學家一書中把老子列入「原創性形而上學家」，他說：「從世界歷史來看，老子的偉大是同中國的精神結合在一起的。」他評價孔、老關係時說：「雖然兩位大師放眼於相反的方向，但他們實際上立足於同一基礎之上。兩者間的統一在中國的偉大人物身上則一再得到體現……」這裏所謂「中國的精神」「立足於同一基礎之上」，就是説孔子和老子的哲學都是爲了解決現實生活中的問題，都是「務爲治者也」。

在老子哲學之後，中庸説：「天命之謂性」，「思知人，不可以不知天」。孟子説：「盡其心者知其性也，知其性則知天矣。」（孟子盡心上）此後的中國哲學家雖然對天道和人性有不同的認識，但大抵都是講人性源於天道，知天是爲了知人。一直到宋明理學家講「天者理也」，「性即理也」，「性與天道合一存乎誠」。作爲宋明理學之開山著作的周敦頤太極圖説，是從「無極而太極」講起，至「形既生矣，神發知矣，五性感動而善惡分，萬事出矣」，這就是從天道講到人事，而其歸結爲「聖人定之以中正仁義而主静，立人極焉」，這就是從天道、人性推出人事應該如何，「立人極」就是要確立人事的價值準則。可以説，中國哲學的「推天道以明人事」最終指向的是人生的價值觀，這也就是要「爲天地立心，爲生民立命，爲往聖繼絶學，爲萬世開太平」。在作爲中國哲學主流的儒家哲學中，價值觀又是與道德修養的工夫論和道德境界相聯繫。因此，天人合一、真善合一、知行合一成爲中國哲學的主要特點。

中國哲學經歷了不同的歷史發展階段，從先秦時期的諸子百家争鳴，到漢代以後的儒家經學獨尊，而實際上是儒道互補，至魏晋玄學乃是儒道互補的一個結晶；在南北朝時期逐漸形成儒、釋、道三教鼎立，從印度傳來的佛教逐漸適應中國文化的生態環境，至隋唐時期完成中國化的過程而成爲中國文化的一個有機組成部分；宋明理學則是吸收了佛、道二教的思想因素，返而歸於「六經」，又創建了論語孟子大學中庸的「四書」體系，建構了以「理、氣、心、性」爲核心範疇的新儒學。因此，中國哲學不僅具有自身的特點，而且具有不同發展階段和不同學派思想内容的豐富性。

一八四〇年之後，中國面臨着「數千年未有之變局」，中國文化進入了近現代轉型的時期。在甲午戰敗之後的一八九五年，「哲學」的譯名出現在黄遵憲的日本國志和鄭觀應的盛世危言（十四卷本）中。此後，「哲學」以一個學科的形式，以哲學的「獨立之精神，自由之思想」推動了中華民族的思想解放和改革開放，中、外哲學會聚於中國，中、外哲學的交流互鑒使中國哲學的發展呈現出新的形態，馬克思主義哲學在與中國的歷史文化傳統、中國具體的革命和建設實踐相結合的過程中不斷中國化而産生新的理論成果。中華民族的偉大復興必將迎來中國哲學的新發展，在此之際，編纂中外哲學典籍大全，中國哲學典籍第一次與外國哲學典籍會聚於此大全中，這是中國盛世修典史上的一個首創，對於今後中國哲學的發展、對於中華民族的偉大復興具有重要的意義。

李存山

二〇一八年八月

「中國哲學典籍卷」

出版前言

社會的發展需要哲學智慧的指引。在中國浩如煙海的文獻中，哲學典籍占據著重要地位，指引著中華民族在歷史的浪潮中前行。這些凝練著古聖先賢智慧的哲學典籍，在新時代仍然熠熠生輝。

收入我社「中國哲學典籍卷」的書目，是最新整理成果的首次發布，按照内容和年代分爲以下幾類：先秦子書類、两漢魏晋隋唐哲學類、佛道教哲學類、宋元明清哲學類、近現代哲學類、經部（易類、書類、禮類、春秋類、孝經類）等，其中以經學類占多數。全本次整理皆選取各書存世的善本爲底本，制訂校勘記撰寫的基本原則以確保校勘品質。全套書采用繁體竪排加專名綫的古籍版式，嚴守古籍整理出版規範，並請相關領域專家多次審稿，整理者反復修訂完善，旨在匯集保存中國哲學典籍文獻，同時也爲古籍研究者和愛好者提供研習的文本。

文化自信是一個國家、一個民族發展中更基本、更深沉、更持久的力量。對中國哲學典籍進行整理出版，是文化創新的題中應有之義。中國社會科學出版社秉持「傳文明薪火，發時代先聲」的發展理念，歷來重視中華優秀傳統文化的研究和出版。「中國哲學典籍卷」樣稿已在二〇一八年世界哲學大會、二〇一九年北京國際書展等重要圖書會展亮相，贏得了與會學者的高度讚賞和期待。

點校者、審稿專家、編校人員等爲叢書的出版付出了大量的時間與精力，在此一並致謝。由於水準有限，書中難免有一些不當之處，敬請讀者批評指正。

趙劍英

二〇二〇年八月

點校説明

本次對四存編的整理，力圖實現通過「顔元」本身而思，而非「顔李學派」或「啟蒙思潮」中的「顔元」而思。首先在結構體系上，做了兩點調整。

一是將四存編的編目次序調整爲存治編、存性編、存學編、存人編。畿輔叢書、顔李叢書次序是存學編、存性編、存治編、存人編，中華書局本次序爲存性編、存學編、存治編、存人編。如此調整的主要依據，第一，是四篇文本的形成時間；第二，是存治編文本自身具有的首要地位。該文本不僅貫徹了顔元王道「轉世」意向，而且其治世綱目中蘊含了後三編形成的邏輯，譬如「學校」「重征舉」等篇目所列舉的古代聖王提倡的爲學精神，是其後來能夠反思、批判性理學説以形成存性編、存學編的生長點，「靖異端」篇目則蘊含了存人編形成的必然性。如果將顔元定位於一個致力以習行「改變世界」而非「解釋世界」的思想家，將充分體現其經世主旨的存治編作爲首編更顯合理，因爲無論是將存性編、存學編哪一編作爲首編，都過於突出了其「解釋世界」的風格，忽視了其習行哲學的特色。

二是附上了弟子李塨爲四編所撰寫的序文以及年譜。通過這些文獻，一方面可以使我們理解志於以習行「改變世界」的顏元之學思，另一方面可以窺知以李塨爲首的弟子們如何將顏元視爲顏李學派創始人和一位聖學、聖道真正繼承者。

在對本書點校中，處理了以下問題。

一是在底本選擇上，皆以續修四庫全書所依據的版本爲底本。其中存治編、存性編、存人編都以康熙刻本爲底本。存學編的底本是光緒二十五年鈔本，年譜的底本爲畿輔叢書所依據的底本。在涉及相關字句使用上，盡量保持了續四庫本的原貌，譬如「于」與「於」、「眾」與「衆」、「游」與「遊」、「為」與「爲」、「第」與「苐」、「跡」與「迹」、「稟」與「禀」、「箇」與「個」、「脩」與「修」、「洒」與「灑」等，除非有明顯錯誤，像「饑」誤作「僟」等。

二是以傳世較廣的畿輔叢書本、顔李叢書本爲主校本，以今人王星賢的標點本、中華書局的顔元集等爲參考本。在相關字句上，標出了續四庫底本同畿輔叢書、顔李叢書等本的差異，以便了解更恰當字句以及形成差異的環節。

三是比對了顔元在存性編、存學編中對理學「性理」文獻評論的原文，以便窺知其以「前理解」錯引或漏引字句的問題，更好明晰顔氏習行哲學對宋明性理儒學的重構情形，譬如原文獻中用「氣禀之性」，引用文獻則用「氣質之性」，一字之差，宋明理學在性論上的形上學意蕴頓失。

王廣

二〇一八年三月

目録

存治編

存性編

存學編

存人編

顏習齋先生年譜

存治编

序

唐、虞、三代復見於今日乎？吾不得而知也。唐、虞、三代不復見於今日乎？吾不得而知也。謂復見於今，則漢、唐、宋、明以來政術風俗奚爲而日降？謂不復見於今，彼古聖賢之所謂「人定勝天」「挽回氣運」者果何物哉？宜吾習齋先生俯仰而三嘆也！

七制而後，古法漸湮，至于宋、明，徒文具耳，一切教養之政不及古帝王。而其最堪搤腕者，尤在於兵專而弱，士腐而靡，二者之弊不知其所底。以天下之大，士馬之衆，有一强寇猝發，輒魚爛瓦解，不可收拾。黄巢之起，洗物淘城；李自成、張獻忠如霜風殺草，無當其鋒者，官軍西出，賊已東趨川、陝、楚、豫，至於數百里人煙斷絶。三代田賦出甲，民皆習兵，雖承平日久，禍起倉卒，亦斷不至如此其慘也。士子平居誦詩書，工揣摩，閉户傝首如婦人女子。一旦出仕，兵刑錢穀渺不知爲何物，曾俗吏之不如，尚望其長民輔世耶！三物賓興之世，學即所用，用即所學，雖流弊不至於此，又何怪乎先生之俯仰而三嘆也！

先生自幼而壯，孤苦備嘗，隻身幾無棲泊，而心血屏營，則無一刻不流注民物。每酒闌燈灺，抵掌天下事，輒浩歌泣下。一日，與塨語，胞與淋漓，塨不覺亦墮淚。先生躍起曰：「此仁心也，吾道可傳矣！」是以比年從遊，勤有啟示，塨因得粗知其略，以爲賢君相用之，自有潤澤，而大綱所在，足爲萬世開太平者，則百慮不易也。使先生蚤有爲於世，唐、虞、三代于于然而來也，不寧快甚！乃今雙鬢頒白，尚托空言，豈天未欲治平耶，抑將用之於衰老時耶，亦使先生開其端，而更待夫後人耶？吾復不能知之矣。

康熙二十八年己巳，孟夏吉旦，蠡吾門人李塨頓首拜撰。

王道

昔張橫渠對神宗曰：「爲治不法三代，終苟道也。」然欲法三代，宜何如哉？井田、封建、學校，皆斟酌復之，則無一民一物之不得其所，是之謂王道。不然者不治。

井田

或問於思古人曰：「井田之不宜于世也久矣，子之存治，尚何執乎？」曰：噫！此千餘載民之所以不被王澤也。夫言不宜者，類謂亟奪富民田，或謂人衆而地寡耳。豈不思天地間田宜天地間人共享之，若順彼富民之心，即盡萬人之産而給一人所不厭也，王道之順人情，固如是乎？況一人而數十百頃，或數十百人而不一頃，爲父母者，使一子富而諸子貧，可乎？

又或者謂畫田生亂。無論至公服人，情自輯也，即以勢論之，國朝之圈占，幾半京輔，誰與爲亂者？且古之民四，而農以一養其三，今之民十，而農以一養其九，未聞墜粟於天，食土於地，而民亦不饑〔二〕死，豈盡人耕之而反不足乎！雖使人餘於田，即減頃而十，減十而畝，吾知其工〔三〕糞倍精，用自饒也。況今荒廢至十之二三，墾而井之，移流離無告之民，給牛種而耕焉，田自更餘耳。故吾每取一縣，約其田丁，知相稱也。嘗妄爲圖以明之。

所慮者，溝洫之制，經界之法，不獲盡傳。北地土散，恒恐損溝，（意夏禹盡力溝洫，必有磚炭砌塗之法。）高低墳邑，不便均畫。然因時而措，觸類而通，在乎人耳。溝無定而主乎水，可溝則溝，不可則否；井無定而主乎地，可井則井，不可則均。至阡陌廬舍，古雖有之，今但可植分草以代阡陌，爲窩鋪以代廬舍，橫各井一路以便田車，中十井一房，以待田畯可也。

有聖君者出，推此意而行之，搜先儒之格議，盡當代之人謀，加嚴乎經界之際，垂意于釐成之時，意斯日也，孟子所謂「百姓親睦」，咸於此徵焉。遊頑有歸，而士愛心臧，

〔二〕續修四庫全書本作「儀」字，畿輔叢書、顏李叢書本作「饑」字，據文意用「饑」字。
〔三〕續修四庫全書本作「工」字，畿輔叢書、顏李叢書本作「上」字。

不安本分者無之，爲盜賊者無之，爲乞丐者無之，以富凌貧者無之。學校未興，已養而兼教矣。休哉，蕩蕩乎！故吾謂教以濟養，養以行教，教者養也，養者教也，非是謂與？

井田經界之圖

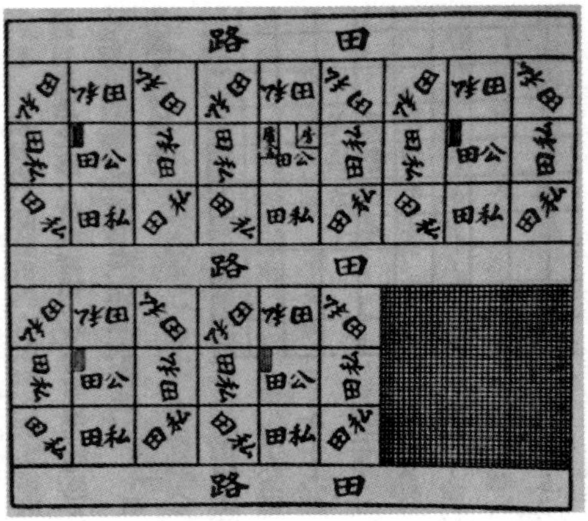

方一里圖：畫界一小區，方十步，每行長算十里，共三百六十里，該十二萬九千六百步，合五百四十畝。

井田經界圖説

孟子云：「方里而井，井九百畝。」吾所以明井制必明里[一]制也。周制，三百步爲一里，百步爲一畝，六尺爲一步，每步長今步一尺，則三百步爲里者，即今三百六十步之數也。然考之文，問之獻，又多異説，且謂周尺僅今七寸强。要之不若即以今里、今畝、今步尺爲准爲甚明，且亦夫子從周之義也。以今里推之，方里之地，合該十二萬九千六百步。周之九百畝，當今五百四十畝，（今二百四十步爲畝。）每區六十畝，内公外私。若田饒處，除公田内六畝給八家爲場圃、廬舍，田窄給三畝爲寫鋪，其地亦可桑。又通各井兩端爲田車之路，宜縱者縱，宜横者横，隨邑人出入之便。十里一房，以處田畯。不云廳堂者，蓋田畯宜遊井以勸，此直暫息，不成其所也。

[一] 續修四庫全書本作「理」字，據文意改用「里」字。

方百里圖

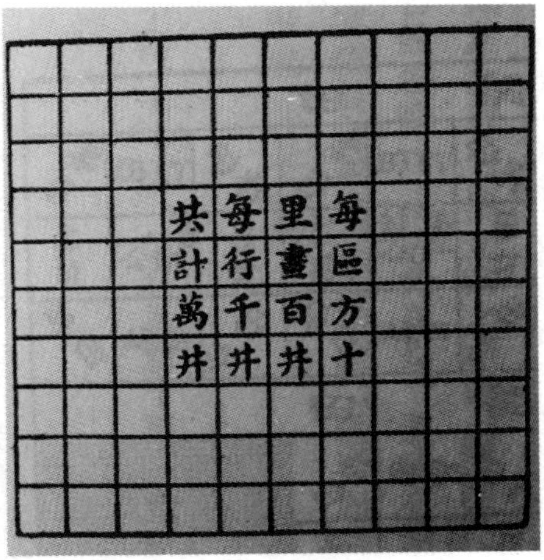

四面皆百里，伯國之封地也。

方百里圖說

公侯皆方百里，古也，何必圖？以古制久湮，人輒謂田少，故圖之以示田足也。一區方十里，當百井，一行方十里者十，當千井，共該一萬井也。即除墳邑、山川、林路，約天下之大勢，或有山川或無山川者增補言之，各百里内亦不減八千井，一井八家，共該六萬四千家。吾知百里内之人民，去二十以下及六十以上者，亦不過六七萬丁而已。即或人浮于田，一區二夫，一夫受二十七畝，亦足用也。又就孟子注徐氏所識田禄推之，大國之君取三百二十井，卿取三十二井，大夫八，上士四，中士二，下士一，共該三百六十七井。推之大國三卿、五下大夫、二十七上士、他官府史悉計之，交鄰、宗廟、優賓、禮賢、撫幼、養老、柔旅、勸工、補春、助秋等事，以及邑宰、庶人在官，約不至八千井而用足矣〔一〕。餘則別貯，名曰「工倉」，諸侯不得擅開；王巡則以補助慶功，大凶則侯請以賑，三歲一散陳。又，十井一長，百井一百長，千井一千長。二千井一邑宰，一佐士。宰禄視大夫，佐士視上士，千長視中士，百長視下士，十長無禄。此方百里之大率也。天子之千里，侯之五十里，俱可推知，第王臣之禄重耳。

〔一〕續修四庫全書本作：「共該三百九十井。侯庶宗支之禄，亦如之，或倍之；宰長、佐役等禄，宗廟、宴會、交鄰、恤弱、優賓、禮賢、撫幼、養老、柔旅、勸工、補春、助秋等事，或亦倍之，或數倍之，約不過八千井之半。」據文意改用畿輔叢書、顔李叢書本作「三百六十七井」文。

治賦

慨自兵農分而中國弱，雖唐有府兵，明有衛制，固欲一之。迨於其衰，頂名應雙，皆乞丐、滑棍，或一人而買數糧；支點食銀，人人皆兵；臨陣遇敵，萬人皆散。嗚呼！可謂無兵矣，豈止分之云乎！即其盛時，明君賢將理之有法，亦用之一時，非久道也。況兵將不相習，威令所攝，其爲忠勇幾何哉！

間論王道，見古聖人之精意良法，萬善皆備。一學校也，教文即以教武；一井田也，治農即以治兵。故井取乎八而陳亦取乎八。考之他書，類謂其法創自黄帝，備於成周，而以孔明之八陳實祖之。但帝王之成法既不可見，武侯之遺意又不得其傳，後世亦焉得享其用哉！

竊不自揣，覺于井田法略有一得，敢詳其治賦之要有九，治賦之便有九：

一曰預養。饑饉而責千里則愚，上宜菲供膳，薄税斂，汰冗費，以足民食。一曰預服。

嬰兒而役賁、育則怒，井之賢者爲什，什之賢者爲長，長之賢者爲將，以平民情。一曰預教。簡師儒，申孝弟，崇忠義，以保民情。一曰預練。農隙之時，聚之於場。時，宰士一較射藝；月，千長一較；十日，百長一較；同井習之不時。一曰利兵。甲冑、弓刃精利者，官賞其半直，較藝賢者慶以器。一曰養馬。每井馬二，公養之，彷北塞喂〔一〕法。操則習射，閒則便老行，或十百長有役乘之。一曰治衛。每十長，一牌刀率之於前，九人翼之於後。器戰之法具紀效新書。一曰備羨。八家之中，四騎四步。供役不過各二人。餘則爲羨卒，以備病、傷或居守。一曰體民心。親老無靠不卒；老弱不卒。出戍給耕，不税；傷還給耕，不税。死者官葬。九者，治賦之要也。

一曰素練。隴畝皆陳法，民恒習之，不待教而知矣。一曰親卒。同鄉之人，童友日處，聲氣相喻，情義相結，可共生死。一曰忠上。邑宰、千百長，無事則教農、教禮、教藝，爲之父母。有事則執旗、執鼓、執劍，爲之將帥。其孰不親上死長！一曰無兵耗。有事則兵，無事則民，月糧不之費矣。一曰應卒難。突然有事，隨地即兵，無徵救求援之待。一

〔一〕續修四庫全書本作「喂」字，畿輔叢書、顔李叢書本作「餧」字，據文意用「喂」字。

曰安業，無逃亡反散之虞。一曰齊勇，無老弱頂替之弊。一曰靖奸，無招募異域無憑之疑。一曰輯侯，無專擁重兵要上之患。九者，治賦之便也。

至於陳法：八千長率之於前，四邑將督之於後。左戰而右翼之，則左正而右奇；右戰而左翼之，則右正而左奇。前後之相應，内外之相接，無非前，無非後，無非左，無非右，無非正，無非奇，如循環，如鬼神，如天地。分張之可圍敵之弱，合沖之可破敵之堅；敵攻之不可入，入之不可出；居則爲營，戰則爲陳；亦烏可測其端，烏可窮其用也哉！

八陳圖説（圖失）

古伯國，三萬二千，全軍之陳也。綱目皆井形，表圓象天，裏方象地，中軍象太極，四角象四象，八陳象八卦，旗幟五色象五行。南方火則旗紅。左旗鑲青者，以火之於木相從也。青宜鑲黑，而白之者，取易辨之也。黑宜白，而紅之者，别於青也。凡千長所率二千卒。每百長一小旗，從其將旗，中必異色，書長姓，姓同書字。四邑將皆繡絨旗，又各備一方繡旗。一面當敵，則二邑督四路之兵；如四面當敵，則佐士與邑將分督八路之兵。一面當敵，左右者應之，餘則皆否。如「天鳥」出戰，「云虎」即爲兩翼，「風龍」「地蛇」各安其位是也。戰者戰而守者守，如八表皆戰，而八裏不動是也。下此而萬六千，或三千二百，或一千六百，神而明之，在乎人耳。

學校

或問於思古人曰：自漢高致牢闕里，歷代優意黌宮，建教訓之官，有卧碑之設，何嘗不存心學校也？似不待子計矣。思古人曰：嗟乎！學校之廢久矣！考夏學曰「校」，教民之義也，今猶有教民者乎？商學曰「序」，習射之義也，今猶有習射者乎？周學曰「庠」，養老之義也，今猶有養老者乎？

且學所以明倫耳。故古之小學，教以灑掃應對進退之節，大學教以格致誠正之功，修齊治平之務。民舍是無以學，師舍是無以教，君相舍是無以治也。迨於魏、晉，學政不修，唐、宋詩文是尚，其毒流至今日，國家之取士者，文字而已。賢宰師之勸課者，文字而已，父兄之提示，朋友之切磋，亦文字而已，不則曰「詩」，已爲餘事矣。求天下之治，又烏可得哉？

有國者誠痛洗數代之陋，用奮帝王之猷，俾家有塾，黨有庠，州有序，國有學。浮文是戒，實行是崇，使天下群知所向，則人材輩出而大法行，而天下平矣。故人才王道爲相生。倘仍舊習，將樸鈍者終歸無用，精力困於紙筆；聰明者逞其才華，詩書反資寇糧。無惑乎家讀堯、舜、孔、孟之書，而風俗愈壞；代有崇儒重道之名，而真才不出也。可勝嘆哉！

周禮大司徒：「以鄉三物教萬民而賓興之：一曰六德，知、仁、聖、義、忠、和。二曰六行，孝、友、睦、婣、任、恤。三曰六藝，禮、樂、射、御、書、數。」

鄉大夫：「三年則大比，考其德行、道藝而興賢者、能者。鄉老及鄉大夫帥其吏與其衆寡，以禮禮賓之。厥明，鄉老及鄉大夫，羣吏獻賢能之書於王，王拜受之，登於天府，内史贰之。」（書其副本。）

邱氏曰：「成周盛時，用鄉舉里選之法以取士。二十五家爲閭，閭有胥；閭胥則書其敬、敏、任、恤者。百家爲族，族有師；族師則書其孝、弟、睦、婣、有學者。五百家爲黨，黨有正；黨正則書其德行、道藝。二千五百家爲州，州有長；州長則考其德行、道藝而勸之。萬二千五百家爲鄉，鄉有大夫；則三年大比，考其果有六德、六行而爲賢，通夫六藝之道而爲能，則是能遵大司徒之教而成材矣。於是鄉老及鄉大夫帥胥、師、正、長之屬，合閭、旅、州、黨之人，行鄉飲之禮，用賓客之儀以興舉之，書其氏名於簡冊之中，獻其所書於天府之上。天子拜而受之，以賢才之生，乃上天所遺，以培植國家元氣者也。」

王制：「命鄉論秀士，升之司徒，曰選士。司徒論選士之秀者而升之學，曰俊士。升於司徒者，不征於鄉，升於學者，不征於司徒，曰造士。大樂正論造士之秀者以告於王而升諸司馬，曰進士。司馬辨論官材，論進士之賢者，以告於王而定其論。論定，然後官之；任官，然後爵之；位定，然後禄之。」

封建

或問於思古人曰：世風遞下，人心日澆，以公治之而害伏，以誠御之而奸出。是以漢之大封同姓，亦成周伯叔諸姬之意，而轉目已成反畔；唐之優權藩鎮，僅古人甥舅伯侯之似，而李社即以敗亡。故宋鼎既定，盞酒以敬勳臣；明運方興，亦世官而酬汗馬。非故惜茅土[一]也，誠以小則不足藩維，大則適養跋扈，封建之難也。子何道以處之，可使得宜乎？

思古人曰：善哉問！此不可以空言論也。先王遺典，封建無單舉之理，大經大法畢著咸張，則禮樂教化自能潛消反側，綱紀名分皆可預杜驕奢，而又經理周密。師古之意，不必襲古之跡。

使十侯而一伯。侯五十里，一卿，二大夫，三士；卿，天子命之。伯百里，一卿，三

[一] 續修四庫全書本誤作「茅上」，據幽輔業書、顏李業書改

大夫，六士；卿與上大夫亦天子命之。侯畜馬二十五，甲士與稱；伯畜馬五十，甲士亦稱，有命乃起田卒焉；邊侯、伯，士馬皆倍其畜，有事乃起田卒焉。侯庶不世爵禄，視其臣而以親爲差；侯臣不世邑采，取公田而以位計數；伯師不私出，列侯不私會。如此者，有事則一伯所掌二十萬之師，足以藩維，無事而所畜士馬不足併犯。封建亦何患之有？況三代建侯之善，必有博古君子能傳之者，用時又必有達務王佐能因而潤澤者，豈余之寡陋所能悉哉！第妄謂非封建不能盡天下人民之治，盡天下人材之用爾。

後世人臣不敢建言封建，人主亦樂其自私天下也，又幸郡縣易制也，而甘於孤立，使生民社稷交受其禍，亂亡而不悔，可謂愚矣。如六國之勢，識者嘗言韓、魏、趙爲燕、齊、楚之藩蔽，嬴氏蠶食，楚、齊、燕絶不之救，是自壞其藩蔽也。侯國且如此，以天下共主，可無藩蔽耶！層層厚護，寧不更佳耶！板之詩云：「大邦維屏，宗子維城，無俾城壞，無獨斯畏。」道盡建侯之利，不建侯之害矣。如農家度日，其大鄉多鄰而我處其中之爲安乎，抑吞鄰滅比而孤棲一蕞之爲安乎？

況此乾坤，乃自堯、舜、夏、商、周諸聖君、聖相開物成務，遞爲締造而成者也。人主享有成業，而顧使諸聖人子孫無尺寸之土，魂靈無血食之嗣，天道其能容耶？身爲天子，皆其歷世祖功宗德。上邀天眷，顧不能覃恩九族，大封同姓，而僅僅一支私其富貴，宗廟其無怨恫耶？創興之際，攀龍附鳳，或運帷幄，或功汗馬，主臣同憂勞，共生死。一旦大業既成，不與之承天分地，爲山河帶礪之盟，勳舊其何勸耶？

凡諸大義皆不遑恤，而君不主，臣不贊，絶意封建者，不過見夏、商之亡於諸侯，與漢七國、唐藩鎮之禍而忌言之耳。殊不知三代以封建而亡，正以封建而久；漢、唐受分封藩鎮之害，亦獲分封藩鎮之利。使非封建，三代亦烏能享國至二千歲耶！夏以有仍再造，商有西伯率叛服殷，周則桓、文主盟尊王，周、召共和不亂。四百也，六百也，八百也，遞漸益長，是皆服衛疊疊，星環碁布，隱攝海外之覬覦，秘鎮朝闕之奸回，有以輔引王家天祚也。以視後日之一敗塗地，歷數日短者，封建亦何負人國哉！

即以三代敗亡論，受命者猶然我先王之股肱甥舅也，列辟無恙，三恪世修。失天下者仍以一國封之，是五帝、三王有數百年之天下，而仍有千萬年不亡之國也。使各修天子禮樂，事則膰之，喪則拜之，客而不臣，是五帝、三王有千萬年不亡之國，即有千萬年不降之帝王也。猗歟休哉！守此不替，有天下者誰不胥受其福乎！

且君非桀、紂，誰敢犯天下共主，來天下之兵耶？侯非湯、武，誰能合千八百國而爲之王耶？君非桀、紂，其亡難也；侯非湯、武，王之難也，故久而後失之也。即君果桀、紂而侯果湯、武矣，本國之積倉自足供輜重，無俟掠人箱囷，炊人梁棟也。一心之虎賁從王之與國，自足以奉天伐暴，無俟挾虜丁壯，因而淫擄婦女也。南巢、牧野，一戰而天命有歸，無俟於數年數十年之兵爭而處處戰場也。耕者不變而市者不止，不至於行人斷絶而百里無煙火也。王畿鼎革而天下猶有君，不至於聞京城失守而舉世分崩，千百成群，自相屠搶，歷數年不能定也。王者綏定萬邦而屢有豐年，不至於耕種盡廢，九有蕩然，上干天和，水旱相仍，歷三二世不能復也。蓋民生天地，咸沐封建之澤，無問興亡，皆異於後世如此。

而秦人任智力以自雄，收萬方以自私，敢於變百聖之大法，自速其年世，以遺生民氣運世世無窮之大禍，祖龍之罪上通於天矣！文人如柳子厚者，乃反爲「公天下自秦始」之論，是又與於不仁之甚者也，可勝嘆哉！

宫刑

或有問於思古人曰：昔漢除宫刑，百世稱其仁。子言王道亦既詳矣，乃並微聞宫刑亦當復。無以法不嚴則易犯，故峻其法以仁斯民乎？

思古人曰：否，不然也。夫謂法不嚴則易犯，暴君酷吏假辭以飾其惡耳。吾所謂復古刑者，第[一]以宫壼之不可無婦寺，勢也，即理也。倘復封建，則天下之君所需婦寺愈多，而皆以無罪之人當之，胡忍哉！且漢之除宫刑，仁而愚者也。漢能除婦寺哉？能除萬世之婦寺哉？不能除婦寺而除宫刑，是不忍宫有罪之人而忍宫無罪之人矣。

説者又謂刷童男女，不於民間，惟以官買，則是任民之願。嗟乎！狙民甚矣！小民何知？惟知利耳，以利誘民而宫之，豈天爲民立君之意哉！今之貪利爲盜者，惡自民也，上且誅之；若因民之貪，誘而宫之，惡自君矣。可勝慨哉！故封建必復宫刑，不封

[一] 續修四庫全書本作「第」字，畿輔業書、顔李叢書本作「第」字，下同。

建亦必復宫刑也。惟願爲政者慎用之耳。至肉刑之五，墨、辟今猶用之，劓、刵二刑不復可也。

濟時

或曰：若子之言，非王政必不足治天下。顧漢末非行王道時也，孔明何以出？唐葉無行王道事也，鄴侯何以相？是必有濟時之策矣。況王政非十年經理，十年聚養，十年浹洽，不能舉也。倘遇明王賢相，不忍斯民之水火，欲急起拯之，而人材未集，時勢未可，將舍此無道。則所謂大用之而大效，小用之而小效者，又何説也？

思古人曰：王道無小大，用之者小大之耳。爲今計，莫要於九典、五德矣。除制藝，重徵舉，均田畝，重農事，徵本色，輕賦税，時工役，靜異端，選師儒：是謂九典也。躬勤儉，遠聲色，禮相臣，慎選司，逐佞人：是謂五德也。爲之君者，克[一]五德之行，爲九

[一] 續四庫全書本作「克」字，畿輔叢書、顔李叢書本作「充」字。

典之施，庶亦駕文、景而上之矣。然不體聖學，舉聖法，究非所以致位育，追唐虞也。是在爲君者。

重徵舉

嘗讀禮：「聘則爲妻，奔則爲妾。」所以崇禮義，養廉恥也。故女無行媒不相知名，士不爲臣不見。成湯之於伊尹也，三聘莘野，文王之於吕尚也，載旋渭濱。下至衰世，猶有光武就見之子陵，昭烈屢顧之諸葛。如四子者固有以自重，抑其君知所以重之也。近自唐、宋，試之以詩，弄之以文，上輒曰選士，曰較士，曰恩額，曰賜第；士則曰赴考，曰赴科，曰赴選。縣而府，府而京，學而鄉，鄉而會；其間問先，察貌，索結，登年，巡視，搜檢，解衣，跣足，而名而應，挫辱不可殫言。嗚呼！奴之耶？盜之耶？無論庸庸輩不足有爲，即有一二傑士，迨於出仕，氣喪八九矣，宜道義自好者不屑就也。

而更異其以文取士也。夫言自學問中來者，尚謂「有言不必有德」，況今之制藝，遞相襲竊，通不知梅棗，便自言酸甜。不特士以此欺人，取士者亦以自欺，彼卿相皆從此孔穿過，豈不見考試之喪氣，浮文之無用乎？顧甘以此誣天下也！觀之宋、明，深可悲矣。

竊嘗謀所以代之，莫若古鄉舉里選之法。倣明舊制，鄉置三老人，勸農，平事，正風，六年一舉，縣方一人。如東則東方之三老，視德可敦俗、才堪涖政者，公議舉之，狀簽某某深知其才德，兼以事實之，縣令即以幣車迎爲六事佐賓吏人。供用三載，經縣令之親試，百姓之實徵，老人復躋堂言曰，某誠賢，則令薦之府，呈簽某令深知其才德，亦兼以事實之，則守以禮徵至。其有顯德懋功者，即薦之公朝，餘仍留爲佐賓三載，經府守之親試，州縣之實徵，諸縣令集府言曰，某誠賢，則府守薦之朝廷，呈簽某守深知其才德，亦兼以事實之，則命禮官弓旌、車馬徵至京。其有顯德懋功者，即因才德受職不次，餘仍留部辦事，親試之三載。凡經兩舉，用不及者，許自辭歸進學。老人、令、守，薦賢者受上賞，薦奸者受上罰，則公論所結，私托不行矣，九載所驗，賢否得真矣。即有一二勉强爲善、盜竊聲譽者，焉能九載不變哉！況九載之間，必重自檢飭，即品行未粹者，亦養而可用矣。爲政者復能久任，考最于九載、十二載或十七八載之後，國家不獲真才，天下不被實惠者，未之有也。

靖異端

古之善靖異端者，莫如孟子；古之善言靖異端者，莫如韓子。韓子之言曰：「人其人，火其書，明先王之道以教之。」善哉，三言盡之矣！愚嘗取而詳推之。目前耕耘，皆三代之赤子。茀自明帝作俑，無恥之民從而效尤，妄談禍福，侈説仙神，枝連蔓長，焚香講道者遂紛紛。其實猶然中國之民也，一旦收爲左道之誅，豈不哀哉！

考古謀今，靖之者有九：一曰絶由，四邊戒異色人，不許入中國。二曰去依，令天下毁妖像，禁淫祠。三曰安業，令僧道、尼姑以年相配，不足者以妓繼之，俱還族。不能者各入地籍，許鬻寺觀瓦木，以易宅舍；給香火地或逃户地，使有恆産。幼者還族，老而無告者入養濟院，夷人仍縱之去，皆所謂「人其人」也。四曰清蘖，有爲異言惑衆者誅。五曰防後，有竊佛老等經卷一卷者誅，獻一卷者賞十兩，訐竊者賞五十兩。六曰杜源，令碩儒多著辟異之書，深明彼道之妄，皆所謂「火其書」也。七曰化尤，取向之名僧長道，令近正儒受教。八曰易正，人給四書、曲禮、少儀、內則、孝經等，使朝夕誦讀。九曰明法，既反正之後，察其孝行或廉義者，旌表顯揚之，察其愚頑不悟者，責罰誅戮之，皆所謂「明先王之道以教之」也。

如此，則羣黎不邪慝，家户有倫理，男女無抑鬱之氣而天地以和，兆姓無絶嗣之慘而生齒以廣，徵休召祥，蔑有極矣。且儉土木之浪費，杜盜亡之窩巢，驅遊手之無恥，絶張角等之根苗。風淑俗美，仁昌義明，其益不可殫計，有國者何憚而不靖異端哉！若惑於禍福之説，則前鑒固甚明也。

書後

先生三存編，存性、存學皆悟聖學後著，獨存治在前，乃壯歲守宋儒學時所作也。當是時，仁心布濩，身任民物之重已如是，其得聖道也蓋有由矣。

塨從遊後，聞而悦之，著瘳忘編以廣其條件。張鵬舉文升著存治翼編，聚晤考究，歷有年所。及塨出遊四方，辨證益久，謬謂鄉舉里選，行之或亦因時酌略，而大體莫易。井田則開創後，土曠人稀之地，招流區畫爲易，而人安口繁，各有定業時行之難。意可井者井，難則均田，又難則限田，與先生見亦頗不參差。

惟封建以爲不必復古，因封建之舊而封建，無變亂，今因郡縣之舊而封建，啟紛擾，一。三代德教已久，胄子多賢，尚曰「世禄之家鮮克由禮」，況今時紈袴，易驕、易淫、易殘忍，而使世居民上，民必殃，二。郡縣即漢、唐小康之運，非數百年不亂，封建則以文、武、成、康之聖賢治之，一傳而昭王南巡，遂已不返，後諸侯漸次離析，各自爲君，六七百年，周制所謂削地滅國，皆付空言，未聞彼時以不朝服誅何國也。矧於晚近，雖有良法，豈能遠過武、周！三。或謂明無封建，故流寇肆毒，遍地丘墟。竊以爲宋、明之失在郡縣權輕，若久任而重其權，亦可弭變。且唐之藩鎮，即諸侯也，而黄巢儼然流寇矣，豈關無封建耶！四。或又謂無封建則不能處處皆兵，天下必弱。竊謂民間出兵，處處皆不觀春秋乎！兵，郡縣自可行，不必封建始可行也，五。而封建之殘民，則恐不下流寇。魯列國君卿尚修禮樂，講信睦，然自會盟朝遇紛然煩費外，侵伐戰取，一歲數見，其不通告魯者，殆又倍蓰。幸時近古，多交綏而退，若至今日，殺人狼藉，盈野盈城，豈減流寇！然流寇亡蹙而諸侯亡遲，則將爲數十年殺運，數百年殺運，而禍更烈矣。唐之藩鎮爲五季，金之河北九公，日尋干戈，人煙斷絶，可寒心也，六。天子世圻，諸侯世同，卿大夫獨非伯叔甥舅之裔耶？亦世采自然之勢也。即立法曰「世禄不世官」，必不能久行，周之列國皆世臣巨室可見矣。夫使天下富貴，數百年皆一姓及數功臣享之，草澤賢士雖如孔、孟，無可誰何，非立賢無方之道也。不公孰甚，欲治平何由！七。戊寅，浙中得陸桴亭封建傳賢不傳子論，蓋即郡縣久任也，似有當。質之先生，先生曰：「可，而非王道也。」商搉者數年於茲，未及合一，先生倏已作古矣。

於戲！此係位育萬物參贊天地之事，非可求異，亦非可强同也。因書於後，以待用者。

康熙乙酉二月，蠡吾門人李塨書於郾城寓署。

存性编

序

三代以上不言性而性存，宋、明以後日言性而性亡。世之學者疇則知其然歟？書言民性，誥后之綏猷也，詩咏秉彝，美山甫也。皆偶舉之，不以立教。孔子承唐、虞、三代道统，性天不可得而闻。孟子時，言者棼如，不得已直指性善，群議始一。荀、楊、韓、李而下，言性之家復紛，而最衆於宋世。教人以性爲先，而分義理之性、氣質之性爲二。其意以爲推明道原而後道可正也，而不知帝王孔孟之教法，至是而變矣。返觀靜坐，使佛氏心性幻談得與吾儒浸亂，且以氣質爲惡，使庸人得以自諉，而牟利漁色弑奪之極禍，皆將謂由性而發。自宋末以迄今日，儒者承之，議論紛出，半信半疑于其際。然則聖人之教法，豈可以輕變歟？今去孔、孟二千年，而習齋顏先生出，才甚大，思甚睿，志卓而守嚴，遠于程、朱、陸、王，近于江村、夏峰，無不究極其學，乃豁然獨見孔、孟遺緒，作三存編。首以「存性」，謂理即氣之理，氣即理之氣，清濁厚薄，純駁偏全，萬有不齊，總歸一善，其惡者引蔽習然耳。因列七圖以明之，于是孟子言性善之旨始著。教人踐形，以爲存養，勿躐言性天。于是佛氏寂守心性，以形氣爲六賊之異言，始無所亂。嗟乎，性之不明久矣！得先生辭而辯之，而孟子之言性存，而唐、虞、三代，孔門寓心性于政教，而不輕語人以性者，亦存而究之。性之體用，本自如是，必如是爲言，即如是爲功，而並不事夫言而後吾之性存，天下之性俱存，謂非兩千年後卓然特起，以明聖道者歟？塨從游久，頗于提命歟，窺其領要。一日命塨作序，曰：「子知吾言性之意，可以序矣；子知吾不欲言性之意，可以序矣。」是編也，本之天地，衷之聖賢，爲天下萬事慮，先生不得已之苦心，蓋三致意焉。若天下萬世之人得已而不已，是將以性與天道爲游談之藪，聚訟之具也，而豈聖教之所許也哉。

康熙戊辰冬月，蠡吾門人李塨書於㳻陽館舍。

卷一

駁氣質性惡

程子云：「論性論氣，二之則不是。」[一]又曰：「有自幼而善，有自幼而惡，是氣禀[二]有然也。」朱子曰：「纔有天命，便有氣質，不能相離。」而又曰：「既是此理，如何惡！所謂惡者，氣也。」[三]可惜二先生之高明，隱爲佛氏六賊之説浸亂，一口兩舌而不自覺！若謂氣惡，則理亦惡；若謂理善，則氣亦善。蓋氣即理之氣，理即氣之理，烏得謂理純一

[一] 朱子語類卷四原作：「程子云：『論性不論氣，不備；論氣不論性，不明，二之則不是。』」
[二] 續修四庫全書本作「稟」，畿辅丛书、颜李丛书本作「禀」，下同。
[三] 朱子語類卷四原作：「既是此理，如何得惡！所謂惡者，卻是氣也。」

善而氣質偏有惡哉！

譬之目矣：眶、皰、睛，氣質也；其中光明能見物者，性也。將謂光明之理專視正色，眶、皰、睛乃視邪色乎？余謂光明之理固是天命，眶、皰、睛皆是天命，更不必分何者是天命之性，何者是氣質之性。只宜言天命人以目之性，光明能視即目之性善；其視之也則情之善，其視之詳略遠近則才之强弱，皆不可以惡言。蓋詳且遠者固善，即略且近亦苐善不精耳，惡於何加！惟因有邪色引動，障蔽其明，然後有淫視而惡始名焉。然其爲之引動者，性之咎乎，氣質之咎乎？若歸咎于氣質，是必無此目而後可全目之性矣，非釋氏六賊之説而何！

孔、孟性旨湮沒至此，是以妄爲七圖以明之。非好辯也，不得已也。

明明德

朱子原亦識性，但爲佛氏所染，爲世人惡習所混。若無程、張氣質之論，當必求「性情才」及「引蔽習染」七字之分界，而性情才之皆善，與後日惡之所從來判然矣。惟先儒既開此論，遂以惡歸之氣質而求變化之，豈不思氣質即二氣四德所結聚者，烏得謂之惡！其惡者，引蔽習染也。惟如孔門求仁，孟子存心養性，則明吾性之善，而耳目口鼻皆奉令而盡職。

故大學之道曰「明明德」，尚書贊堯，首曰「欽明」，舜曰「濬哲」，文曰「克明」，中庸曰「尊德性」，既尊且明，則無所不照。譬之居高肆望，指揮大衆，當惻隱者即惻隱，當羞惡者即羞惡；仁不足以恃者即以義濟之，義不足以恃者即以仁濟之。或用三德並濟一德，或行一德兼成四德，當視即視，當聽即聽，不當即否。使氣質皆如其天則之正，一切邪色淫聲自不得引蔽，又何習於惡、染於惡之足患乎！是吾性以尊明而得其中正也。

六行乃吾性設施，六藝乃吾性材具，九容乃吾性發現，九德乃吾性成就；制禮作樂，燮理陰陽，裁成天地，乃吾性舒張；萬物咸若，地平天成，太和宇宙，乃吾性結果。故謂變化氣質爲養性之效則可，如德潤身，睟面盎背，施於四體之類是也；謂變化氣質之惡以復性則不可，以其問罪於兵而責染於絲也。知此，則宋儒之言性氣皆不親切。

惟吾友張石卿曰：「性即是氣質之性，堯、舜氣質即有堯、舜之性，呆獃氣質即有呆獃之性，而究不可謂性有惡。」其言甚是。但又云「傻人決不能爲堯、舜」，則誣矣。吾未得與之辨明而石卿物故，深可惜也！

棉桃喻性

諸儒多以水喻性，以土喻氣，以濁喻惡，將天地予人至尊至貴至有用之氣質，反似爲性之累者然。不知若無氣質，理將安附？且去此氣質，則性反爲兩間無作用之虚理矣。孟子一生苦心，見人即言性善，言性善必取才情故迹一一指示，而直指曰「形色，天性也，惟聖人然後可以踐形」。明乎人不能作聖，皆負此形也，人至聖人乃充滿此形也。此形非他，氣質之謂也。以作聖之具而謂其有惡，人必將賤惡吾氣質，程、朱敬身之訓，又誰肯信而行之乎？

因思一喻曰：天道渾淪，譬之棉桃：殼包棉，陰陽也；四瓣，元、亨、利、貞也；

軋、彈、紡、織，二氣四德流行以化生萬物也；成布而裁之爲衣，生人也；領、袖、襟裾，四肢、五官、百骸也，性之氣質也。領可護項，袖可藏手，襟裾可蔽前後，即目能視、耳能聽、子能孝、臣能忠之屬也，其情其才，皆此物此事，豈有他哉！不得謂棉桃中四瓣是棉，軋、彈、紡、織是棉，而至製成衣衫即非棉也，又不得謂正幅、直縫是棉，斜幅、旁殺即非棉也。如是，則氣質與性，是一是二？而可謂性本善，氣質偏有惡乎？

然則惡何以生也？則如衣之著塵觸汚，人見其失本色而厭觀也，命之曰汚衣，其實乃外染所成。有成衣即被汚者，有久而後汚者，有染一二分汚者，有三四分以至什百全汚不可知其本色者。僅只須煩撋澣滌以去其染著之塵汚已耳，而乃謂洗去其襟裾也，豈理也哉！是則不特成衣不可謂之汚，雖極垢敝亦不可謂衣本有汚。但外染有淺深，則撋澣有難易，若百倍其功，縱積穢可以復潔；如莫爲之力，即蠅點不能復素。則大學明德之道，日新之功，可不急講歟！

借水喻性

程、朱因孟子嘗借水喻性，故亦借水喻者甚多。但主意不同，所以將孟子語皆費牽合來就己說。今即就水明之，則有目者可共見，有心者可共解矣。

程子云：「清濁雖不同，然不可以濁者不爲水。」此非正以善惡雖不同，然不可以惡者不爲性乎？非正以惡爲氣質之性乎？請問，濁是水之氣質否？吾恐澄澈淵湛者，水之氣質，其濁之者，乃雜入水性本無之土，正猶吾言性之有引蔽習染也。其濁之有遠近多少，正猶引蔽習染之有輕重淺深也。若謂濁是水之氣質，則濁水有氣質，清水無氣質矣，如之何其可也！

性理評

朱子曰：「孟子道性善，『性』字重，『善』字輕，非對言也。」〔一〕此語可詫。「性」「善」二字如何分輕重？誰説是對言？若必分輕重，則孟子時人競言性，但不知性善耳。孟子道之之意，似更重「善」字。

朱子述伊川曰：「形既生矣，外物觸〔二〕其形而動於中矣。其中動而七情出，曰喜、怒、哀、懼、愛、惡、欲，情既熾而益蕩，其性鑿矣。」〔三〕「情既熾」句，是歸罪于情矣。非。王子曰：「程子之言似不非。熾便是惡。」予曰：「孝子之情濃，忠臣之情盛，熾亦何惡？賢者又惑于莊周矣。」

〔一〕朱子語類卷五原作：「或舉『孟子道性善』。曰：『此則「性」字重，「善」字輕，非對言也。文字須活看。』」

〔二〕畿輔叢書、續修四庫全書本皆作「觸」字，顔李叢書本誤作「𪘂」字。

〔三〕顔子所好何學論原作：「形既生矣，外物觸其形而動於中矣。其中動而七情出焉，曰喜怒哀樂愛惡欲。情既熾而益蕩，其性鑿矣。」

又曰：「『動』字與中庸『發』字無異，而其是非真妄，特決於有節與無節、中節與無[一]中節之間耳。」

以不中節爲非亦可，但以爲惡妄則不可。彼忠臣義士，不中節者豈少哉！

朱子曰：「『人生而靜，天之性』，未嘗不善；『感物而動，性之欲』，此亦未嘗不善。至於『物至知誘，然後好惡形焉。好惡無節於内，知誘於外，不能反躬，天理滅矣』，方是惡。故聖賢説得惡字煞遲。」[二]

此段精確，句句不紊層次。吾之七圖，亦適以發明朱子之意云爾。而乃他處多亂，何也？以此知朱子識詣之高，而未免惑于他人之見耳。按朱子此段，是因樂記語而釋之。可見漢儒見道，猶勝宋儒。

又述韓子所以爲性者五，而今之言性者皆雜佛、老而言之。[三]

先生輩亦雜佛、老矣！

[一] 顔李叢書、畿輔叢書、續修四庫全書本皆作「無」，中華書局一九五七年本改作「不」字。

[二] 朱子語類卷八十七原作：「『人生而靜，天之性』，未嘗不善；『感物而動，性之欲』，此亦未是不善。至於『物至知知，然後好惡形焉；好惡無節於内，知誘於外，不能反躬，天理滅矣』，方是惡。故聖賢説得『惡』字煞遲。」

[三] 晦庵先生朱文公文集卷六十一答林德久原作：「熹嘗愛韓子説所以爲性者五，而今之言性者，皆雜佛、老而言之。」

張南軒答人曰：「程子之言，謂：『人生而靜以上更不容説，才説性時便已不是性。』繼之曰：『凡人説性，只是説繼之者善也。』」

玩程子云「凡人説性，只是説繼之者善也」，蓋以易「繼善」句作已落人身言，謂落人身便不是性耳。夫「性」字從「生心」，正指人生以後而言。若「人生而靜」以上，則天道矣，何以謂之性哉？

朱子曰：「人之性論明暗，物之性只是偏塞。」

人亦有偏塞，如天啞、天閹是也；物亦有明暗，如沐猴可教之戲、鸚鵡可教之言是也。

程子曰：「韓退之説：叔向之母聞揚食我之生，知其必滅宗。此無足怪，其始便得惡氣，便有滅宗之理，所以聞其聲而知之也。使其能學以勝其氣，復其性，可無此患。」

噫！楚越椒始生而知其必滅若敖，晉揚食我始生而知其必滅羊舌，是後世言性惡者以爲明證者也，亦言氣質之惡者以爲定案者也。試問二子方生，其心欲弒父與君乎？欲亂倫敗類乎？吾知其不然也。子文、向母不過察聲容之不平，而知其氣禀之甚偏，他日易于爲惡耳。今即氣禀偏而即命之曰「惡」，是指刀而坐以殺人也，庸知刀之能利用殺賊乎？程子云：「使其能學以勝其氣，復其性，可無此患。」可爲善論，而惜乎不知氣無惡也！

朱子曰：「氣有不存而理卻常在。」[一]又曰：「有是氣則有是理，無是氣則無此理。」

後言不且以己矛刺己盾乎？

孔、孟言性之異，略而論之，則夫子雜乎氣質而言之，孟子乃專言其性之理。雜乎氣質而言之，故不曰「同」而曰「近」。蓋以爲不能無善惡之殊，但未至如所習之遠耳。[二]

愚謂識得孔、孟言性原不異，方可與言性。孟子明言「爲不善非才之罪」，「非天之降才爾殊」，「乃若其情則可以爲善」，又曰「形色，天性也」，何嘗專言理？況曰性善，謂聖凡之性同是善耳，亦未嘗謂全無差等。觀言「人皆可以爲堯、舜」，將生安、學利、困勉無不在内，非言當前皆與堯、舜同也。宋儒强命之曰「孟子專以理言」，冤矣！孔子曰：「性相近也，習相遠也。」此二語乃自罕言中偶一言之，遂爲千古言性之准。性之相近如真金，輕重多寡雖不同，其爲金俱相若也。惟其有差等，故不曰「同」；惟其同一善，故曰「近」。將天下聖賢、豪傑、常人不一之恣性，皆於「性相近」一言包括，故曰「人皆可以爲堯、舜」；將世人引蔽習染、好色好貨以至弑君弑父無窮之罪惡，皆於「習相遠」一句定案，故曰「非才之罪也」，「非天之降材爾殊

[一] 朱子語類卷四原作：「氣有不存，而性卻常在。」

[二] 晦庵先生朱文公文集卷五十八答宋深之原作：「孔、孟言性之異，則其説又長，未易以片言質。略而論之，則夫子雜乎氣質而言之，孟子乃專言其性之理。雜乎氣質而言之，故不曰『同』而曰『近』。蓋以爲不能無善惡之殊，但未至如其所習之遠耳。」

也」，孔、孟之旨一也。昔太甲顛覆典刑，如程、朱作阿衡，必將曰「此氣質之惡」。而伊尹則曰「茲乃不義，習與性成」。大約孔、孟而前，責之習，使人去其所本無，程、朱以後，責之氣，使人憎其所本有，是以人多以氣質自諉，竟有「山河易改，本性難移」之諺矣，其誤世豈淺哉！

此理皆聖賢所罕言者，而近世大儒如河南程先生、橫渠張先生嘗發明之，其說甚詳。〔一〕

以聖賢所罕言而諄諄言之，至於何年習數，何年習禮，何年學樂，周、孔日與天下共見者而反後之，便是禪宗。

邵浩問曰：「趙書記嘗問浩：『如何是性？』浩對以伊川云：『孟子言性善是極本窮原之性；孔子言性相近是氣質之性。』趙云：『安得有兩樣？只有中庸說天命之謂性自分明。』」曰：「公當初不曾問他，既謂之善，固無兩般；才說相近，須有兩樣。」

善哉書記！認性真確，朱子不如大舜舍己從人矣。殊不思夫子言相近，正謂善相近也；若有惡，則如黑白、冰炭，何近之有？

〔一〕晦庵先生朱文公文集卷五十八答宋深之原作：「此二義皆聖賢所罕言者，而近世大儒如河南程先生、橫渠張先生嘗發明之，其說甚詳。」

孟子言性只說得本然底，論才亦然。荀、揚、韓諸人雖是論性，其實只說得氣。〔一〕

不本然，便不是性。

問：「氣質之說起自何人？」曰：「此起於程、張。〔二〕某以爲極有功於聖門，有補於後學。」

程、張隱爲佛氏所惑，又不解惡人所從來之故，遂杜撰氣質一說，誣吾心性。而乃謂有功聖門，有補來學，誤甚！

程子曰：「善惡皆天理。謂之惡者，本非惡，但或過或不及便如此。蓋天下無性外之物，本皆善而流於惡耳！」

玩「本非惡，但或過或不及便如此」語，則程子本意亦未嘗謂氣質之性有惡，凡其所謂善惡者，猶言偏全、純駁、清濁、厚薄焉耳。但不宜輕出一惡字，馴至有「氣質惡爲吾性害」之說，立言可不慎乎！「流於惡」，「流」字有病，是將謂源善而流惡，或上流善而下流惡矣。不知源善者流亦善，上流無惡者下流亦無惡，其所

〔一〕朱子語類卷四原作：「孟子言性，只說得本然底，論才亦然。荀子只見得不好底，揚子又見得半上半下底，韓子所言卻是說得稍近。蓋荀揚說既不是，韓子看來端的見有如此不同，故有三品之說。然惜其言之不盡，少得一箇『氣』字耳。」

〔二〕張子全書卷二原作：「此起於張、程。」

爲惡者，乃是他途岐路别有點染。譬如水出泉，若皆行石路，雖自西海達於東海，毫不加濁，其有濁者，乃虧土染之，不可謂水本清而流濁也。知濁者爲土所染，非水之氣質，則知惡者是外物染乎性，非人之氣質矣。

問：「『善固性也』固是，若云『惡亦不可不謂之性』，則此理本善，因氣而鶻突；雖是鶻突，然亦是性也。」曰：「他原頭處都是善，因氣偏，這性便偏了；然此處亦是性。如人渾身都是惻隱而無羞惡，都羞惡而無惻隱，這箇便是惡的。這箇喚做性耶不是？如墨子之心本是惻隱，孟子推其弊到得無父處，這箇便是『惡亦不可不謂之性也。』」〔二〕

此段朱子極力刻畫氣質之惡。明乎此，則氣質之有惡昭然矣；大明乎此，則氣質之無惡昭然矣。夫「氣偏性便偏」一言，是程、朱氣質性惡本旨也。吾意偏于何物？下文乃曰：「如人渾身都是惻隱而無羞惡，都羞惡而無惻隱，這便是惡。」嗚呼！世豈有皆惻隱而無羞惡，皆羞惡而無惻隱之人耶？豈有皆惻隱而無羞惡，皆羞惡而無惻隱之性耶？不過偏勝者偏用事耳。今即有人偏勝之甚，一身皆是惻隱，非偏於仁之人乎？其人上焉而學以至之，則爲聖也，當如伊尹；次焉而學不至，亦不失爲屈原一流人；其下頑不知學，則輕者成一姑息好人，重者成一貪溺昧罔之人。然其貪溺昧罔，亦必有外物引之，遂爲所蔽而僻焉，久之相習而成，遂莫辨

〔二〕朱子語類卷四原作：「它原頭處都是善，因氣偏，這性便偏了；然此處亦是性。如人渾身都是惻隱而無羞惡，都羞惡而無惻隱，這箇便是惡德。這箇喚做性邪不是？如墨子之心本是惻隱，孟子推其弊到得無父處，這箇便是『惡亦不可不謂之性也。』」

其爲後起、爲本來。此好色好貨，大率偏於于仁者爲之也。若當其未有引蔽，未有習染，而指其一身之惻隱曰，此是好色，此是好貨，豈不誣乎？即有人一身皆是羞惡，非偏於義之人乎？其人上焉而學以至之，則爲聖也，當如伯夷；次焉而學不至，亦不失爲海瑞一流人；其下頑不知學，則輕者成一傲岸絶物，重者成狠〔一〕毒殘暴之惡人。然其狠毒殘暴，亦必有外物引之，遂爲所蔽而僻焉，久之相習而成，遂莫辨其爲後起、爲本來。大率殺人戕物，皆偏於義者爲之也。若當其未有引蔽，未有習染，而指其一身之羞惡者曰，此是殺人，此是戕物，豈不誣乎？墨子之心原偏於惻隱，遂指其偏於惻隱者謂之無父，可乎？但彼不明其德，無斷義之功，見此物亦引愛而出，見彼物亦引愛而出，久之相習，即成一兼愛之性，其弊至視父母如路人，則惡矣；然亦習之至此，非其孩提即如此也。即朱子亦不得不云「孟子推其弊至于無父」，則下句不宜承之曰「惡亦不可不謂之性」也。

朱子曰：「濂溪説：『性者，剛、柔、善、惡、中而已矣。』濂溪説性，只是此五者。他又自有説仁、義、禮、智底性時，若論氣質之性則不出此五者〔二〕。然氣禀底性便是那四端底性，非别有一種性也。」

〔一〕續修四庫全書本作「狠」字，畿輔叢書、顔李叢書本作「很」字，下同。
〔二〕朱子語類卷九十五原作：「若論氣禀之性則不出此五者。」

既云「氣稟之性即是四端之性，別無二性」，則惡字從何加之？可云「惡之性即善之性」乎？蓋周子之言善惡，或亦如言偏全耳。然偏不可謂爲惡也；偏亦命於天者也，雜亦命於天者也，惡乃成於習耳。如官然：正印固君命也，副貳獨非君命乎？惟山寨僭僞非君命耳。如生物之本色然：五色兼全，且均勻而有條理者，固本色也；獨黄獨白非本色乎？即色有錯雜獨非本色乎？惟灰塵污泥熏漬點染非本色耳。今乃舉副貳雜職與僭僞同誅，以偏色錯彩與污染並厭，是惟正印爲君命，純美爲本色，惟堯、舜、孔、孟爲性善也，烏乎可？周子太極圖，原本之道士陳希夷、禪僧壽涯，豈其論性亦從此誤而諸儒遂皆宗之歟？

言若水之就下處，當時只是滚説了。蓋水之就下，便是喻性之善，如孟子所謂「過顙」、「在山」，雖不是順水之性，然不謂之水不得。這便是前面「惡亦不可不謂之性」之説。〔一〕

竭盡心力，必説性有惡，何爲？弒父弒君亦是人，然非人之性；「過顙」、「在山」亦是水，然非水之性。水流至海而不污者，氣稟清明，自幼而善，聖人性之而全其天者也。流未遠而已濁者，氣稟偏駁之甚，自幼而

〔一〕朱子語類卷四原作：「它這是兩箇譬喻。水之就下處，它這下更欠言語，要須爲它作文補這裏，始得。它當時只是衮説了。蓋水之就下，便是喻性之善。如孟子所謂過顙、在山，雖不是順水之性，然不謂之水不得。這便是前面『惡亦不可不謂之性』之説。到得説水之清，卻依舊是譬喻。」

惡者也；流既遠而方濁者，長而見異物而遷焉，失其赤子之心者也。濁有多少，氣之昏明純駁有淺深也。不可以濁者不爲水，惡亦不可不謂之性也。水流未遠而濁，是水出泉即遇易虧之土，水全無與也，水亦無如何也。人之自幼而惡，是本身氣質偏駁，易於引蔽習染，人與有責也，人可自力也，如何可倫！人家牆卑，易於招盜，牆誠有咎也，但責牆曰「汝即盜也」，受乎哉？

因言：「舊時人嘗裝惠山泉去京師，或時臭了。京師人會洗水，將沙石在筧中，上面傾水，從筧中下去。如此十數番，便漸如故。」

此正洗水之習染，非洗水之氣質也。

而今講學用心著力，都是用這氣去尋箇道理。〔一〕

然則氣又有用如此，而謂其有惡乎？

或問：「『形而後有氣質之性』，其所以有善惡之不同，何也？」勉齋黄氏曰：「氣有偏正，則所受之理隨而偏正；氣有昏明，則所受之理隨而昏明。木之氣盛則金之氣衰，故仁常多而義常少；金之氣盛則木之氣衰，故義常多而仁常少。若此者，氣質之性有善

〔一〕朱子語類卷四原作：「而今講學用心著力，卻是用這氣去尋箇道理。」

惡也。」

是以偏爲惡矣。則伯夷之偏清，柳下惠之偏和，亦謂之惡乎？

愚嘗質之先師。[一]答曰：「未發之前，氣不用事，所以有善而無惡。」至哉此言也！

未發之前可羨如此，則已發可憎矣，宜乎佛氏之打坐入定，空卻一切也。黄氏之言，不愈背誕乎！

氣有清濁，譬如著些物蔽了，發不出。如柔弱之人見義不爲，爲義之意卻在裏面，只是發不出。如燈火使紙罩了，光依舊在裏面，只是發不出來，拆去了紙，便自是光。

此紙原是罩燈火者，欲燈火明必拆去紙。氣質則不然。氣質拘此性，即從此氣質明此性，還用此氣質發用此性，何爲拆去？且何以拆去？拆而去之，又不止孟子之所謂戕賊人矣！

以人心言之，未發則無不善，已發則善惡形焉。然原其所以爲惡者，亦自此理而發，非是别有箇惡，與理不相干也。若别有箇惡與理不相干，卻是有性外之物也。

以未發爲無不善，已發則善惡形，是謂未出土時純是麥，既成苗時即成麻與麥，有是理乎？至謂所以爲惡亦自此理而發，是誣吾人氣質，並誣吾人性理，其初尚近韓子「三品」之論，至此竟同荀氏「性惡」，揚氏

［一］張子全書卷二原作：「愚嘗以是而質之先師。」

「善惡混」矣。

北溪陳氏曰：「自孟子不説到氣禀，所以荀子便以性爲惡，揚子便以性爲善惡混，韓文公又以爲性有三品，都只是説得氣。近世東坡蘇氏又以爲性未有善惡，五峰胡氏又以爲性無善惡，都只含糊云云。至程子，於本性之外又發出氣質一段，方見得善惡所從來。〔二〕」又曰：「萬世而下，學者只得按他説，更不可改易。」

程、張於衆論無統之時，獨出「氣質之性」一論，使荀、揚以來諸家所言皆有所依歸，而世人無窮之惡皆有所歸咎，是以其徒如空谷聞音，欣然著論垂世。而天下之爲善者愈阻，曰：「我非無志也，但氣質原不如聖賢耳。」天下之爲惡者愈不懲，曰：「我非樂爲惡也，但氣質無如何耳。」且從其説者，至出辭悖戾而不之覺，如陳氏稱「程子於本性之外發出氣禀一段」。噫！氣禀乃非本來者乎？本來之外乃別有性乎？又曰「方見得善惡所從來」，惡既從氣禀來，則指漁色者氣禀之性也，黷貨者氣禀之性也，弑父弑君者氣禀之性也，將所謂引蔽、習染，反置之不問。是不但縱賊殺良，幾於釋盜寇而囚吾兄弟子姪矣，異哉！

潛室陳氏曰：「識氣質之性，善惡方各有著落，不然，則惡從何處生？孟子專言義

〔二〕北溪先生字義卷上原作：「至程子，於本性之外又發出氣質一段，方見得善惡所從來。」

理之性，則惡無所歸，是『論性不論氣不備』。孟子之説爲未備。」〔一〕

觀告子或人三説，是孟子時已有荀、揚、韓、張、程、朱諸説矣，但未明言「氣質」二字耳。其未明言者，非其心思不及，乃去聖人之世未遠，見習禮，習樂，習射、御〔二〕，習書、數，非禮勿視聽言動皆以氣質用力，即此爲存心，即此爲養性，故曰「志至焉，氣次焉」，故曰「持其志無暴其氣」，故曰「養吾浩然之氣」，故曰「惟聖人然後可以踐形」。當時儒者視氣質甚重，故雖異説紛紛，已有隱壞吾氣質以誣吾性之意，然終不敢直誣氣質以有惡也。魏、晉以來，佛老肆行，乃于形體之外別狀一空虚幻覺之性靈，禮樂之外別作一閉目靜坐之存養。佛者曰「入定」，儒者曰吾道亦有「入定」也。老者曰「内丹」，儒者曰吾道亦有「内丹」也。借四子、五經之文，行楞嚴、參同之事，以躬習其事爲粗迹，則自以氣骨血肉爲分外，于是始以性命爲精，形體爲累，乃敢以有惡加之氣質，相衍而莫覺其非矣。賢如朱子，而有「氣質爲吾性害」之語，他何説乎！噫！孟子于百説紛紛之中，明性善及才情之善，有功于〔三〕萬世。今乃以大賢諄諄然罷口敝舌，從諸妄説辯出者，復以一言而誣之曰：孟子之説原不明不備，原不曾折倒告子。噫！孟子果不明乎，果未備乎？何其自是所見，妄議聖

〔一〕潛室陳先生木鐘集原作：「才識氣質之性，即善惡方各有著落。不然，則惡從何處生？孟子專言義理之性，則惡無所歸，是『論性不論氣不備』。孟子之説爲未備。」

〔二〕顔李叢書本遺「御」字，根據續修四庫全書、畿輔叢書本校改。

〔三〕顔李叢書本遺「于」字，根據續修四庫全書、畿輔叢書本校改。

賢而不知其非也！

問：「目視耳聽，此氣質之性也。然視之所以明，聽之所以聰，抑氣質之性耶，抑義理之性耶？」曰：「目視耳聽，物也；視明聽聰，物之則也。來問可施於物則，不可施於言性。若言性，當云好色好聲，氣質之性；正色正聲，義理之性。」

詩云：「天生烝民，有物有則；民之秉彝，好是懿德。」孔子曰：「爲此詩者，其知道乎！有物必有則；民之秉彝也，故好是彝德。」詳詩與子言，物則非性而何？况朱子解物則，亦云「如有父子則有孝慈，有耳目則有聰明之類」，非謂孝慈即父子之性，聰明即耳目之性乎？今陳氏乃云「來問可施於物則，不可施於言性」，是謂物則非性矣。又云「若言性，當云好色好聲，氣質之性；正色正聲，義理之性」，是物則非義理之性，並非氣質之性矣。則何者爲物之則乎？大約宋儒認性，大端既差，不惟證之以孔、孟之旨不合，即以其說互參之，亦自相矛盾、各相抵牾者多矣。如此之類，當時皆能欺人，且以自欺。蓋空談易於藏醜，是以舍古人六府、六藝之學而高談性命也。予與友人法乾王子初爲程、朱之學，談性天似無齟齬。一旦從事於歸除法，已多艱誤，況禮樂之精繁乎！昔人云：「畫鬼容易畫馬難。」正可喻此。

臨川吳氏曰：「孟子道性善，是就氣質中挑出其本然之理而言。然不曾分别性之所以有不善者，因氣質之有濁惡而汚壞其性也。故雖與告子言而終不足以解告子之惑，至今人

讀孟子，亦見其未有以折倒告子而使之心服也。

孟子時雖無氣質之説，必有言才不善、情不善者，故孟子曰：「若夫爲不善，非才之罪也。」「非天之降才爾殊也。」「人見其禽獸也，以爲未嘗有才焉者，是豈人之情也哉！」凡孟子言才情之善，即所以言氣質之善也。歸惡于才、情、氣質，是孟子所深惡，是孟子所亟辯也。宋儒所自恃以爲備于孟子、密于孟子，發前聖所未發者，不知其蹈告子二或人之故智，爲孟子所詞而闢之者也，顧反謂孟子有未備，無分曉。然猶時有回護語，未敢遽處孟子上。至于元儒，則公然肆口以爲程、朱言「未備」，指孟子之言性而言也，言「不明」，指荀、揚世俗之論性者言也，是夷孟子於荀、揚、世俗矣。明言氣質濁惡，汚吾性，壞吾性。不知耳目、口鼻、手足、五臟、六腑、筋骨、血肉、毛髮俱秀且備者，人之質也，雖蠢，猶異于物也；呼吸充〔一〕周榮潤，運用乎五官百骸粹且靈者，人之氣也，雖蠢，猶異于物也；故曰「人爲萬物之靈」，故曰「人皆可以爲堯、舜」。其靈而能爲者，即氣質也。非氣質無以爲性，非氣質無以見性也。今乃以本來之氣質而惡之，其勢不並本來之性而惡之不已也。以作聖之氣質而視爲汚性、壞性、害性之物，明是禪家六賊之説，其勢不混儒、釋而一之不已也。能不爲此懼乎！是以當此普地狂瀾汜濫東奔之時，不度勢，不量力，駕一葉之舟而欲挽其流，多見其危也，然而不容已也。觀至「雖與告子言，終不足以解告子之惑。至今讀孟子，亦見其未有以折倒告子而使之心服」，歎

〔一〕續修四庫全書、畿輔叢書、顔李叢書本原作「克」字，中華書局一九五七年本改作「充」字。

曰：吳臨川何其似吾童時之見也！吾十餘歲讀孟子至義内章，見敬叔敬弟之説，猶之敬兄酌鄉人也，公都子何據而遽燎然不復問乎？飲湯飲水之喻，猶之敬叔敬弟也，孟季子何見而遂憮然不復辯乎？至後從「長之者義乎」一句悟出，則見句句是義内矣。今觀孟子辯性諸章，皆據人情物理指示，何其痛快明白！告子性甚執，不服必更辯，今既無言，是已折倒也。吳氏乃見爲不足解惑，見爲未折倒告子，是其見即告子之見，而識又出告子下矣。

朱子曰：「孟子終是未備，所以不能杜絶荀、揚之口。」

程、朱，志爲學者也；即所見異於孟子，亦當虚心以思：何爲孟子之見如彼？或者我未之至乎？更研求告子、荀、揚之所以非，與孟子之所以是，自當得之。乃竟取諸説統之爲氣質之性，别孟子爲本來之性，自以爲新發之秘，兼全之識，反視孟子爲偏而未備，是何也？去聖遠，而六藝之學不明也。孟子如明月出于黄昏，太陽之光未遠，專望孔子爲的，意見不以用，曲學邪説不以雜。程、朱則如末旬之半夜，偶一明色睒爍之星出，一時暗星既不足比光，而去日月又遠，即儼然太陽，而明月亦不知尊矣。又，古者學從六藝入，其中涵濡性情，厯練經濟，不得躐〔一〕等，力之所至，見斯至焉。故聰明如端木子，猶以孔子爲多學而識，直待垂老學深，方得聞性道，一聞夫子以顔子比之，爽然自失，蓋因此學好大騖荒不得也。後世誦讀、訓詁、主靜、致良

〔一〕續修四庫全書、畿輔叢書、四存學會本原作「獵」字，中華書局本改作「躐」字。

知之學，極易于身在家庭，目徧天下，想像之久，以虚爲實，遂侈然成一家言而不知其誤也。

吴氏曰：「程子『性即理也』云云，張子云：『形而後有氣質之性』云云，此言最分曉。而觀者不能解其言，反爲所惑，將謂性有兩種。蓋天命之性[一]，氣質之性，兩性字只是一般，非有兩等性也。」

程、張原知二之則不是，但爲諸子、釋氏、世俗所亂，遂至言性有二矣。既云「天地之性渾是一善，氣質之性有善有惡」，非兩種性而何？可云惡即理乎？

問：「子罕言命，若仁、義、禮、智、信五常，皆是天所命。如貴賤、死生、壽夭之命有不同，如何？」曰：「都是天所命。稟得精英之氣，便爲聖、爲賢，便是得理之全，得理之正。稟得清明者曰英爽；稟得敦厚者曰温和。稟得清高者便貴，稟得豐厚者便富，稟得長久者便壽；稟得衰頽、薄汚（天命無汚，當作「濁」）者便爲愚、不肖，爲貧，爲賤，爲夭。天有那氣，生一箇人出來，便有許多物隨他來。天之所命固是均一，而氣稟便

[一] 草廬吴先生輯粹卷一原作「天地之性」。

有不齊，只看其禀得來如何耳。」〔一〕

此段甚醇。愚第三圖大意正仿此。

「三代而上，氣數醇濃。氣清者必厚，必長，故聖賢皆貴，且富，且壽。以下反是。」〔二〕

愚謂有回轉氣運法。惟行選舉之典，則清者自高自厚矣。

程子曰：「性無不善，其所以不善者，才也。受于天之謂性；禀于氣之謂才。才之善不善，由氣之有偏正也。」

罪氣因罪才，故曰孟子時人言才情不善即氣質之說。程、張氣質之性，即告子二或人之見也。

告子所云固是，爲孟子問他，他說便不是也。

〔一〕朱子語類卷四原作：「曰：『都是天所命。禀得精英之氣，便爲聖，爲賢，便是得理之全，得理之正。禀得清明者，便英爽；禀得敦厚者，便溫和；禀得清高者，便貴；禀得豐厚者，便富；禀得久長者，便壽；禀得衰頹薄濁者，便爲愚、不肖，爲貧，爲賤，爲夭。天有那氣，生一箇人出來，便有許多物隨他來。』又曰：『天之所命，固是均一，到氣禀處便有不齊。看其禀得來如何。禀得厚，道理也備。』」

〔二〕晦庵先生朱文公文集卷五十六答鄭子上原作：「三代以上，氣數醇濃。故氣之清者必厚，必長，而聖賢皆貴，且壽，且富。以下反是。」

愚謂程、朱即告子之說，猶屬遥度之語。茲程子竟明許告子所言是，且曰「爲孟子問他，他說便不是」，似憾告子辭不達意者。不知諸先生正不幸不遇孟子問，故不自知其不是也。

朱子曰：「性者心之理，情者心之動，才便是那情之會恁地者。情與才絶相近，但情是遇物而發，路陌曲折，恁的去底；才是有氣力去做底。要之，千頭萬緒，皆是從心上來。」

此段確真。乃有「才情惡，氣質惡，程子密於孟子」之語，何也？

伊川所謂才，與孟子説才小異，而語意尤密，不可不考。

伊川明言「其不善乃是才也」，與孟子之説如冰炭之異性，燕、越之異轅矣，尚得謂之小異乎！

氣質之性，古人雖不曾與人說，考之經典，卻有此意。如書云「人惟萬物之靈」，「亶聰明作元后」，與夫「天乃錫王智勇」之說，皆此意也。孔子說「性相近也，習相遠也」，孟子辯告子「生之謂性」，亦是說氣質之性。

「氣質之性」四字，未爲不是，所差者，謂性無惡，氣質偏有惡耳。茲所引經傳乃正言氣質之性善者，何嘗如程、張之説哉！朱子既惑於其説，遂視經傳皆是彼意矣。若僕曲爲援引，較此更似：「道心惟微」，義理之性也；「人心惟危」，氣質之性也；「命也，有性焉」，義理之性也；「性也，有命焉」，氣質之性也。然究不可謂之有惡。

問：「天理人欲同體異用之說如何？」曰：「當然之理，人合恁地底便是體，故仁、義、禮、知爲體。如五峰之說，則仁與不仁，禮與不禮，智與不智，皆是性。如此，則性乃一箇大人欲窠子，其說乃與東坡、子由相似，是大鑿脱，非小失也。」

以氣質之性爲有善有惡，非仁與不仁禮與不禮皆性乎？非説性是一大私欲窠子乎？朱子之言，乃所以自駁也。

卷二

性圖

竊謂宋儒皆未得孟子性善宗旨。故先繪朱子圖于前，而繪愚妄七圖于後，以請正於高明長者。

朱子性圖

性善（性無不善。）

惡（惡不可謂從善中直下來，只是不能善，則偏於一端而爲惡。）

善（發而中節，無性不善。）

右圖解云：「發而中節，無性不善。」竊謂雖發而不中節，亦不可謂有性不善也，此言外之弊也。「惡」字下云：「惡不可謂從善中直下來。」此語得之矣。則「惡」字不可與「善」字相比爲圖，此顯然之失也。又云：「只是不能善。」此三字甚惑，果指何者不能爲善也？上只有一性，若以性不能爲善，則誣性也；若謂才或情不能爲善，則誣才與情也；抑言别有所爲而不能爲善，則不明也。承此，云「則偏於一端而爲惡」，但不知是指性否？若指性則大非。「性善」二字，更無脱離。蓋性之未發，善也；雖性之已發，而中節與不中節皆善也；謂之有惡，又誣性之甚也。然則朱子何以圖也？反覆展玩，乃曉然見其意，蓋明天命之性與氣質之性之别，故上二字注之曰「性無不善」，謂其所言天命之性也；下二字「善」「惡」並列，謂其所言氣質之性也。噫！氣質非天所命乎？抑天命人以性善，又命人以氣質惡，有此二命乎？然則程、張諸儒氣質之性愈分析，孔、孟之性旨愈晦蒙矣。此所以敢妄議其不妥也。

妄見圖凡七

僕自頗知學來，讀宋先儒書，以爲諸先正真堯、舜、孔、孟也。故於通書稱其爲二論後僅見之文；尊周子爲聖人，又謂得太極圖則一以貫之；大程子似顏子；於小學稱朱子爲聖人；於家禮尊如神明，曰如有用我者，舉此而措之。蓋全不覺其于三代以前之學有毫釐之差也。惟至康熙戊申，不幸大故，一一式遵文公家禮，罔敢隕越；身歷之際，微覺有違於性情者，哀毀中亦不能辨也。及讀記中喪禮，始知其多錯誤。卒哭，王子法乾來吊，謂之曰：「信乎，非聖人不可制作，非聖人亦不可刪定也！朱子之修禮，猶屬僭也。」蓋始知其非聖人也。至練後，哀稍殺，又病，不能純哀思，不若于哀不至時略觀書。于是檢性理一冊，至朱子性圖，反覆不能解。久之，猛思朱子蓋爲氣質之性而圖也，猛思堯、舜、禹、湯以及周、孔諸聖皆未嘗言氣質之性有惡也，猛思孟子性善、才情皆可爲善之論，誠可以建天地，質鬼神，考前王，俟百世，而諸儒不能及也。乃爲妄見圖凡七，以申明孟子本意，此則其總圖也。

渾天地間二氣四德
化生萬物之圖

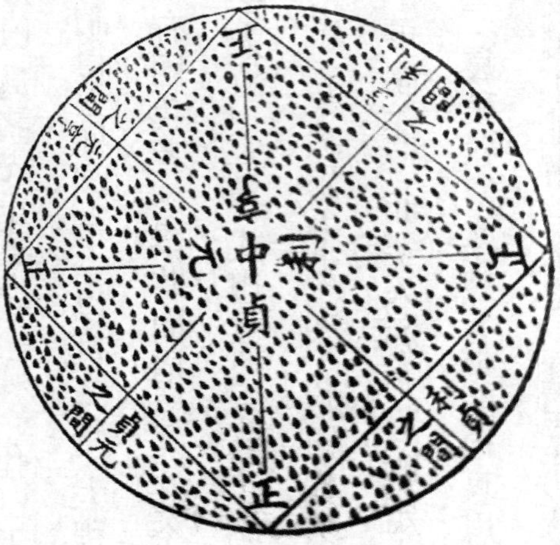

大圈，天道統體也。上帝主宰其中，不可以圖也。左陽也，右陰也，合之則陰陽無間也。陰陽流行而爲四德，元、亨、利、貞也，（四德，先儒即分春、夏、秋、冬，論語所謂「四時行」也。）橫豎正畫，四德正氣正理之達也，四角斜畫，四德間氣間理之達也。交斜之畫，象交通也；滿面小點，象萬物之化生也，莫不交通，莫不化生也，無非是氣是理也。知理氣融爲一片，則知陰陽二氣，天道之良能也；元、亨、利、貞四德，陰陽二氣之良能也；化生萬物，元、亨、利、貞四德之良能也。知天道之二氣，二氣之四德，四德之生萬物，莫非良能，則可以觀此圖矣。萬物之性，此理之賦也；萬物之氣質，此氣之凝也。正者此理此氣也，間者亦此理此氣也，交雜者莫非此理此氣也；高明者此理此氣也，卑暗者亦此理此氣也，清厚者此理此氣也，濁薄者亦此理此氣也，長短、偏全、通塞莫非此理此氣也。至于人，則尤爲萬物之粹，所謂「得天地之中以生」者也。二氣四德者，未凝結之人也；人者，已凝結之二氣四德也。存之爲仁、義、禮、智，謂之性者，以在内之元、亨、利、貞名之也；發之爲惻隱、羞惡、辭讓、是非，謂之情者，以及物之元、亨、利、貞言之也；才者，性之爲情者也，是元、亨、利、貞之力也。謂情有惡，是謂已發之元、亨、利、貞，非未發之元、亨、利、貞也。謂才有惡，是謂蓄者元、亨、利、貞，能作者非元、亨、利、貞也。謂氣質有惡，是元、亨、利、貞之理謂之天道，元、亨、利、貞之氣不謂之天道也。噫！天下有無理之氣乎？有無氣之理乎？有二氣四德外之理氣乎？惡其發者，是即惡其存之漸也；惡其力者，是即惡其本之漸也；惡其氣者，是即惡其理之漸也。何也？人之性，即天之道也。以性爲有惡，則必以天道爲有惡矣；以情爲有惡，則必以元、亨、利、貞爲有惡矣；以才爲有惡，則必以天道流行乾乾不息者亦有惡矣。其勢不盡取三才而毁滅之，不已也。

嗚呼！漢、魏以來，異端昌熾，如洪水滔天，吾聖人之道如病蠶吐絲，迨于五季而倍微。當此時，而以惑于異端者誣聖曰「聖人之言性本如是也」，必諸先正之所不忍。天道昭布現前如此，聖經賢傳指示親切如此，而必以惑于世俗者誣天曰「天生人之氣質，本有惡也」，亦必諸先正之所不敢。其爲此論，特如時諺所云「習俗移人，賢者不免」耳。是圖也，正就程、張、朱發明精確者一推衍之，非敢謂于先儒之見有加也，特不雜于荀、揚[一]、佛、老而已矣。正即氣質之性一訂釋之，非謂無氣質之性也，特不雜以引蔽習染而已矣。意之不能盡者，仍詳説于各圖下。無非欲人共見乎天道之無他，人性之本善，使古聖賢性習之原旨昭然復明于世，則人知爲絲毫之惡，皆自點其光瑩之本體，極神聖之善，

[一]續修四庫全書本作「楊」字，畿輔叢書、顏李叢書作「揚」字。

始自賤其固有之形骸。而異端重性輕形因而滅絶倫紀之説，自不得以惑人心，喜靜惡動因而廢棄六藝之妄，自不得以蕪正道。諸先正之英靈，必深喜其偶誤頓洗而大快乎！聖道重光，僕或幸可以告無罪矣。其辭不副意，未足闡天人之秘，或反汩性理者，庸陋亦不敢自保其無也，願長者其賜教焉！

以下三圖即就總圖中摘出論之

二氣四德順逆交通錯綜熏烝變易感觸聚散卷舒以化生萬物之圖

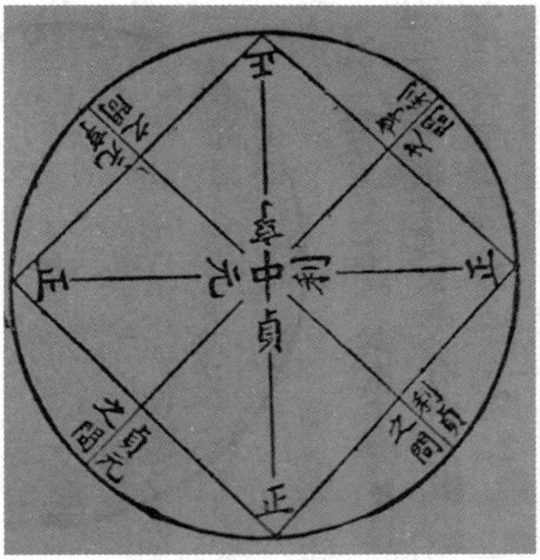

陰陽流行而爲四德。順者，如春德與夏德，順也。逆者，如春德與秋德，逆也。交者，二德合或三四合也。通者，自一德達一德，或中達正、間，正、間達中，正達間，間達正，正、正達，間、間達之類也。錯者，陰陽、剛柔彼此相對也；綜者，陰陽、剛柔上下相穿也。熏者，如香之熏物，居此及彼，以虚洽實，不必形接而臭至之也。烝者如烝食，如天地絪缊，下漸上也，一發而普遍也。變者，化也，有而無也，無而有也，或德相變，或正、間、斜相變也，如田鼠化鴽，雀化爲蛤之變也。易者，神也，往來也，更代也，治也，陽乘陰，陰承陽也。感者，遥應也，如感月光，感蒼龍，感流星之類是也。觸者，邂逅也，不期遇也，如一流復遇一流，舟行遇山，火發遇雨，云集遇風之類是也。聚者，理氣結也，一德聚，或二三四德共聚也。散者，散其聚也。舒者，縷長直去也。卷者，廻其舒也。十六者，四德之變也。德惟四而其變十六，十六之變不可勝窮焉。爲運不息也，止有常也，照臨、薄食也，燦列、流隕、進退、隱見也，吹嘘、震盪也，高下、平陂、土石、毛枯也，會分、燥濕、流止也，稚老、彫萏、材灰也，飛、潛、蠕、植，不可紀之狀也。至于人，清濁、厚薄、長短、高下，或有所清，有所濁，有時厚，有時薄，大長小長，大短小短，時高時下，參差無盡之變，皆四德之妙所爲也。世固有妖氛瘴癘，亦因人物有所激感而成，如人性之有引蔽習染，而非其本然也。或謂既已感激而成妖瘴，則禀是氣而生者即爲惡氣惡質。不知雖極汚穢，及其生物，仍返其元，猶是純潔精粹二氣四德之人，不即汚穢也。如糞中生五穀瓜蔬，俱成佳品，斷不臭惡。穢朽生芝，鯀、瞍生聖，此其彰明較著者也。

萬物化生於二氣四德中邊直屈方圓衡僻齊鋭離合遠近違遇大小厚薄清濁强弱高下長短疾遲全缺之圖

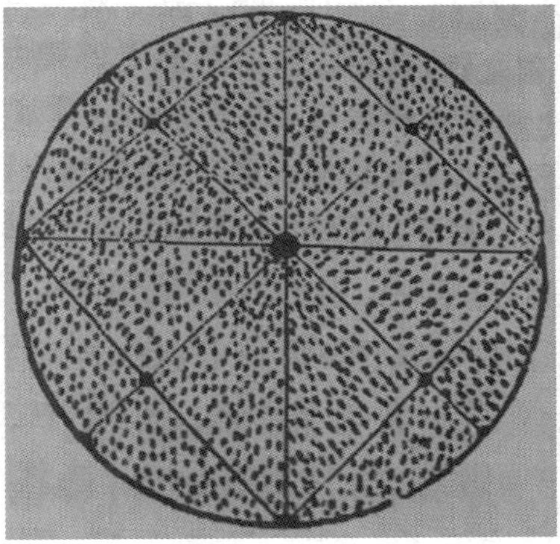

四德之理氣，分合交感而生萬物。其稟乎四德之中者，則其性質調和，有大中之中，有正之中，有間之中，有斜之中，有中之中。其稟乎四德之邊者，則其性質偏僻，有中之邊，有正之邊，有間之邊，斜之邊，邊之邊。其稟乎四德之直者，則性質端果，有中之直，正之直，間之直，斜之直，直之直。其稟乎四德之屈者，則性質曲折，有中之屈，有正之屈，間之屈，斜之屈，屈之屈。其稟乎四德之方者，則性質板棱，有中之方，正之方，間之方，有斜之方，方之方。其稟乎圓者，則性質通便，有中之圓，正之圓，間之圓，斜之圓，圓之圓。其稟乎四德之沖者，則性質繁華，有中之沖，有正之沖，有間之沖，有斜之沖，有沖之沖。其稟乎僻者，則其性質閑靜，有中之僻，正之僻，間之僻，有斜之僻，有僻之僻。其稟乎四德之齊者性質漸鈍，稟乎四德之鋭者性質尖巧，亦有中、正、間、斜之分焉。稟乎四德之離者性質孤疏，稟乎四德之合者性質親密，亦有中、正、間、斜之分焉。稟乎四德之遠者則性質奔馳，稟乎四德之近者則性質拘謹，亦有中、正、間、斜之分焉。其稟乎違者性質乖左，稟乎遇者性質湊濟，亦有中、正、間、斜之分焉。稟乎大者性質廣闊，稟乎小者性氣狹隘，亦有中、正、間、斜之分焉。至于得其厚者敦龐，得其薄者磽瘠，得其清者聰明，得其濁者愚蠢，得其强者壯往，得其弱者退諉，得其高者尊貴，得其下者卑賤，得其長者壽固，得其短者夭折，得其疾者早速，得其遲者晚滯，得其全者充滿，得其缺者破敗：亦莫不有中、正、間、斜之别焉。此三十二類者，又十六變之變也，三十二類之變，又不可勝窮焉。然而不可勝窮者，不外于三十二類也，三十二類不外于十六變也，十六變不外四德也，四德不外于二氣，二氣不外于天道也，舉不得以惡言也。昆蟲、草木、蛇蠍、豺狼，皆此天道之理之氣所爲，而不可以惡言，況所稱受天地之中、得天地之粹者乎！

單繪一隅即元亨以見意之圖

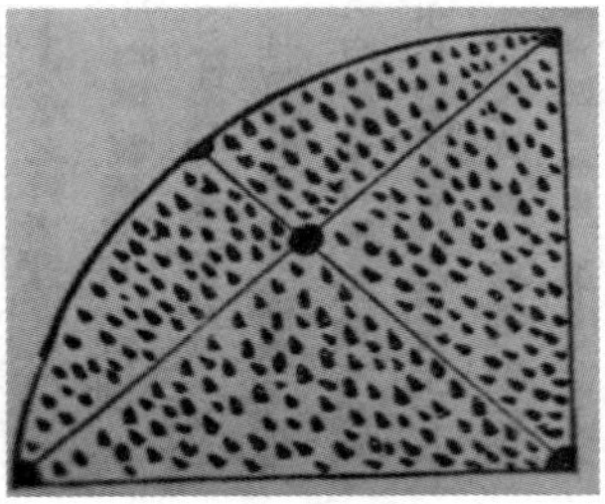

既有萬物圖，復摘繪其一隅者，全圖意有所不能盡，復即一隅以盡其曲折也。此上黑點，亦象萬物，姑以人之性質言之。如中角半大點，理氣會其大中，四德全體，無不可通，而元亨爲尤盛。得其理氣以生人，則惻隱辭讓多；或裏元而表亨，則中惠貌莊之人也；或裏亨而表元，則中嚴貌順之人也。然以得中也，四德無不可通也，則有爲聖人者焉，有爲賢人者焉，有爲士者焉；以通元亨之間，去利貞之濟遠也，則亦有爲常人者焉；皆行生之自然，不可齊也。仁之勝者，聖如伊尹，賢如顏子，士如黄憲，常人如里巷中温厚之人；禮之勝者，聖如周公，賢如子華，士如樊英，常人如里巷矜持之人。南邊一大點，則偏亨用事，禮勝可知也。准中之禮盛例，而達乎元者頗難，達乎利貞者尤難。然而可通乎中以及乎貞，可邊通乎元利，可斜通乎利亨之交，可邊通乎亨利之間，而因應乎元貞之間，可邊通乎亨元之間；而因應乎貞利之間，可斜通乎亨元之交。故雖禮勝而四德皆通，無不可爲樊英、子華、周公也。東邊一大點，則偏元用事，仁勝可知也。准中之仁勝例，而達乎亨者難，達乎貞利者更難。然而可通乎中以及于利，可邊通乎貞亨，可斜通乎貞元之交，可邊通乎元貞之間，而因應乎利亨之間，可邊通乎元亨之間；而亦因應乎利貞之間，可斜通乎元亨之交。故雖仁勝而四德皆通，亦無不可爲叔度、顔子、伊尹也。東南隅一大點，元亨之間也，然直通元亨之斜以達于中，而與貞利之間爲正應，雖間，而用力爲之，亦無不可爲黄、樊、顔、西、伊、周也。隅中一大點，居元亨斜間之交，而似中非中。然斜中達于大中而通及貞利，雖間斜，而用力爲之，亦無不可爲黄、樊、顔、西、伊、周也。其隅中若干小點，或大，或小，或方，或圓，或齊，或鋭，或疏，或密，或沖，或僻，或近中，或近正，或近間，或近斜，或近元，或近亨，蓋亦莫不以一德或二德，總含四德之氣理而寓一中，所謂「人得天地之中以生」也。是故通、塞、正、曲，雖各有不同，而盈宇宙無異氣，無異理。苟勉力爲之，而勿刻以行其惻隱，不傲以行其恭敬，亦無不可爲黄、樊、顔、西、伊、周也。故曰「人皆可以爲堯、舜」，而全體從可知矣。

圈，心也；仁、義、禮、智，性也；心一理而統此四者，非塊然有四件也。既非塊然四件，何由而名爲仁、義、禮、智也？以發之者知之也，則惻隱、羞惡、辭讓、是非

孟子性情才皆善之圖

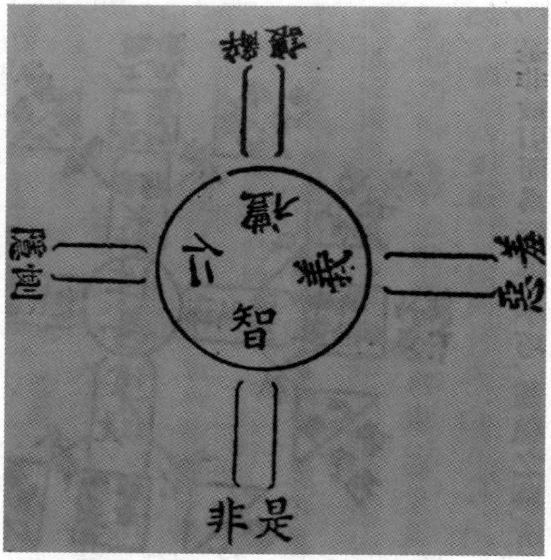

也。發者，情也；能發而見于事者，才也。則非情、才無以見性，非氣質無所爲情、才，即無所爲性。是情非他，即性之見也；才非他，即性之能也；氣質非他，即性、情、才之氣質也；一理而異其名也。若謂性善而才、情有惡，譬則苗矣，是謂種麻而秸實遂雜麥也；

性善而氣質有惡，譬則樹矣，是謂内之神理屬柳而外之枝幹乃爲槐也。自有天地以來，有是理乎？後儒之言性也，以天道、人性攙而言之；後儒之認才、情、氣質也，以才、情、氣質與引蔽習染者雜而言之。以天道攙人性，未甚害乎性；以引蔽習染雜才、情、氣質，則大誣乎才、情、氣質矣。此無他，認接樹作本樹也，嗚呼！此豈樹之情也哉！

孟子性情才皆善爲不善非才之罪圖

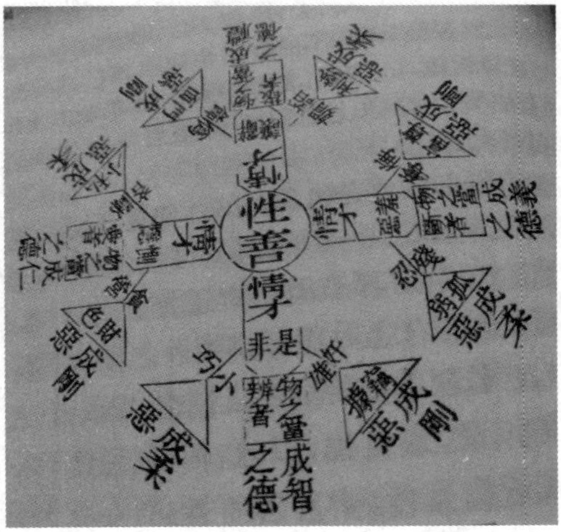

中，渾然一性善也。見當愛之物而情之惻隱能直及之，是性之仁；其能惻隱以及物者，才也。見當斷之物而羞惡能直及之，是性之義；其能羞惡以及物者，才也。見當敬之物而辭讓能直及之，是性之禮；其能辭讓以及物者，才也。見當辨之物而是非能直及之，是性之智；其能是非以及物者，才也。不惟聖賢與道爲一，雖常人率性，亦皆如此，更無惡之可言，故孟子曰「性善」，「乃若其情，可以爲善」，「若爲不善，非才之罪也」。及世味紛乘，貞邪不一，惟聖人稟有全德，大中至正，順應而不失其則。下此者，財色誘于外，引而之左，則蔽其當愛而不見，愛其所不當愛，而貪營之剛惡出焉；私小據於己，引而之右，則蔽其當愛而不見，愛其所不當愛，而鄙吝之柔惡出焉；以至羞惡被引而爲侮奪、殘忍，辭讓被引而爲僞飾、諂媚，是非被引而爲奸雄、小巧，種種之惡所從來也。然種種之惡，非其不學之能、不慮之知，必且進退齟齬，本體時見，不純爲貪營、鄙吝諸惡也，猶未與財色等相習而染也。斯時也，惟賢士豪傑，稟有大力，或自性覺悟，或師友提撕，知過而善反其天。又下此者，賦稟偏駁，引之既易而反之甚難，引愈頻而蔽愈遠，習漸久而染漸深，以至染成貪營、鄙吝之性之情，而本來之仁不可知矣，染成侮奪、殘忍之性之情，而本來之義不可知矣，染成僞飾、諂媚之性之情與奸雄、小巧之性之情，而本來之禮、智俱不可知矣。嗚呼！禍始引蔽，成于習染，以耳目、口鼻、四肢、百骸可爲聖人之身，竟呼之曰禽獸，猶幣帛素色，而既污之後，遂呼之曰赤帛黑帛也，而豈其材之本然哉！然人爲萬物之靈，又非幣帛所可倫也。幣帛既染，雖故質尚在而驟不能復素。人則極凶大憝，本體自在，止視反不反、力不力之間耳。嘗言盜蹠，天下之極惡矣，年至八十，染之至深矣，儻乍見孺子入井，亦必有怵惕惻隱之心，但習染重者不易反也。蠡一吏婦，淫奢無度，已逾四旬，疑其習性成矣。丁亥城破，産失歸田，樸素勤儉，一如農家。乃知系蹠囹圄數年，而出之孔子之堂又數年，亦可復善。吾故曰，不惟有生之初不可謂氣質有惡，即習染凶極之餘亦不可謂氣質有惡也。此孟子夜氣之論所以有功於天下後世也。程、朱未識此意，而甚快夜氣之説，則亦依稀之見而已矣。

吾之論引蔽習染也，姑以仁之一端觀之。性之未發則仁，既發則惻隱，順其自然而出。父母則愛之，次有兄弟，又次有夫妻、子孫則愛之，又次有宗族、戚黨、鄉里、朋友則愛之。其愛兄弟、夫妻、子孫，視父母有別矣，愛宗族、戚黨、鄉里，視兄弟、夫妻、子孫

因引蔽習染一端錯誤之圖

又有別矣，至于愛百姓又別，愛鳥獸、草木又別矣。此乃天地間自然有此倫類，自然有此仁，自然有此差等，不由人造作，不由人意見。推之義、禮、智，無不皆然，故曰「渾天地間一性善也」，故曰「無性外之物也」。但氣質偏駁者易流，見妻子可愛，反以愛父母者愛之，父母反不愛焉，見鳥獸、草木可愛，反以愛人者愛之，人反不愛焉，是謂貪營、鄙吝。以至貪所愛而弑父弑君，吝所愛而殺身喪國，皆非其愛之罪，誤愛之罪也，又不特不仁而已也。至于愛不獲宜而爲不義，愛無節文而爲無禮，愛昏其明而爲不智，皆不誤爲之也，固非仁之罪也，亦豈惻隱之罪哉？使篤愛於父母，則愛妻子非惡也；使篤愛于人，則愛物非惡也。如火烹炮，水滋潤，刀殺賊，何咎？或火灼人，水溺人，刀殺人，非火、水、刀之罪也，亦非其熱、寒、利之罪也。手持他人物，足行不正塗，非手足之罪也，亦非持行之罪也。耳聽邪聲，目視邪色，非耳目之罪也，亦非視聽之罪也。皆誤也，皆誤用其情也。誤始惡，不誤不惡也；引蔽始誤，不引蔽不誤也；習染始終誤，不習染不終誤也。去其引蔽習染者，則猶是愛之情也，猶是愛之才也，猶是用愛之人之氣質也。而惻其所當惻，隱其所當隱，仁之性復矣。義、禮、智猶是也。故曰「率性之謂道」也，故曰「道不遠人」也。程、朱惟見性善不真，反以氣質爲有惡而求變化之，是「戕賊人以爲仁義」，「遠人以爲道」矣。然則氣質偏駁者，欲使私欲不能引染，如之何？惟在明明德而已。存養省察，磨勵乎詩、書之中，涵濡乎禮樂之場，周、孔教人之成法固在也。自治以此，治人即以此。使天下相習于善，而預遠其引蔽習染，所謂「以人治人」也。若靜坐闔〔一〕眼，但可供精神短淺者一時之葆攝；訓詁著述，亦止許承接秦火者一時之補苴。如謂此爲主敬，此爲致知，此爲有功民物，僕則不敢爲諸先正黨也。故曰「欲粗之於周、孔之道者，大管小管也；欲精之於周、孔之道者，大佛小佛也」。

又如仁之勝者，愛用事，其事亦有別矣。如士、庶人、卿、大夫、諸侯、天子之愛親，見諸孝經者，仁之中也。有大夫而奉親如士庶者不及，士庶如大夫之奉親者過，而未失乎發之之正也。吾故曰，不中節亦非惡也。惟堂有父母而懷甘旨入私室，則惡矣；若甘旨進父母，何惡？室有妻媵而辱恩情于匪配，則惡矣；若恩情施妻媵，何惡？故吾嘗言，竹節或多或少皆善也。惟節外生蛀乃惡也。然竹之生蛀，能自主哉？人則明德明而引蔽自不乘，故曰：「先立乎其大者，則其小者不能奪也。」全體者爲全體之聖賢，偏勝者爲偏至之聖賢，下至椿、津之友恭，牛宏之寬恕，皆不可謂非一節之聖。宋儒乃以偏爲惡。

〔一〕續四庫全書、畿輔叢書本原作「閤」字，顏李叢書本作「闔」字。

不知偏不引蔽，偏亦善也，未可以引蔽之偏誣偏也。木火一隅圖中，仁勝之説可玩也。

或疑仁勝而無義，則氾濫失宜，將愛父母如路人，對盜賊而欷歔，豈不成其不宜之惡乎？仁勝而無禮，則節文不敷，將養父母同犬馬，逾東家摟處子，豈不成其不檢之惡乎？仁勝而不智，則可否無辨，將從井救人，莫知子惡，豈不成其迷惑之惡乎？予以爲此必不知性者之言也。夫性，則必如吾前仁之一端之説，斷無天生之仁而有視父母如路人諸惡者。蓋本性之仁必寓有義、禮、智，四德不相離也，但不盡如聖人之全，相濟如攜耳。試觀天下雖甚和厚人，不能無所羞惡，無所辭讓，無所是非，但不如聖人之大中，相濟適當耳。其有愛父母同路人，對盜賊而欷歔等惡者，必其有所引蔽習染，而非赤子之仁也。禮、義、智，猶是也。熟閲孟子而盡其意，細觀赤子而得其情，則孔、孟之性旨明，而心性非精，氣質非粗。不惟氣質非吾性之累害，而且舍氣質無以存養心性，則吾所謂三事、六府、六德、六行、六藝之學是也。是明明德之學也，即謂爲變化氣質之功，亦無不可。有志者倘實以是爲學爲教，斯孔門之博文約禮，孟子之存心養性，乃再見于今日，而吾儒有學術，天下有治平，異端淨掃，復睹三代乾坤矣！

圖跋

嗟乎！性不可以言傳也，而可以圖寫乎？雖果見孔、孟所謂性，且不可言傳圖寫，而況下愚不足聞性道如僕者乎！但偶爾一線悟機，似有髣髴乎方寸者，此或僕一人之所謂性，尚非孔、孟所謂性，未可知也。況僕所見尚有不能圖盡者乎！語云，理之不可見者，言以明之；言之不能盡者，圖以示之；圖之不能畫者，意以會之。吾願觀者尋其旨于圖間，會其意于圖外，假之以宣自心之性靈，因之以察僕心之愚見，庶不至以佛氏六賊之説誣吾才、情、氣質，或因此而實見孔、孟之所謂性，亦未可知也。若指某圈曰此性也，某畫曰此情也，某點曰此氣質也，某形勢曰此性、情、才質之皆善無惡也，則膠柱鼓瑟，而于七圖無往不扞格背戾，且於僕所謂一線者而不可得，又安望由此以得孔、孟所謂性乎！恐此圖之爲性害，更有甚于宋儒之説者矣。

雖然，即使天下後世果各出其心意以會乎僕一線之意，遂因以見乎孔、孟之意，猶非區區苦心之所望也。僕所望者，明乎孔、孟之性道，而荀、揚、周、程、張、朱、釋、老之性道可以不言也，明乎孔、孟之不欲言性道，而孔、孟之性道亦可以不言也，而性道始可明矣。

或曰：孔子罕言矣，孟子動言性善，何言乎不欲言也？曰：有告子二或人之性道，孟子不得已而言性善也，猶今日有荀、揚、佛、老、程、張之性道，吾不得已而言才、情、氣質之善也。試觀答告子諸人，但取足以折其詞而止，初未嘗言性善所由然之故，猶孔子之罕言也。宋人不解，而反譏其不備，誤矣！

或曰：吾儒不言性道，將何以體性道，盡性道？余曰：吾儒日言性道而天下不聞也，日體性道而天下相安也，日盡性道而天下相忘也。惟言乎性道之作用，則六德、六行、六藝也；惟體乎性道之功力，則習行乎六德、六行、六藝也；惟各究乎性道之事業，則在下者師若弟，在上者君臣及民，無不相化乎德與行藝，而此外無學教，無成乎也。如上天不言而時行物生，而聖人體天立教之意著矣，性情之本然見，氣質之能事畢矣，而吾之七圖亦可以焚矣。故是編後次之以存學、存治云。

附録同人語

上谷石卿張氏曰：「性即是氣質底性，堯、舜底氣質便有堯、舜底性，呆獃底氣質便有呆獃的性，而究不可謂性惡。」

又曰：「人性無二，不可從宋儒分天地之性、氣質之性。」

先生賜教，在未著存性前。惜當時方執程、朱之見，與之反復辯難。及喪中悟性，始思先生言性真確，期服闋入郡相質，而先生竟捐館矣！嗚呼！安得復如先生者而與之言性哉！

督亢介祺王氏曰：「氣質即是這身子。不成孩提之童性善，身子偏有不善。」

又曰：「天生人來，渾脱是箇善。」

又曰：「氣質、天命，分二不得。」

書後

孟子曰性善，即魯論之「性相近」也，言本善也。晏子曰「汩俗移質，習染移性」，即魯論之「習相遠」也，言惡所由起也。後儒不解，忽曰氣質有惡，而性亂矣，聖賢之言背矣。先生辭而辯之，功豈在禹下哉？特先生性圖，入「太極」、「五行」諸説，則于後儒誤論，當時尚有未盡洒者。塨後質先生曰：「周子太極圖，真元品道家圖也。『易有太極兩儀』，指揲蓍言，非謂太極爲一物，而生天地萬物也。五行爲六府之五，乃流行於世以爲民物用者，故箕子論鯀罪曰『汩陳其五行』，非謂五行握自帝天而能生人生物也。生剋乃鄒衍以後方家粃説，聖經無有。」先生曰：「然，吾將更之。」及先生卒後，披其編，則更者十七而未及卒業，于是承先生意，而湔洗之如右。

康熙乙酉三月上浣，蠡吾門人李塨書。

存學編

序 一

予幼讀四書，惟知解字離句。稍長，畧曉塗鴉，隨肆力於詩文。及弱冠，雖潛心經史，亦惟博覽强記是圖，忽忽焉若以爲爲學之道遂在是者。

乙丑歲，晤李子剛主，語予曰：「子知讀書，未知爲學。夫讀書，非學也。今之讀書者，止以明虛理、記空言爲尚，精神因之而虧耗，歲月因之以消磨，至持身涉世則盲然。曾古聖之學而若此！古人之學，禮、樂、兵、農，可以修身，可以致用，經世濟民，皆在於斯，是所謂學也。書，取以考究乎此而已，專以誦讀爲務者，非學也，且以害學。」予幡然大呼，如醉而醒，如夢而覺。李子復言：「此學乃堯、舜、周、孔正傳，至後而晦。今倡而明之者，始自習齋顏先生。其議詳載於所著存學編，可觀也。」予心誌之，屏去浮文，遂十餘年矣。

今歲丙子，李子至都，出是編以示予。予讀之，且歎且喜。以舉世之沉溺誦讀而不知返，而予得以屏去浮文而不墜迷途，其得力於習齋先生豈淺鮮哉！雖然，學者，實學也。是編所以明實學耳，猶空言也。吾黨若不盡力實學，而徒沾沾抱是編以爲得，吾恐浮文之士，且起而笑其同浴譏裸也。

康熙丙子一之日，北平後學郭金城拜撰。

序 二

客歲戊辰冬，習齋先生過堧陑陽寓里，指所著存學編曰：「學明，性、治具明矣，子爲我訂而序之」。受命訂訖，乃拜手而序曰：古之學一，而今之學棼；古之學實，而今之學虛；古之學有用，而今之學無用。今古不相及，何其甚也。古之爲學也，明德親民，止至善，爲學之之道；六德、六行、六藝，爲學之物；八歲就小學，學小藝，履小節；束髮就大學，學大藝，履大節，爲學之之序。春秋禮、樂，冬夏詩、書，爲學之之時。治己則祥，治人則當，施之四海國家，天地位而萬物育，人多成材，而宇内治隆，有此術也。自秦火而後，訓詁於漢唐，帖括於宋明，徒守遺經以爲道，古聖教人成法，鮮過而問者。加之佛老乘間而起，以清淨虛無亂聖人之心性；詩文辭之輩，又假托文章以自鳴。儒者不能以全體大用廓清其間，從而爲其所雜。程、朱、陸、王皆志欲繼往開來，而支離、近禪，互相譏訶，古學亦皆不能復。豈責人則明，自知則暗與？抑世運日趨於耗，而實學衰亡，賢者亦不能自主與？先生生宋明後，忽焉於二千年墜緒，一旦直指源流。嘗謂孔子删訂、孟子論性，爲大不得已。力求遺學，以習行爲主，冠、昏、喪、祭，必遵古制，率弟子習禮，習射，習書、數、樂，雖不得其全，得一節焉即習，置日記，以考道德行藝，得以自勉，失則誡焉。其卓然有得于學者，不惟存之空言，而且存之實事。嗚呼，二千年墜緒，劃然後復舉，孰倡而孰使之耶？昔孟子陳學校遺法於周末，韓愈猶以爲制度滅亡，空言無補。況今去聖益遠，學者分騖於旁途曲徑，視古人教學成法如盤古大敦，莫可究詰。先生獨起而矯抗，足以一身之力任之，誠見其孤且危而岌岌焉，難也。然而天下之事，極則必返，今之虚學無用亦已極矣，豈其不返矣乎？天心其能無意於世也乎？堯、舜、周、孔之靈肯漠然已乎？吾以知先生之生之非徒然也，其將自此學明，而士奮求實體、行實用，復古道以正今失，而上以是教，下以是學，天下皆學中人矣。參贊位育，皆學中事矣。學何如？其大而所關者，何如其鉅耶？吾以知先生之所著非徒然也。許西山先生嘗謂塨曰：邵堯夫三千年圖，以干支配易卦，每九百六十年，甲子遇乾，大道以昌。嚮甲子遇乾矣，數若可信也，殆必在斯歟？殆必在斯歟？

康熙歲在己巳春月，蠡吾門人李塨頓首拜識。

卷一

由道

聖人學、教、治，皆一致也。「民可使由之，不可使知之」，是孔子明言千聖百王持世成法，守之則易簡而有功，失之徒繁難而寡效。故罕言命，自處也；性道不可得聞，教人也；立法魯民歌怨，爲治也。他如予欲無言、無行不與、莫我知諸章，何莫非此意哉！當時及門皆望孔子以言，孔子惟率之以下學而上達，非吝也，學、教之成法固如是也。

道不可以言傳也，言傳者有先於言者也，顏、曾守此不失。子思時，異端將盛，或亦逆知天地氣薄，自此將不生孔子其人，勢必失性、學、治本旨，不得已而作中庸，直指性天，已近太瀉。故孟子承之，教人必以規矩，引而不發，斷不爲拙工改廢繩墨。離婁方員、深造諸章，尤於先王成法致意焉。至宋而程、朱出，乃動談性命，相推發先儒所未發。以僕觀之，何曾出中庸分毫，但見支離分裂，參雜於釋、老，徒令異端輕視吾道耳。若是者何也？以程、朱失堯、舜以來學、教之成法也。何不觀精一之旨，惟舜、禹〔一〕得聞，天下所可見者，命九官、十二牧所爲而已。陰陽秘旨，文、周寄之於易，天下所可見者，王政、制禮、作樂而已。一貫之道，惟曾、賜得聞，及門與天下所可見者，詩、書、六藝而已。烏得以天道性命嘗舉諸口而人人語之哉！

是以當日談天論性，聰明者如打諢猜拳，愚濁者如捉風聽夢，但彷彿口角，各自以爲孔、顏復出矣。至於靖康之際，户比肩摩皆主敬習靜之人，而朝陛疆場無片籌寸績之士。朱子乃獨具隻眼，指其一二碩德，程子所許爲後身者，曰「此皆禪也」，而未知二程之所以教之者實近禪，故徒見其弊，無能易其轍。以致朱學之末流，猶之程學之末流矣，以致後世之程、朱，皆如程學、朱學之末流矣。長此不返，乾坤尚安賴哉！

〔一〕續修四庫全書本作「舜、禹」，畿輔叢書、顏李叢書本作「堯、禹」，據朱熹中庸章句序，應作「舜、禹」，因「惟精惟一」是舜傳禹的句子。

或曰：佛氏托於明心見性，程、朱欲救人而擯之，不得不抉精奥以示人。余曰：噫！程子所見已稍浸入釋氏分界，故稱其「彌近理而大[二]亂真」。若以不肖論之，只以君子之道四一節指示，雖釋迦惡魁，亦當垂頭下淚，並不必及性命以上也。然則如之何？曰：彼以其虚，我以其實。程、朱[三]惟當遠宗孔子，近師安定，以六德、六行、六藝及兵農、錢穀、水火、工虞之類教其門人，成就數十百通儒。朝廷大政，天下所不能辦，吾門人皆辦之；險重繁難，天下所不敢任，吾門人皆任之。吾道自尊顯，釋、老自消亡矣。今彼以空言亂天下，吾亦以空言與之角，又不斬其根而反授之柄，我無以深服天下之心而鼓吾黨之氣，是以當日一出，徒以口舌致黨禍；流而後世，全以章句誤乾坤。上者只學先儒講著，稍涉文義，即欲承先啟後；下者但問朝廷科甲，才能揣摩，皆騖富貴利達。浮言之禍甚於焚坑，吾道何日再見其行哉！友人刁蒙吉翻孟子之言曰：「著之而不行焉，察矣而不習焉，終身知之而不由其道者，衆也。」其所慨深矣。吾意上天仁愛，必

[二] 續修四庫全書本作「太」字，畿輔叢書、顏李叢書改作「大」字。
[三] 續修四庫全書本原作「宗」，據畿輔叢書、顏李叢書改作「朱」字。

將篤生聖哲，剗荆棘，而興堯、舜以來中庸之道，斷不忍終此元會，直如此而已也。

總論諸儒講學

僕妄謂性命之理不可講也，雖講，人亦不能聽也；雖聽，人亦不能醒也；雖醒，人亦不能行也。所可得而共講之，共醒之，共行之者，性命之作用，如詩、書、六藝而已。即詩、書、六藝，亦非徒列坐講聽，要惟一講即教習，習至難處來問，方再與講。講之功有限，習之功無已。孔子惟與其弟子今日習禮，明日習射。間有可與言性命者，亦因其自悟已深，方與言。蓋性命，非可言傳也，不特不講而已也。雖有問，如子路問鬼神、生死，南宫适問禹、稷、羿、奡者，皆不與答。蓋能理會者渠自理會，不能者雖講亦無益。

自漢、唐諸儒傳經講誦，宋之周、程、張、朱、陸，遂羣起角立，亟亟焉以講學爲事，至明，而薛、陳、王、馮因之，其一時發明吾道之功，可謂盛矣。其效使見知聞知者知尊慕孔、孟，善談名理，不作惡，不奉釋、老名號。即不肖如僕，亦沐澤中之一人矣。然世道之爲叔季自若也，生民之不治自若也，禮樂之不興自若也，異端之日昌而日熾自若也。以視夫孔子明道而亂臣賊子果懼，孟子明道而楊朱、墨翟果熄，何啻天淵之相懸也！

僕氣魄小，志氣卑，自揣在中人以下，不足與於斯道。惟願主盟儒壇者，遠遡孔、孟之功如彼，近察諸儒之效如此，而垂意於習之一字。使爲學爲教，用力於講讀者一二，加功於習行者八九，則生民幸甚，吾道幸甚！僕受諸儒生，成覆載之恩，非敢入室操戈也。但以人之歲月精神有限，誦説中度一日，便習行中錯一日；紙墨上多一分，便身世上少一分。試觀朱子晚年悔枝葉之繁累，則禮樂未明，是在天者千古無窮之憾也。

明親

大學首四句，吾奉爲古聖真傳。所學無二理，亦無二事，祇此仁義禮智之德，子臣弟友之行，詩、書、禮、樂之文，以之脩[一]身則爲明德，以之齊治則爲親民。明矣而未親，

[一] 續修四庫全書作「脩」字，畿輔叢書、顔李叢書作「修」字，後文據續修四庫全書「脩」仍作「脩」。

親矣而未止至善，吾亦不敢謂之道也。親矣而未明，明矣而未止至善，吾不敢謂之道也。親而未明者，即謂之親，非大學之親也，然既用其功於民，皆可曰親。其親而未明者，漢高帝與唐太宗之類也。其親且明而未止至善者，漢之孝文、光武之流也。凡如此者，皆宋明以來儒者所共見，皆謂之非道者也。其明而未親，明且親而未止至善者，則儒者未之言也。非不肯言也，非不敢言也，堯、舜不作，孔、孟不生，人無從證其爲道者。

一二聰明特傑者出，於道畧有所見，粗有所行，遽自謂真孔、孟矣，一時共尊爲孔、孟焉，嗣起者以爲我苟得如先儒足矣。是以或學訓解纂集，或學靜坐讀書，或學直捷頓悟，至所見所爲，能彷佛於前人而不大殊，則將就冒認，人已皆以爲大儒矣，可以承先啟後矣。或獨見歧異，恍惚道體，則輒稱發先儒所未發，得孔、顔樂處矣，又孰知其非大學之道乎？此所以皆未之言也。天下人未之言，數百年以來之人未之言，吾獨於程、朱、陸、王之外別有大學之道焉，豈不犯天下之惡，而受天下僇乎？然吾之所懼，有甚於此者，以爲真學不明，則生民將永被毒禍，而終此天地不得被吾道之澤；異端永爲鼎峙，而終此天地不能還三代之舊。是以冒死言之，望有志繼開者之一轉也。

夫明而未親即謂之明，非大學之明。然既用其功於德，皆可曰明。其明而未親者，莊周、陳摶之類也；其明且親而未止至善者，周、程、朱、陸、薛、王之儔也。何也？吾道有三盛：君臣於堯、舜，父子於文、周，師弟於孔、孟。堯、舜之治，即其學也，教也，其精一執中，一二人祕〔一〕受而已。百官所奉行，天下所被澤者，如其命九官、十二牧所爲耳。禹之治水，非禹一身盡治天下之水，必天下士長於水學者分治之，而禹總其成；伯夷之司禮，非伯夷一身盡治天下之禮，必天下士長於禮學者分司之，而伯夷掌其成。推於九官、羣牧咸若是，是以能平地成天也。文、周之治，亦即其學也，教也，其陰陽天人之旨，寄之於易而已。百官所奉行，天下所被澤者，如其治岐之政，制禮作樂耳。其進秀民而教之者，六德、六行、六藝仍本唐、虞敷教典樂之法，未之有改，是以太和宇宙也。孔、孟之學教，即其治也。孔子一貫性道之微，傳之顔、曾、端木而已。其當身之學，與教及門士人以待後人私淑者，庸言庸德、禮兵樂農〔二〕耳，仍本諸唐、虞、成周之法，未之

〔一〕續修四庫全書、畿輔叢書作「祕」字，顔李叢書作「秘」字。

〔二〕續修四庫全書本作「禮、兵、樂、農」，原作「禮、樂、兵、農」，底本「樂、農」之間有互乙符號。畿輔叢書、顔李叢書本作「兵、農、禮、樂」。

有改。故不惟朞月、三年、五年、七年胥藏其具，而且小試於魯，三月大治，暫師於滕，四方歸之，單父、武城亦見分體，是以萬世永遵也。

秦漢以降，則著述講論之功多，而實學實教之力少。宋儒惟胡子立經義、治事齋，雖分析已差，而其事頗實矣。張子教人以禮，而期行井田，雖未舉用，而其志可尚矣。至於周子得二程而教之，二程得楊、謝、游、尹諸人而教之，朱子得蔡、黃、陳、徐諸人而教之，以主敬致知爲宗旨，以靜坐讀書爲工夫，以講論性命、天人爲噯受，以釋經注傳、纂集書史爲事業。嗣之者若真西山、許魯齋、薛敬軒、高梁溪，性地各有靜功，皆能著書立言，爲一世宗。信乎爲儒者，煌煌大觀，三代後所難得者矣！而問其學其教如命九官、十二牧之所爲者乎？如周禮教民之禮明樂備者乎？如身教三千，今日習禮，明日習射，教人必以規矩，引而不發，不爲拙工改廢繩墨者乎？此所以自謂得孔子真傳，天下後世亦皆以真傳歸之，而卒不能服陸、王之心者，原以表裏精粗，全體大用，誠不能無歉也。

陸子分析義利，聽者垂泣，先立其大，通體宇宙，見者無不竦動。王子以致良知爲宗旨，以爲善去惡爲格物，無事則閉目靜坐，遇事則知行合一。嗣之者若王心齋、羅念庵、鹿太常，皆自以爲接孟子之傳，而稱直捷頓悟，當時後世亦皆以孟子目之。信乎其爲儒中豪傑，三代後所罕見者矣！而問其學其教，如命九官、十二牧之所爲者乎？如周禮教民之禮明樂備者乎？如身教三千，今日習禮，明日習射，教人必以規矩，引而不發，不爲拙工改廢繩墨者乎？此所以自謂得孟子之傳，與程、朱之學並行中國，而卒不能服朱、許、薛、高之心者，原以表裏精粗，全體大用，誠不能無歉也。

他不具論，即如朱、陸兩先生，倘有一人守孔子下學之成法，而身習夫禮、樂、射、御、書、數以及兵農、錢穀、水火、工虞之屬而精之。凡弟子從遊者，則令某也學禮，某也學樂，某也兵農，某也水火，某也兼數藝，某也尤精幾藝，則及門皆通儒，進退周旋無非性命也，聲音度數無非涵養也，政事文學仝〔一〕歸也，人己事物一致也，所謂下學而上達也，合內外之道也。如此，不惟必有一人虛心以相下，而且君相必實得其用，天下必實被其澤，人才既興，王道次舉，異端可靖，太平可期。正書所謂府脩事和，爲吾儒致中和之實地，位育之功，出處皆得致者也。是謂明親一理，大學之道也。以此言學，則與異端判

〔一〕續修四庫全書、畿輔叢書作「仝」字，顏李叢書作「同」字，後文據續修四庫全書「仝」仍作「仝」。

若天淵而不可混，曲學望洋浩歎而不敢擬，清談之士不得假魚目之珠，文字之流不得逞春華之艷。惟其不出於此，故既卑漢、唐之訓詁而復事訓詁，斥佛、老之虛無而終蹈虛無，以致紙上之性天愈透，而學陸者進支離之譏，非譏也，誠支離也；心頭之覺悟愈捷，而宗朱者供近禪之誚，非誚也，誠近禪也。

或曰：諸儒勿論，陽明破賊建功，可謂體用兼全，又何弊乎？余曰：不但陽明，朱門不有蔡氏言樂乎？朱子常平倉制與在朝風度，不皆有可觀乎？但是天資高，隨事就功，非全副力量，如周公、孔子專以是學，專以是教，專以是治也。或曰：新建當日韜畧〔一〕，何以知其不以爲學教者？余曰，孔子嘗言：「二三子有志於禮者，其如赤乎學之。」〔二〕如某可治賦，某可爲宰，某達某藝，弟子身通六藝者七十二人，王門無此。且其擒宸濠，破桶崗〔三〕，所共事者皆當時官吏、偏將、參謀，弟子皆不與焉。其全書所載，皆其門人旁

〔一〕 續修四庫全書作「畧」字，畿輔叢書、顏李叢書作「略」字，後文據續修四庫全書「畧」仍作「畧」。

〔二〕 續修四庫全書本作「其如赤乎學之」，畿輔叢書、顏李叢書作「其於赤乎學之」。孔子家語卷三原作：「二三子之欲學賓客之禮者，其於赤也。」故用「其於赤乎學之」。

〔三〕 續修四庫全書作「崗」字，畿輔叢書、顏李叢書作「岡」字。

觀贊服之筆，則可知其非素以是立學教也。

是以感孫徵君知統録説有「陸、王效静論於紫陽」之語，而敢出狂愚，少抑後二千年周、程、朱、陸、薛、王諸先生之學，而伸前二千年堯、舜、禹、湯、文、武、周、孔、孟諸先聖之道，亦竊附效静論之義。而願持道統者，其深思熟計，而决復孔、孟以前之成法，勿執平生已成之見解而不肯舍，勿拘平日已高之門面而不肯降，以誤天下後世，可也。

上征君孫鍾元先生書

某髮未燥，已聞容城孫先生名，然苐知清節耳。弱冠前爲俗學，枉度歲月，懵懵不知道爲何物。自順治乙未，頗厭八股習，稍閲通鑒、性理、諸儒語録，乃知世間有理學一脉[一]。己亥在易水，得交高弟五脩，乃又知先生不止以節著，連年來與高弟介祺尤屬莫逆。

[一] 續修四庫全書作「脉」字，畿輔叢書、顔李叢書作「脈」字，後文據續修四庫全書「脉」仍作「脉」。

德駕旋容時，已稟老親，全王法乾裏裝出門，將進叩，老親復以濟後不諳路，恐遭楊子之悲，阻之，逾年則聞復南矣。恭祝綾詞〔一〕，蒙介翁不外，玷賤名其末。迨讀先生歲寒居文集寄介翁札，不知過聽何人之言而儕之郡賢列，見之不勝惶愧！今在天地間已三十有六，德不加修，學不加進，曾不得大君子一提指之，每一念及，恨不身飛共城旁。茲先大母去世，服闋矣。幸大父猶康健，欲曲求俞允，今歲中一炙道範，未審得遂否也。㴋庠耿師，東郡人也，以告休南歸，去先生七十里，敢以便畧吐愚衷於門下。

某靜中猛思，宋儒發明氣質之性，似不及孟子之言性善最真。變化氣質之惡，三代聖人全未道及。將天生一副作聖全體，參雜以習染，謂之有惡，未免不使人去其本無，而使人憎其本有，蒙晦先聖盡性之旨，而授世間無志人以〔二〕口柄。又思〔三〕周公、孔子教人以禮、樂、射、御、書、數，故曰「以三物教萬民而賓興之」。故曰「身通六藝者七十二人」。故性道不可聞，而某長治賦、某長禮樂、某長足民，一如唐、虞之廷某農、某刑、某禮、某

〔一〕續修四庫全書、畿輔叢書作「詞」字，顏李叢書作「辭」字。
〔二〕續修四庫全書作「以」字，畿輔叢書、顏李叢書作「一」字，據文意用「以」字。
〔三〕續修四庫全書、畿輔叢書作「思」字，顏李叢書作「想」字。

樂之舊，未之有爽也。近世言學者，心性之外無餘理，靜敬之外無餘功。細考其氣象，疑與孔門若不相似然。即有談經濟者，亦不過説場話、著種書而已。

某不自揣，撰有存性、存學二編，欲得先生一是之，以挽天下之士習，而復孔門之舊。以先生之德望卜之，當易如反掌，則孟子不得專美於前矣。論今天下朱、陸兩派互相爭辯，先生高見，平和勸觧之不暇，豈可又增一爭端也。但某殊切杞人之憂，以爲雖使朱學勝陸而獨行于天下，或陸學勝朱而獨行于天下，或和觧成功，朱、陸合一，同行於天下，則終此乾坤亦只爲當時兩宋之世，終此儒運亦只如説話著書之道學而已，豈不堪爲聖道生民長歎息乎！粗陳一二，望先生靜眼一辨，及時發明前二千年之故道，以易後二千年之新轍，則斯道幸甚，斯民幸甚！臨楮南望，不勝想慕戰懼交集之至。某再拜言。

上太倉陸桴亭先生書

某聞氣機消長者否泰[一]，天地有不能自主，理數使然也。方其消極而長，否極而泰，天地必生一人以主之，亦理數使然也。然粵稽孔、孟以前，天地所生以主此氣機者，率皆實文、實行、實體、實用，卒爲天地造實績，而民以安，物以阜。雖不幸而君相之人竟爲布衣，亦必終身盡力於文、行、體、用之實，斷不敢以不堯、舜，不禹、皋者，苟且於一時，虛浮之局，高談袖手，而委此氣數，置此民物，聽此天地於不可知也。亦必終身窮究於文、行、體、用之實，斷不敢以惑異端、背先哲者，肆口於百喙爭鳴之日，著書立說，而誤此氣數，壞此民物，負此天地於不可爲也。

自漢、晉泛濫於章句，不知章句所以傳聖賢之道而非聖賢之道也；競尚乎清談，不知清談所以闡聖賢之學而非聖賢之學也。因之虛浮日盛，而堯、舜三事、六府之道，周公、

[一] 續修四庫全書作「某聞氣機消長者否泰」，畿輔叢書、顏李叢書本作「某聞氣機消長否泰」。

孔子六德、六行、六藝之學，所以實位天地，實育萬物者，幾不見於乾坤中矣。迨於佛、老昌熾，或取天地萬物而盡空之，一歸於寂滅；或取天地萬物而盡無之，一歸於陞脱。莫謂日月、星辰、山川、草木、鳥獸、虫魚、人倫、世故舉爲道外，並己身之耳、目、口、鼻、四肢皆視爲累碍〔一〕贅餘矣。哀哉！倘於此有堯、舜、周、孔，固必回消爲長，轉否爲泰矣。即不然，或如端、言、卜、仲、二冉之流，亦庶幾衍道脉於不墜，續真宗於不差，而長泰終有日也。奈何趙氏運中，紛紛躋孔子廟庭者，皆修輯注解之士，猶然章句也；皆高坐講論之人，猶然清談也。甚至言孝、弟、忠、信如何教，氣禀本有惡，其與老氏以禮義爲忠信之薄，佛氏以耳、目、口、鼻爲六賊者，相去幾何也！

故僕妄論宋儒，謂是集漢、晉、釋、老之大成者則可，謂是堯、舜、周、孔之正派則不可。然宋儒，今之堯、舜、周、孔也。韓愈辟佛，幾至殺身，況敢議今世之堯、舜、周、孔者乎！季友著書駁程、朱之説，發州决杖，況敢議及宋儒之學術、品詣者乎！此言一出，身命之虞所必至也。然懼一身之禍而不言，委氣數于終誤，置民物于終壞，聽天地於

〔一〕續修四庫全書作「碍」字，畿輔叢書、顔李叢書作「礙」字。

終負，恐結舌安坐，不援溝瀆，與强暴、横逆、内人於溝瀆者，其忍心害理不甚相遠也。

某爲此懼，著存學一編，申明堯、舜、周、孔三事、六府、六德、六行、六藝之道，大旨明道不在詩書章句，學不在穎悟誦讀，而期如孔門博文、約禮，身實學之，身實習之，終身不懈者。著存性一編，大旨明理、氣俱是天道，性、形俱是天命，人之性命、氣質雖各有差等，而俱是此善；氣質正性命之作用，而不可謂有惡，其所謂惡者，乃由「引、蔽、習、染」四字爲之祟也。期使人知爲絲毫之惡，皆自玷其光瑩之本體、極神聖之善，始自充其固有之形骸。

但孔、孟没後二千年無人道此理，而某獨異，又惴惴焉，恐涉偏私自是，誹謗先儒。將舍所見，以苟就近世之學，而仰觀三代聖賢又不如此。二念交鬱，罔所取正。一日遊祁，在故友刁文孝座，聞先生有佳録，復明孔子六藝之學，門人姜姓在州守幕實笥之，懽然如久旱之聞雷，甚渴之聞溪，恨不即沐甘霖而飲甘泉也。曲致三四，曾不得出。然亦幸三千里外有主張此學者矣，猶未知論性之相同也。既而刁翁出南方諸儒手書，有云：「此間有桴亭者，才爲有用之才，學爲有用之學，但把氣質許多駁惡雜入天命，説一般是善，其性善圖説中有『人之性善正在氣質，氣質之外無性』等語，殊新奇駭人。」乃知先生不惟得孔、孟學宗，兼悟孔、孟性旨，已先得我心矣。當今之時，承儒道嫡派者，非先生其誰乎！所恨家貧親老，不得操杖親炙，進身門下之末。茲乘彭使之便，奉尺楮請教，祈以所著並高弟孰長禮、樂，孰長射、書，孰爲體用兼優，不惜示下，使聾瞽之子得有所景仰尊奉。倘有寸進，真一時千載也。山河隔越，不能多寄，僅以性、學編各一紙，日記第十卷中摘一頁呈正，不勝南望愷切想慕之至。

學辯一

性亦須有辯，因吾友法乾王子一言，徹底無纖毫齟齬，莫不有能發吾意者，遂有待。今存學之説，將偕吾黨身習而實踐之，易静坐用口耳之習，爲手足頻拮据之業，非存性空談之比。雖賢者不能無顧惜故窠、憚於變革之意，幸相舉辯難，不厭反復。予撮其大畧如左，病中亦多遺脱。〔一〕

〔一〕「病中亦多遺脱」句後，畿輔叢書、顔李叢書本有「不能盡述也」。

己酉十一月二十六日，予抱病，復患足瘡，不能赴學，惟坐卧榻，謄存學稿。聞王子來會，乃强步出[一]齋，出所謄以質王子。甫閲一葉，遽置之几，盛爲多讀書之辯。

予曰：「人之精神無多，恐誦讀消耗，無歲月作實功也。倘禮樂嫻習，但略閲經書數本，亦自足否？」王子曰：「誦讀不多，出門不能引經據傳，何以服人？」予曰：「堯、舜諸聖人所據何書？且經傳，施行之證佐，全不施行，雖證佐紛紛，亦奚以爲？今存學之意若行，無論朝廷、宗廟，即明倫堂上，亦將問孰嫻周旋，孰諳絲竹，孰射賢，孰算勝，非猶是稱章比句之乾坤矣。且吾儕自視雖陋，倘置身朝堂，但憂無措置耳，引經據傳，非所憂也。」王子曰：「射御之類，有司事，不足學。須當如三公坐論。」予曰：「人皆三公，孰爲有司？學，正是學作有司耳。辟之於醫，黄帝素問、金匱、玉函，所以明醫理也，而療疾救世，則必診脈、製藥、鍼灸、摩砭爲之力也。今有妄人者，止務覽醫書千百卷，熟讀詳説，以爲予國手矣，視診脈、制藥、鍼灸、摩砭以爲術家之粗，不足學也。書日博，識日精，一人倡之，舉世效之，岐、黄盈天下，而天下之人病相枕、死相接也，

[一] 續修四庫全書作「出」字，畿輔叢書、顔李叢書作「至」字。

可謂明醫乎？愚以爲從事方脈、藥餌、針灸、摩砭，療疾救世者，所以爲醫也，讀書取以明此也。若讀盡醫書而鄙視方脈、藥餌、針灸、摩砭，妄人也，不惟非岐、黄，並非醫也，尚不如習一科、驗一方者之爲醫也。讀盡天下書而不習行六府、六藝，文人也，非儒也，尚不如行一節、精一藝者之爲儒也。」

王子曰：「棟梁材自別，豈必爲樸梲哉？」予曰：「棟梁亦自拱把尺寸長成，成時亦有皮幹枝葉，世豈有渾成梁哉？」王子曰：「藝學到精熟後，自見上面。幼學豈能有所見？」余曰：「幼學但使習之耳。必欲渠見，何爲哉？」王子曰：「不見上面，何與心性？」余曰：「不然。即如夫子使闕黨童子將命，使之觀賓主接見之禮，有下於夫子客至，則見客求教尊長悚敬氣象；有班於夫子或尊於夫子客至，則見夫子温、良、恭、儉、讓，侃侃、誾誾氣象。此是治童子耳目乎，治童子心性乎？故六藝之學，不待後日融會一片，乃自童齔即身心、道藝一致加功也。且既令渠習見無限和敬詳密之理，豈得謂無所見！但隨所至爲淺深耳。講家解一貫章，有謂曾子平日用功皆是貫中之一，今日夫子教以從一而貫。夫用功於貫中之一，是夫子所以教三千人者也，豈得曰『六藝非心性』也？」

王子曰：「禮樂自宜學，射御粗下人事。」余曰：「賢者但美禮樂名目，遂謂宜學，亦未必見到宜學處也；若見到，自不分精粗。喜精惡粗，是後世所以誤蒼生也。」王子曰：「弟見不足爲，若爲，自是易事。」余曰：「此正夫子所謂『智者過之』。且昔朱子謂『要補填，實是難』，今賢弟又謂『是易』[一]。要之，非主難，亦非主易，總是要斷送[二]實學，不去爲耳。」王子大笑。予曰：「李晦翁年逾五旬，勤力下學，日與弟子拈矢彎弓，甚可欽也。」王子曰：「晦夫叔嘗言，『射爲男子事，何可不習！』」余曰：「宋、元來儒者卻習成婦女態，甚可羞。無事袖手談心性，臨危一死報君王，即爲上品矣。豈若真學一復，户有經濟，使乾坤中永亨治安之澤乎！」王子曰：「六藝之學，誠有功於乾坤。」予曰：「不但爾也。子産云，歷事久，取精多，則魂魄强。今于禮樂、兵農無不嫻，即終身莫之用而没，以體用兼全之氣還於天地，是謂盡人道而死，故君子曰終。故曰學者，學成

[一] 朱子語類卷七原作「要填補，實是難」，續修四庫全書本作：「『要補填，實地難』，今賢弟又謂『是易』。」畿輔叢書本作：「『要補填，實是難』，今賢弟又謂『是易』。」顔李叢書本作：「『要補填，實是難』，今賢弟又謂『易』。」

[二] 續修四庫全書作「送」字，畿輔叢書、顔李叢書作「盡」字。

其人而已，非外求也。」王子又笑。

予曰：「此學終無行日矣。以賢弟之有志，且深信予，又入朱學未深，似無可戀惜，而猶難挽回如此，況彼已立崖岸者乎！」因復取首數篇進曰：「幸終觀之。」王子閲畢，喟然曰：「孔子是教天下人爲臣爲子，若都袖手高坐作君父，天下事叫誰辦哉！」撫卷歎息久之。余曰：「某急〔二〕就三存編，以爲天生某，使復明此學而已，非身見之材也。欲進之孫徵君，借以回天下。」王子曰：「人自爲耳，何必伊！」予曰：「天生材自别。伊尹聖之任，夏季之民如在水火，何不出而延攬豪傑，自爲奉天救民之舉，必待成湯之三聘乎？張良志復韓仇，亦嘗聚衆百餘，何不決於自爲而終屬沛公〔三〕乎？蓋天生王者，其氣爲主持世統之氣，乃足繫屬天下，非其人不與也。儒者教世，何獨不然！是其人也，天下附之。非其人也，學即過人，而師宗不立。如龍所至則氣聚成雲，否則不可强也，況愚之庸陋不足數者乎！自料只可作名教中一董三老耳。」王子辭行。

〔二〕續修四庫全書作「即」字，畿輔叢書、顔李叢書作「急」字。
〔三〕續修四庫全書改「然」作「公」字，畿輔叢書、顔李叢書作「公」字。

越十日，予病痊，往[一]會王子。因論：「風言復閏十二月，有諸？」王子曰：「此間亦頗聞。」予曰：「噫！豈非學術不明，吾儒悮於空言，無能定國是者乎！使吾黨習諳曆象，何以狐疑如此！」因言帝堯命羲、和，教以欽天授時及考驗推步之法，堯蓋極精於曆。因言帝王設官分職，未有不授以成法者。堯命司徒，授以匡、直、勞、來等法，舜命士師，授以五刑、五服、五流、五宅等法，命典樂，授以直温、寬栗等理及依永和聲、無相奪倫等法，成王置農官，授以錢鎛、銍艾、耕耨等法。觀命官之典，豳成之詩，是君父亦未有不知六府、六藝之學者，則袖手高坐，徒事誦讀，固非所以爲臣子，亦豈所以作君父哉！

學辯二

又越旬，王子來會，復曰：「周公制禮作樂，且以文、武之聖開之，成、康之賢繼

[一] 續修四庫全書作「住」字，據畿輔叢書、顏李叢書本改作「往」字。

之，太、召、君陳輩左右之，亦不百年而穆王亂，迨東遷而周不可問矣。漢、唐、宋、明不拘古法，亦定數百年之天下，何歉於三代哉？」予曰：「漢、唐後之治道，較之三代，蓋星淵不可語也，吾弟未之思耳。吾弟但見穆、平之衰而未實按其列國情勢民風也。吾茲不與賢弟論三代盛時。且以春秋之末，其爲周七百年矣，只義姑存魯、展禽拒齊二事，風俗之美，人材之盛，魯固可尚也；齊乃以婦人而旋師，聞先王〔二〕命而罷戰。由此以思，當日風俗人心，豈漢、唐後所可彷彿哉？」

王子曰：「終見藝〔三〕學粗，奈何？」予曰：「此乃不知止耳。觀大學言明親即言止至善，見道爲粗，是不知至善之止也。故曰『知止而後有定』。」王子乃懽忻鼓舞曰：「昨子産一段，已深悚我心。自今日當務精此學，更無疑矣。」因述乃父命計田數不清。予曰：「計畝，人以爲瑣事矣。然父命而不清，非不能爲子之一乎？」王子曰：「無大無小，無不習熟，固也。弟昨言棟梁材，兄不以爲然。恐天下自有可大不可小之材，如龐士元非百

〔二〕續修四庫全書本原作「生」，據畿輔叢書、顏李叢書本改作「王」字。
〔三〕續修四庫全書本原作「義」，據畿輔叢書、顏李叢書本改作「藝」字。

里材，曾子教孟敬子持大體，非乎？」予曰：「孔子乘田、委吏，無不可爲。若位不稱材，便酣惰廢事，此自豪士之態，非君子之常也。孟敬子當時已與魯政，乃好理瑣小，故曾子教以所貴道三，豈可以此言，便謂籩豆之事不宜學乎！況當時學術未失，家臣庶士無不能理事者，第憂世胄驕浮，不能持大體耳。能持大體，凡事自可就也。」

王子曰：「博學乃古人第一義。易云『多識前言往行以畜德』，子路曰『何必讀書然後爲學！』可見古人讀書誦讀亦何可全廢？」予曰：「周公之法，春秋教以禮、樂，冬夏教以詩、書。豈可全不讀書！但古人是讀之以爲學，如讀琴譜以學琴，讀禮經以學禮。博學之，是學六府、六德、六行、六藝之事也。只以多讀書爲博學，是第一義已誤，又何暇計問、思、辯、行也？」王子行。

越一日，予過其齋。王子曰：「連日思樂能滌人滓渣。只静敬以求懲忿窒慾，便覺忿慾全無，不時卻又發動。不如心比聲律，私欲自化也。」余曰：「噫，得之矣！某謂心上思過，口上講過，書上見過，都不得力，臨事時依舊是所習者出，正此意也。夫禮樂，君子所以交天地萬物者也，位育著落，端在於此。古人制舞而民腫消，造琴而陰風至，可深思也。」

王子又問：「道問學之功，即六藝乎？」予曰：「然。」又問：「如何是尊德性？」予未答。又問：「如何是中人以上可以語上也？」蓋因程、朱好語上，王子欲證語上之爲是也。予曰：「離下無上。明德，親民，尊德性，道問學，只是此事，語上人皆上，語下人皆下。如洒〔一〕掃應對，下也，若以語上人，便見出敬。絃指徽律，下也，若以語上人，便見出和。某昨童子將命一段，正是道藝一致，耳目性情一滚做也。」王子憮然曰：「至言！」予曰：「此亦就賢弟之問爲言耳。其實上有上，下有下，上下精粗皆盡力求全，是謂聖學之極致矣。不及此者，寧爲一端一節之實，無爲全體大用之虛。如六藝不能兼，終身止精一藝可也。如一藝不能全，數人共學一藝，如習禮者某冠昏、某喪祭、某宗廟、某會同，亦可也。夫吾輩姿質，未必是中人以上，而從程、朱倒學，先見上面，必視下學爲粗，不肯用力矣。」王子曰：「『下學而上達』，孔子定法，烏容紊乎哉！」

〔一〕續修四庫全書本作「洒」字，畿輔叢書、顔李叢書本作「灑」字，後文據續修四庫全書本「洒」字仍作「洒」字。

卷二

性理評

程子曰：「邢明叔明辯有才氣，其於世務練習，蓋美才也。晚溺於佛，所謂『日月至焉而已』者，豈不惜哉！」〔一〕

朱子云：「程子死後，其高弟皆流於禪。」豈知程子在時已如此乎！蓋吾儒起手便與禪異者，正在徹始徹終總是體用一致耳，故童子便令學樂舞勺。夫勺之義大矣，豈童子所宜歌！聖人若曰，自洒掃應對以至參贊化

〔一〕二程粹言卷下原作：「邢明叔明辯有才氣，其於世務練習，蓋美才也。其學晚溺於佛，所謂『日月至焉而已』者，豈不可惜哉！」

育，固無高奇理，亦無卑瑣事。故上智如顏、貢，自幼爲之，不厭其〔二〕淺而叛道；粗疏如陳亢，終身習之，亦不至畏其難而廢學。今明叔才氣明辯，練達世務，誠爲美才。但因程子不以六藝爲教，初時既不能令明叔認取其練習世務莫非心性，後又無由進於位育寔〔三〕具，不見儒道結果。回視所長者不足戀，前望所求者無所得，便覺無意味，無來由，烏得不莫之禦而入於禪也！猶吾所謂明帝之好佛，非明帝之罪，而李躬、桓榮之罪也。

夫「日月至焉」，乃吾夫子論諸賢不能純仁分寸也。當時曾子、子貢之流，俱在其中。乃以比明叔之溺佛，程子不亦易言乎！

明道謂謝顯道曰：「爾輩在此相從，只是學某言語。故其學，心與口不相應。盍若行之！」請問焉。曰：「且靜坐。」伊川每見人靜坐，便歎其善學。

因先生只說話，故弟子只學說話，心口且不相應，況身乎，況家國天下乎！措之事業，其不相應者多矣。吾嘗談天道、性命，若無甚扞格，一著手算九九數輒差。王子講冠禮若甚易，一習初祝便差。以此知心中醒，口中說，紙上作，不從身上習過，皆無用也。責及門不行，彼既請問，正好教之習禮習樂，卻只云「且靜坐」。二程亦復如是，噫！雖曰不禪，吾不信也。

〔二〕據畿輔叢書、顏李叢書本加一「其」字。

〔三〕續修四庫全書本作「寔」字，畿輔叢書、顏李叢書本作「實」字。

武夷胡氏曰：「龜山天資夷曠，濟以問學，克養有道，德器早成。積於中者，純粹而宏深；見於外者，簡易而平淡。閒居和樂，色笑可親；臨事裁處，不動聲色。與之遊者，雖羣居終日，嗒然不語，飲人以和，而鄙吝之態自不形也。推本孟子性善之説，發明中庸、大學之道。有欲知方者，爲指其攸趨，無所隱也。當時公、卿、大夫之賢者，莫不尊信之。」又曰：「先生造養深遠，燭理甚明，混迹同塵，知之者鮮。行年八十，志氣未衰，精力少年殆不能及。朝廷方向意儒學，日新聖德，延禮此老，置之經筵，朝夕咨訪，裨補必多。至如裁決危疑，經理世務，若燭照數計而龜卜也！」〔一〕

無論其他，只「積於中者純粹而宏深」一語，非大賢以上能之乎？其中之果純粹與否，宏深與否，非僕所知。然朱子則已譏其入於禪矣，禪則必不能純粹宏深，純粹宏深則必不禪也。至混跡同塵氣象，五經、論、孟中未之見。非孟子所謂同流合汚者乎？充此局以想，夷曠、簡易、平淡、和樂、可親諸語，恐或皆孟子所狀鄉原光景也。

陳氏淵曰：「伊川自涪歸，見學者凋落，多從佛教，獨龜山先生與謝丈不變。因歎

〔一〕新刻性理大全書卷四十「諸儒而」原作：「『積於中者，純粹而閎深。』『有欲知方者，爲指其攸趣。』」

曰：『學者皆流於異端矣！惟有楊、謝二君長進。』」〔一〕

嘗觀孔子殁，弟子如喪父母，哀慟無以加矣；又爲之備禮營葬，送終無以加矣；又皆廬其墓三年，惓戀無以加矣；餘情復見於同門友之不忍離，相向而哭皆失聲。其師弟情之篤而義之重，蓋如此也。迄後有宋程、朱兩門，以師弟著於乾坤，不惟自任以爲真繼孔子之統，雖當時及門亦以爲今之孔子矣，後世景仰亦謂庶幾孔門時師弟矣。而其殁也，不過一祭一贊，他無聞焉。僕存此疑於心久矣，亦謂生榮死哀之狀必别有記載，寡陋未之見耳。殊不意伊川生時，及門已如此其相負也！涪之别也，日月幾何，而遽學者凋落，相率而從於佛也！又孰知所稱楊、謝不變者，下梢亦流於禪也！然則真承程子之統者誰也？非因二程失古聖教人成法，空言相結之不固，不如實學之相交者深乎！抑程門弟子之從佛，或亦其師夙昔之爲教者去佛不遠也。程子闢佛之言曰：「彌近理而大亂真。」愚以爲非佛之近理，乃程子之理近佛也。試觀佛氏立教，與吾儒之理，遠若天淵，判若黑白，反若氷〔二〕炭，其不相望也，如適燕適越之異其轅，安在其彌近理也！孟子曰：「治人不治，反其智。」伊川於此徒歎學者之流於異端，而不知由己失孔子之教，亦欠自反矣。

〔一〕二程外書卷十二原作：「伊川自涪歸，見學者凋落，多從佛學，獨先生與謝丈不變。因歎曰：『學者皆流於夷狄矣！惟有楊、謝二君長進。』」

〔二〕續修四庫全書本作「氷」字，同「冰」字，畿輔叢書、顔李叢書本作「冰」字，後文據續修四庫全書本「氷」字仍作「氷」。

問：「龜山晚年出，是不可曉。其召也以蔡京，然在朝亦無大建白。」〔二〕朱子曰：「以今觀之，則可以追咎當時無大建白。若自己處之，不知當時所當建白者何事。」或云：「不過擇將相爲急。」曰：「也只好説擇將相固是急，然不知當時有甚人可做。當時將只説种師道，相只説李伯紀，然固皆嘗用之矣。又況自家言之，彼亦未必見聽，據當時事勢亦無可爲者，不知有大聖賢之材何如耳。」

當時所稱大儒如龜山者，既自無將相材，又無所保舉。異世後追論，亦無可信之人，不過种、李二公而已。然則周、程、張、邵棺木尚新，其所成之人材皆安在哉？世有但能談天説性，講學著書，而不可爲將相之聖賢乎！

或言「擇將相爲急」，何不曰「當時龜山便是好將相，惜未信用」，乃但云「也只好説擇將相」，蓋身分亦有所不容誣也。噫！儒者不能將，不能相，只會擇將相，將相皆令何人做乎？末又云「當時事勢亦無可爲者，不知有大聖賢之材何如耳」。是明將經濟時勢讓與聖賢做，尚得謂之道學乎？至於李公字行，种公名呼，此朱子重文輕武不自覺處。其遺風至今日，衣冠之士羞與武夫齒，秀才挾弓矢出，鄉人皆驚，甚至子弟騎射武裝，

〔二〕朱子語類卷一百一原作：「龜山晚年出處，不可曉。其召也以蔡京，然在朝亦無大建明。」據此，續修四庫全書本「然則」改作「然在」。

父兄便以不才目之。長此不返，四海潰弱，何有已時乎？獨不觀孔門無事之時，弓矢、劍佩不去於身也，武舞、干戚不離於學也。身爲司寇，墮三都，會夾谷，無不尚武事也。子路戰於衛，冉、樊戰於齊，其餘余諸賢氣象皆可想也。學喪道晦，至此甚矣！孔門實學，亦可以復矣！

問：「龜山當時何意出來？」曰：「龜山做人也苟且，是時未免禄仕，故亂就之」云云。問：「或者疑龜山爲無補於世，徒爾紛紛，或以爲大賢出處不可以此議，如何？」〔二〕曰：「龜山此行固是有病，但只後人又何曾夢到他地位在。惟胡文定以柳下惠『援而止之而止』比之，極好。」

余嘗謂宋儒是理學之時文也。看朱子前面説「龜山做人苟且，未免禄仕，故亂就之」，此三語抑楊氏於鄉黨自好者以下矣。後面或人説「大賢出處不可議」，又引胡氏之言比之柳下惠，且曰「極好」，又何遽推之以聖人哉？蓋講學先生只好説體面話，非如三代聖賢，一身之出處，一言之抑揚，皆有定見。龜山之就召也，正如燕雀處堂，全不見汴京亡，徽、欽虜，直待梁折棟焚而後知金人之入宋也。朱子之論龜山，正如戲局斷獄，亦不管聖賢成法，只是隨口臧否。駁倒龜山以伸吾識，可也。救出龜山，以全講學體面，亦可也。

〔二〕朱子語類卷一百一兩語録分作：「龜山做人也苟且，是時未免禄仕，故胡亂就之。」「或者疑龜山此出為無補於事，徒爾紛紛，或以爲大賢出處不可以此議，如何？」

上蔡爲人英果明決，强力不倦，克己復禮，日有課程。所著論語説及門人所記遺語，行於世。

要推尊上蔡，便言其「克己復禮，日有課程」。後面要説程門諸人見皆不親切之故，又言是「無頭無尾，不曾盡心」，毋乃自相矛盾乎？此處殊令人疑。

上蔡直指窮理居敬爲入德之門，最得明道教人之綱領。〔一〕

朱子稱「上蔡直指窮理居敬爲入德之門，最得明道教人綱領」，僕以爲此四字正諸先生所以自欺而自悞者也。何也？「窮理居敬」四字，以文觀之甚美，以實考之，則以讀書爲窮理功力，以恍惚道體爲窮理精妙，以講解著述爲窮理事業，儼然静坐爲居敬容貌，主一無適爲居敬工夫，舒徐安重爲居敬作用。觀世人之醉生夢死，奔忙放蕩者，誠可謂大儒氣象矣。但觀之孔門，則以讀書爲致知中之一事。且書亦非徒佔畢讀之也，曰「爲周南、召南」，曰「學詩」、「學禮」，曰「學易」、「執禮」，是讀之而即行之也。曰「博學於文」，蓋詩、書、六藝以及兵農、水火在天地間燦著者，皆文也，皆所當學之也。曰「約之以禮」，蓋冠昏〔二〕、喪祭、宗廟、會同以及升降周旋，衣服飲食，莫不有禮也，莫非約我者也。凡理必求精熟之至，是謂

〔一〕晦庵先生朱文公文集卷八十德安府應城縣上蔡謝先生祠紀原作：「理居敬為入德之門，則於夫子教人之法，又最為得其綱領。」
〔二〕續修四庫全書本作「昏」字，畿輔叢書、顏李叢書本作「婚」字。

「窮理」；凡事必求謹慎之周，是謂「居敬」。上蔡雖賢，恐其未得此綱領也。不然，豈有「居敬窮理」之人而流入於禪者哉！

明道以上蔡誦讀多記爲玩物喪志，蓋謂其意不是理會道理，只是誇多鬭靡爲能。若明道看史不差一字，則意思自別。此正爲己爲人之分。〔一〕

謝良佐記問甚博，明道謂之曰：「賢卻記得許多，可謂玩物喪志。」良佐身汗面赤。明道曰：「此便是惻隱之心。」可見大程學教猶不靠定書本。僕掀閱至此，悚然起敬，以爲此正明道優於伊川、紫陽處，又未嘗不愛謝公之有志也。使朱子讀此亦爲之汗身赤面則善矣，乃曲爲之説，謂渠是誇多鬭靡，不是理會道理，又引程子看史事證之，総是不欲説壞記誦一道，恐於己讀盡天下書之志有妨也。不知道理不專在書本上理會，貪記許多以求理會道理，便會喪志，不得以程子看史一字不差相混也。

問：「上蔡説横渠以禮教人，其門人下梢頭低，只『溺於刑名、度數之間，行得來因無所見處』，如何？」曰：「觀上蔡説得偏了，這都看不得禮之大體，所以都易得偏。如上蔡説横渠之非，以爲『欲得正容謹節』，這是自好，如何廢這箇得。如專去理會刑名、

〔一〕朱子語類卷九十五原作：「明道以上蔡記誦為玩物喪志，蓋為其意不是理會道理，只是誇多鬭靡為能。若明道看史不蹉一字，則意思自別。此正為己為人之分。」

度數，固不得，又全廢了這箇，也不得。」〔一〕

宋儒胡子外，惟横渠之志行井田，教人以禮，爲得孔、孟正宗。謝氏偏與説壞，譏「其門人下梢頭低，溺於刑名、度數」，以爲横渠以禮教人之流弊。然則教人不當以禮乎？謝氏之入禪，於此可見。二程平昔之所以教楊、謝諸公者，於此可想矣。玩「行得來因無所見」一語，横渠之教法真可欽矣。「民可使由之，不可使知之」，「道之以德，齊之以禮」，此聖賢百世不易之成法也。雖周公、孔子，亦只能使人行，不能使人有所見。功候未到，即强使有所見，亦無用也。孟子曰：「行之而不著焉，習矣而不察焉，終身由之而不知道者，衆也。」此固歎知道之少，而吾正於此服周公、孔子流澤之遠也。布三重以教人，使天下世世守之，後世有賢如孟子者得由行習而著察，即愚不肖者亦相與行習於吾道之中，正中庸所謂「行而世爲天下法」，歷八百年而猶在，幾百餘年而未衰。此周公、孔子之下梢頭原如是其低也，而其上梢頭亦未嘗高。制禮作樂，遵行遍天下，而周公之心，雖親賢之召公不盡知也。博文約禮，服習遍三千，而一貫之祕，雖聰穎之端木未之聞也。相隨半生，尚以「多學而識」認夫子，然則未聞性道之前，端木子與三千人不同以文禮爲道乎？則横渠之門人，即使皆認刑名、度數爲道，何害也！朱子既見謝氏之偏，而知横渠之是，即宜考

〔一〕朱子語類卷一百一原作：「觀上蔡説得又自偏了，這都看不得禮之大體，所以都易得偏。如上蔡説横渠之非，以爲『欲得正容謹節』，這自是好，如何廢這箇得！」

古稽今，與門人講而習之，使人按節文，家行典禮，乃其所也。奈何盡力誦讀著述，耽延歲月！迨老而好禮，又只要著家禮一書，屢易藁始成，其後又多自嫌不妥，未及改正而沒，其門人楊氏固嘗代爲致憾矣。考其實，及門諸公不知式型與否，而朱子家祠喪禮已多行之未當，失周公、孔子之遺意者矣。豈非言易而行難哉！

「尹〔一〕彥明見伊川後半年，方得大學、西銘看。」其意思好〔二〕，也有病。蓋且養他氣質，淘潠去了那許多不好底意思，如學記所謂「未卜禘，不視學，遊其志也」之意。此意思固好，然也有病者。蓋天下有多少書，若半年間都不教他看一字，幾時讀得天下許多書！所以彥明終竟後來工夫少了。

伊川雖失孔子學教成法，猶知不可遽語人以高深，猶知不全靠書冊，故遲半年方與門人大學、西銘看。至朱子則必欲人讀天下許多書，是將道全看在書上，將學全看在讀上，其學教之法又不逮伊川矣。吾謂大學可即與看，若西銘，雖姿性聰敏者，再遲數年與看，未爲晚也。

和靖涪州被召，祭伊川文云：「不背其師則有之，有益於世則未也。」因言：「學者

〔一〕續修四庫全書、畿輔叢書、顔李叢書本均作「伊」字，據中華書局本改作「尹」字。
〔二〕續修四庫全書本作「其意思好」，畿輔叢書、顔李叢書本作「此意思好」。朱子語類卷九十五原作「此意思也好」。

只守得某言語，已自不易，少間又自轉移了。」

吾讀甲申殉難録，至「愧無半策匡時難，惟餘一死報君恩」，未嘗不悽然泣下也！至覽和靖祭伊川「不背其師有之，有益於世則未」二語，又不覺廢卷浩歎，爲生民愴惶久之。夫周、孔以六藝教人，載在經傳，子罕言仁、命，不語神，性道不可得聞，予欲無言，博文約禮等語，出之孔子之言及諸賢所記者，昭然可考，而宋儒若未之見也。專肆力於講讀，發明性命，閑心靜敬，著述書史。伊川明見其及門皆入於禪而不悟，和靖自覺其無益於世而不悟，甚至求一守言語者亦不可得，其弊不大可見哉！至於朱子追述，似有憾於和靖而亦不悟也。然則吾道之不行，豈非氣數使之乎！

問：「伊川門人如此其衆，後來更無一人見得親切。或云游、楊亦不久親炙。」曰：「也是諸人無頭無尾，不曾盡心在上面也。各家去奔走仕宦，所以不能理會得透。如邵康節從頭到尾，極終身之力而後得之，雖其不能無偏，然就他這道理，所謂『成而安』矣。如茂叔先生資禀便較他高，也去仕宦〔二〕，只他這所學，自是合下直到，所以有成。某看來，

〔二〕續修四庫全書本作「如茂叔先生資禀便較他高，也去仕宦」，畿輔叢書、顔李叢書本作「如茂叔先生資禀便較高，他也去仕宦」。

這道理若不是拚生盡死去理會，終不得解。」〔一〕

伊川門人甚眾，後更無一人見之親切，非因伊川所教諸人所學，俱失孔子實學之故乎！朱子乃云「是諸人無頭無尾，不曾盡心在上面」，試觀游、楊、謝、尹諸公，果是「無頭無尾，不曾盡心」者乎？又云「各去奔走仕宦，所以不能理會透；康節極終身之力而後有得；茂叔亦去仕宦，只他資禀高，合下直到」；然則必欲人不仕宦，不作事，終身只在書室中，方可得道乎？

「與叔文集，煞有好處，他文字極是實，說得好處，如千兵萬馬，飽騰伉壯。上蔡雖有過當處，亦自是說得透。龜山文字卻怯弱，似是合下會得易。」「游、楊、謝諸公當時已與其師不相似，卻似別一家。謝氏發明得較精彩，然多不穩貼。和靖語卻實，然意短，不似謝氏發越。龜山語錄與自作文不相似，其文大段照管不到，前面說如此，後面又都反了，緣他只依傍語句去，皆不透。龜山年高，與叔年四十七，他文字大綱立得腳來健，多

〔一〕朱子語類卷一百一原作：「蔡云：『不知伊川門人如此其眾，何故更無一人見得親切。或云游、楊亦不久親炙』。曰：『也是諸人無頭無尾，不曾盡心存上面也。各家去奔走仕宦，所以不能理會得透。如邵康節從頭到尾，極終身之力而後得之，雖其不能無偏，然就他這道理，所謂『成而安』矣。如茂叔先生資禀便較高，他也去仕宦，只他這所學，自是合下直到後來，所以有成。某看來，這道理若不是拚生盡死去理會，終不解得。』」

有處説得好又切，若有壽，必然進。游定夫學無人傳，無語録。」〔二〕

如何只論人文字言語長短，語録有無，非失聖門學宗，不實用功於明親，故無實事可稱舉乎？今有人議諸先生專在文字言語用功，或云只在言語文字論人品，必至羣相譁之曰「彼大儒，不止是也」。乃考其實則竟如此！較歐、蘇諸公，但多講論性道之語，内地靜敬之功耳。試想三代前君臣獎贊，師弟敘述，或後人論斷前聖賢，曾有此口吻比例否？噫！恐不啻冰玉之相懸也！

上蔡之學，初見其無礙，甚喜之。後細觀之，終不離禪的見解。

予於程朱、陸王兩派學宗正如是。

龜山未見伊川時，先看莊、列等文字。後來雖見伊川，然而此念熟了，不覺時發出來。

聖人教人六藝，正使之習熟天理。不然，雖諄諄説與無限道理，至吃緊處依舊發出習慣俗雜念頭。

游定夫尤甚，羅仲素時復亦有此意。

〔二〕朱子語類卷一百一兩語録分作：「與叔文集，煞有好處，他文字極是實；説得好處，如千兵萬馬，飽滿伉壯。上蔡雖有過當處，亦自是説得透。龜山文字卻怯弱，似是合下會得易。」「游、楊、謝諸公當時已與其師不相似，卻似別立一家。謝氏發明得較精彩，然多不穩貼。和靖語卻實，然意短，不似謝氏發越。龜山語録與自作文又不相似，其文大故照管不到；前面説如此，後面又都反了，緣他只依傍語句去，皆是不透。龜山年高，與叔年四十七，他文字大綱立得脚來健，有多處説得好又切，若有壽，必煞進。游定夫學無人傳，無語録。」

一日，論伊川門人，云「多流入釋、老」。陳文蔚曰：「只是游定夫如此，恐龜山輩不如此。」曰：「只論語序便可見。」〔一〕

朱子論游、楊入釋、老處，不知何指，但既廢〔二〕堯、舜、周、孔六府、六藝之學，則其所謂不入釋、老者又果何指也？僕嘗論漢人不識儒，如萬石君家法，真三代遺風，不以儒目之，則其所謂儒，只是訓詁辭華之流耳。今觀朱門師弟一生肆力文字光景，恐或不免爲游、楊所不屑也。

看道理不可不仔細。程門高弟如謝上蔡、游定夫、楊龜山輩，下稍皆入禪學去。必是程先生當初説得高了，他們只晫見上截，少下面著實功夫，故流弊至此。〔三〕

僕意朱子未覺程門教法之失，既覺而復蹈之，何也？倘因此便返於實學，豈非吾道之幸哉！「下面著實功夫」，是何物乎？將謂是靜敬乎？程門諸子固已力行之矣。將謂是禮、樂、射、御、書、數之屬乎？朱子已云補填難，姑不爲之矣。將謂是庸德庸言乎？恐禮、樂、射、御、書、數所以盡子、臣、弟、

〔一〕朱子語類卷一百一原作：「一日，論伊川門人，云『多流入釋氏』。陳文蔚曰：『只是游定夫如此，恐龜山輩不如此。』曰：『只論語序便可見。』」

〔二〕續修四庫全書本原作「發」字，據畿輔叢書本、顏李叢書本改「廢」字。

〔三〕朱子語類卷一百一原作：「看道理不可不子細。程門高弟如謝上蔡、游定夫、楊龜山輩，下梢皆入禪學去。必是程先生當初説得高了，他們只晫見一截，少下面著實功夫，故流弊至此。」

友之職者既不爲，又何者是其不敢不勉者乎？考其與及門日征月邁者，則惟訓解經傳，纂修書史，死生以之。或其所謂「下面著實功夫」者，未必是孔子所云「下學」也。

韓退之云：「孔子之道，大而能博，門弟子不能遍觀而盡識也，故學焉而皆得其性之所近。」此說甚好。看來資質定了，其爲學也，只就他資質所尚處添得些小好而已。所以學者貴公聽並觀，求一箇是當處，不貴徒執己自用。今觀孔門諸子，只除顔、曾之外，其他說話便皆有病。〔一〕

平日講學主變化氣質，此處卻云「其爲學也，只就資質所尚處添些小好而已」。蓋諸先生認氣質有惡，不得不說變化，此處要說諸賢各得其性之所近，故又說「氣質已定，只添些小好」。且下云「學貴公聽並觀，求一箇是當」，如果有此妙法，而諸賢徒執己見求之，固可憾矣，乃吾夫子亦不爲之一指點也，何朱先生之大智而聖門師弟之大愚乎？則朱子所見之道與所爲之學、所行之教，與聖門別是一家，明矣。至於求諸賢之短，又何不著實體驗諸賢之造詣何如，吾輩較之何如，乃只論其說話有病無病乎？僕謂不惟七十子之品詣非可輕議，便是

〔一〕朱子語類卷九十三原作：「韓退之云：『孔子之道，大而能博，門弟子不能遍觀而盡識也，故學焉而皆得其性之所近。』此說甚好。看來資質定了，其為學也，只就他資質所尚處添得些小好而已。所以學貴公聽並觀，求一箇是當處，不貴徒執己自用。今觀孔子諸弟子，只除顔、曾之外，其他說話便皆有病。」

二千九百餘人，既經聖人陶鎔，亦不易言也。自戰國横議後，重以秦人之焚坑，漢儒之訓詁，魏、晉之清談，歷代之佛、老，宋、元之講讀，而七十子之身分久不明於世矣。吾嘗謂孔子如太陽當空，不惟散宿衆星不顯其光，即明月五星亦不出色。若當下旬之夜，一行星炯照，四國仰之如太陽然矣。故孔子奠楹後，羣推有子爲聖人，西河又推卜子爲聖人。當時七十子身通六藝，日月至仁，倘有一人出於後世，皆足倡學一代，使人望爲聖人，非周、程以下諸先生所可比也。近法乾王子有言：「後儒稍有不純，議廟典者動言黜退。聖門如冉求之聚斂，宰予之短喪，何可從祀？」予曰：「賢弟未之思耳。冉有固有虧欠處，其學卻實。如此案即缺一角，仍是有用之巨器，豈可舍也！故聖門一推政事之科，一在言語之列，不比後人虚言標榜，書本上見完全也。」王子曰：「然。」

延平李氏曰：「羅先生性明而修，行全而潔。充之以廣大，體之以仁恕，精深微妙，多極其至。漢、唐諸儒無近似者。」

又是一聖人！宋固多聖人乎？

陳氏協曰：「先生可謂有德有言之隱君子矣！李公侗傳其學。公歿之後，既無子孫，及其遺言不多見於世。嘉定七年，郡守劉允濟始加搜訪，得公所著遵堯録八卷，進之於朝。其書四萬言，大要謂藝祖開基，列聖繼統，若舜、禹遵堯而不變。至元豐改制，皆自

王安石作俑，創爲功利之圖，浸致邊疆之侮。是其畎畝不忘君之心，豈若沮、溺輩索隱行怪之比耶！」〔二〕

元佑、元豐之獄，迄無公論。要之荆公之欲强宋本是，而術未盡善。苟安者競爲敵，洪水罔績，遂咎崇伯。然使即任濂、洛羣哲，恐亦如四嶽羣牧無如洪水何，未是神禹也。

周氏坦曰：「觀先生在羅浮山靜坐三年，所以窮天地萬物之理，切實若此。」原來是用此功，豈不令孔子哀之乎！但凡從靜坐讀書中討來識見議論，便如望梅畫餅，靠之饑食渴飲不得。

朱子曰：「李延平先生屏居山里，結茅水竹之間，謝絶世故四十餘年，簞瓢屢空，怡然自得。」〔三〕

〔二〕豫章文集卷十五附録陳協撰謚議原作：「陳氏協曰：『先生可謂有德有言之隱君子矣！李公侗傳其學。既歿之後，家無子孫，故其遺言不多見於世。嘉定七年，郡守劉允濟始加搜訪，得公所著遵堯録八卷，進之於朝。其書四萬言，大要謂藝祖開基，列聖繼統，若舜、禹遵堯而不變。至元豐改制，皆自王安石作俑，創為功利之圖，浸兆裔夷之侮。是其畎畝不忘君之心，豈若沮、溺輩素隱行怪之比耶！』」

〔三〕晦庵先生朱文公文集卷九十七延平先生李公行狀原作：「李延平先生屏居山田，結茅水竹之間，謝絶世故餘四十年，簞瓢屢空，怡然自適。」

試觀孔子前有「謝絶世故」之道學乎？

先生從羅仲素學，講讀之餘，危坐終日，以驗夫喜怒哀樂未發之前氣象爲何如，而求所謂中者。若是者蓋久之，而爲天下之大本真有在乎是也。〔二〕

昔孔門固有講誦，乃誦其所學，講其所學。如誦三代之禮、講三代之禮以學禮，誦樂章，講樂器、樂音、樂理以學樂，未有專以講誦爲學者。至於危坐終日以驗未發氣象爲求中之功，尤孔子以前千聖百王所未聞也。今宋家諸先生，講讀之餘，繼以靜坐，更無別功，遂知天下之大本真在乎是。噫！果天下之大本耶，果天下之理無不自是出耶？何孔門師弟之多事耶！

先生資稟勁特，氣節豪邁；而充養純粹，無復圭角。精純之氣，達於面目，色温言厲，神定氣和。語默動靜，端詳閑泰；自然之中，若有成法。平居恂恂，於事若無可否。及其應酬事變，斷以義理，則有截然不可犯者。〔三〕

〔二〕晦庵先生朱文公文集卷九十七延平先生李公行狀原作：「先生既從之學，講誦之餘，危坐終日，以驗夫喜怒哀樂未發之前氣象為如何，而求所謂中者。若是者蓋久之，而知天下之大本真有在乎是也。」

〔三〕晦庵先生朱文公文集卷九十七延平先生李公行狀原作：「先生資稟勁特，氣節豪邁；而充養完粹，無復圭角。精純之氣，達於面目，色温言厲，神定氣和。語默動靜，端詳閑泰；自然之中，若有成法。平居恂恂，於事若無甚可否。及其酬酢事變，斷以義理，則有截然不可犯者。」

先生之道德純備，學術通明，求之當時〔二〕，殆絶倫比。然不求知於世，而亦未嘗輕以語人，故上之人既莫之知，而學者亦莫之識，是以進不獲行於時，退未及傳之於後。而先生方且玩其所安樂者於畎畝之中，悠然不知老之將至。蓋所謂「依乎中庸，遯世不見知而不悔」者，先生庶幾焉！

合二段觀之，則延平先生真一孔子矣。夫聞惡而信，聞善而疑者，小人也。僕即不肖，何忍以小人自居乎！但以唐、虞、三代之盛，亦數百年而後出一大聖，不過數人輔翼之。若堯、舜之得禹、皋，孔子之得顔、曾，直如彼其難，而出必爲天地建平成之業，處亦一年成聚，二年成邑，三年成都，或身教三千以成天下之材，斷無有聖人而空生之者。況秦、漢後千餘年間，氣數乖薄，求如仲弓、子路之輩不可多得。何獨以偏缺微弱，兄於契丹，臣於金、元之宋，前之居汴也，生三四堯、孔，六七禹、顔；後之南渡也，又生三四堯、孔，六七禹、顔？而乃前有數聖賢，上不見一扶危濟難之功，下不見一可相可將之材，兩手以二帝畀金，以汴京與豫矣。後有數十聖賢，上不見一扶危濟難之功，下不見一可相可將之材，兩手以少帝付海，以玉璽與元矣。多聖多賢之世，而乃如此乎？噫！

〔二〕晦庵先生朱文公文集卷九十七延平先生李公行狀原作「當世」。

先生少年豪勇，夜醉，馳馬數里而歸。後來養成徐緩，雖行二三里路，常委蛇緩步，如從容室中也。問：「先生如何養？」曰：「先生只是潛養思索。他涵養得自是別，真所謂不爲事物所勝者。」

孔子但遇可憫可敬，便勃然變色。忽而久，忽而速，似爲事物所勝，乃是聖人。釋氏父子兄弟亦不動心，可謂「不爲事物所勝」，卻是異端。

古人云「終日無疾言遽色」，他真箇是如此。尋常人叫一人，一二聲不至，則聲必厲。先生叫之不至，不加於前也。尋常人去近處，必徐行，出遠處，必行稍急。先生出近處也如此，出遠處亦只如此。又如坐處壁間有字，某每嘗亦須起頭一看，若先生則不然，方其坐固不看也，若是欲看，則必起就壁下看之。其不爲事物所勝，大率如此。〔一〕

行遠不加急；叫人不至，聲不加大；坐處有字，必不坐看；天地間豈有此理乎！莫謂「可以速則速，

〔一〕朱子語類卷一百三原作：「古人云『終日無疾言遽色』，他真箇是如此。如尋常人去近處，必徐行；出遠處，必行稍急。先生出近處也如此，出遠處亦只如此。尋常人叫一人，叫之一二聲不至，則聲必厲；先生叫之不至，不加於前也。又如坐處，壁間有字，某每嘗亦須起頭一看；若先生則不然，方其坐時，固不看也。若是欲看，則必起就壁下視之。其不爲事物所勝，大率若此。」續修四庫全書本作「他真足箇如此」，據語類改作「他真箇是如此」。

可以久則久」之孔子不如此，雖伯夷、柳下惠亦斷非如此氣象。

先生居處有常，不作費力事。

只「不作費力事」五字，不惟贊延平，將有宋一代大儒皆狀出矣。子路問政，子曰：「先之，勞之。」天下事皆吾儒分内事，儒者不費力，誰費力乎！試觀吾夫子生知安行之聖，自兒童嬉戲時即習俎豆、升降，稍長即多能鄙事，既成師望，與諸弟子揖讓進退，鼓瑟，習歌，羽籥、干戚、弓矢、會計，一切涵養心性、經濟生民者，蓋無所不爲也。及其周遊列國，席不暇煖而輒遷，其作費力事如此，然布衣也。周公，文王之子，武王之弟，成王之叔，身爲上公者也，而亦多材多藝，吐餔握髮以接士，制禮作樂以教民，其一生作費力事又如此。此所以身當國鈞，開八百之祚於宗周，其人材至末流，猶堪爲五霸之用。雖爲布衣，布散三千人於天下，維二百年之國脈，其士風之塌壞[一]，猶足供七雄之用。故曰「儒者天地之元氣」，以其在上在下，皆能造就人材，以輔世澤民，參贊化育故也。若夫講讀著述以明理，靜坐主敬以養性，不肯作一費力事，雖曰口談仁義，稱述孔、孟，其與釋、老之相去也者幾何！

先生廳屋書室，整齊瀟洒，安物皆有常處，其制行不異於人。亦嘗爲任希純教授延入

[一] 續修四庫全書本原作「榻」字，據畿輔叢書、顏李叢書本改作「塌」字。

學作職事，居常無甚異同，頹如也。真得龜山法門。〔二〕

當斯世而身任教授，焉得無甚異同乎？又焉得以「頹如也」爲德容乎？其與龜山之混迹仝塵，一矣。宜朱子稱爲「真得龜山法門」也。

問：「先生所作李先生行狀，云『終日危坐，以驗夫喜怒哀樂之前氣象爲何如，而求所謂中者』，與伊川之說若不相似。」曰：「這處是舊日下的語太重。今以伊川之語格之，則其下功夫處，亦有些子偏。只是被李先生靜得極了，便自見得是有箇覺處，不似別人。今終日靜坐，只是且收斂在此，勝如奔馳。若一向如此，又是坐禪入定。」〔三〕

看朱子前日所言，絲毫未穩，皆不難自駁倒。若有人以不肖性辯及孔子教法進，必豁然改悟。恨吾生也晚，不獲及門矣！

靜極生覺，是釋氏所謂至精至妙者，而其實洞照萬象處，皆是鏡花水月，只可虛中玩弄光景，若以之照臨

〔二〕朱子語類卷一百三原作：「李先生居處有常，不作費力事。所居狹隘，屋宇卑小。及子弟漸長，逐間接起，又接起廳屋。亦有小書室，然甚齊整瀟灑，安物皆有常處。其制行不異於人。亦常為任希純教授延入學作職事，居常無甚異同，頹如也。真得龜山法門。」

〔三〕朱子語類卷一百三原作：「問：『先生所作李先生行狀，云『終日危坐，以驗夫喜怒哀樂之前氣象為何如，而求所謂中者』，與伊川之說若不相似。』曰：『這處是舊日下得語太重。今以伊川之語格之，則其下功夫處，亦是有些子偏。只是被李先生靜得極了，便自見得是有箇覺處，不似別人。今終日危坐，只是且收斂在此，勝如奔馳。若一向如此，又似坐禪入定。』」

折戴，則不得也。吾聞一管姓者，與吾友汪魁楚之伯同學仙於泰山中，止語三年。汪之離家十七年，其子往覓之，管能預知，以手畫字曰：「汪師今日有子來。」既而果然。未幾，其兄呼還，則與鄉人同也。吾遊北京，遇一僧敬軒，不識字，坐禪數月，能作詩，既而出關，則仍一無知人也。蓋鏡中花，水中月，去鏡水則花月無有矣。即使其靜功綿延一生不息，其光景愈妙，虛幻愈深，正如人終日不離鏡水，玩弄其花月一生，徒自欺一生而已，何與於吾性廣大高明之體哉！故予論明親有云：「明而未親，即謂之明，非大學之明也。」蓋無用之體，不惟無真用，並非真體也。有宋諸先生，吾固未敢量，但以靜極有覺爲孔子學宗，則斷不敢隨聲相和也。

問：「延平先生何故驗於喜怒哀樂未發之前，而求所謂中？」曰：「只是要見氣象。」陳後之曰：「持守良久，亦可見未發氣象。」曰：「延平亦是此意。」又問：「此與楊氏於未發前體驗者，異同何如？」曰：「這箇亦有些病。那『體驗』字是有箇思量了，便是已發。若觀時恁著意看，便是已發。」問：「此體驗是著意觀，只恁平常否？」曰：「此亦是以不觀觀之。」[一]

[一] 朱子語類卷一百三原作：「問：『延平先生何故驗於喜怒哀樂未發之前，而求所謂中？』曰：『只是要見氣象。』陳後之曰：『持守良久，亦可見未發氣象。』曰：『延平即是此意。』……又問：『此與楊氏體驗於未發之前者，異同如何？』曰：『這箇亦有些病。那『體驗』字是有箇思量了，便是已發；若觀時恁著意看，便也是已發。』問：『此體驗是著意觀？只恁平常否？』曰：『此亦是以不觀觀之。』」

觀此及前節，則宋儒之不爲禪者鮮矣，而方且攻人曰「近有假佛、老之似以亂孔、孟之真者」。愚謂充此段之意，乃是假佛、老之真以亂孔、孟之似耳。

某舊見先生時，説得無限道理，也曾去學禪。先生云：「汝恁地懸空理會得許多，面前事卻又理會不得？道亦無奇妙，只在日用間着實用工夫處理會，便自見得。」後來方曉得他説，故今日不至無理會耳。〔一〕

原來朱子亦曾學禪，宜其濯洗不淨者，自貽伊戚矣！延平謂之曰，「汝懸空理會許多，而前卻理會不得。」理會面前者，惟周公、孔子之道。朱子自言不至無理會，以今觀之，日用間還欠理會。蓋二先生之所謂「面前事」，較釋氏之懸空而言耳。若二先生得周、孔而見之，其所以告之者，必仍如李先生之告朱先生也。

猗歟先生，果自得師。身世兩忘，惟道是資。精義造約，窮深極微。凍解冰釋，發於天機。乾端坤倪，鬼祕神彰。風霆之變，日月之光。爰暨山川，草木昆蟲。人倫之至，王道之中。一以貫之，其外無餘。縷析毫差，其分則殊。體用渾全，隱顯昭融。萬變並酬，浮云太空。仁孝友弟，灑落誠明。清通和樂，展也大成。婆娑丘林，世莫我和。優哉游

〔一〕朱子語類卷一百一原作：「某舊見李先生時，説得無限道理，也曾去學禪。李先生云：『汝恁地懸空理會得許多，而面前事卻又理會不得？道亦無玄妙，只在日用間着實做工夫處理會，便自見得。』後來方曉得他説，故今日不至無理會耳。」

哉，卒歲以嬉。〔一〕

前資稟勁特二段已極推崇，此祭文中寫狀，尤極酣濃，不遺餘力，延平雖賢，恐未能當之。昔吾寄書於友人任熙宇，因其長刀筆事，内有「蕭、曹之才，兼慕孔、孟之道」二語，任答書云：「凡譽人失實，即是自己離道。僕之駑下，輕誣以蕭、曹，即道兄須臾之離道。」予當時讀至此，悚然若魂飛，驚愧無地，自謂與任老相交，得力於此書者不淺也。朱子何其見游、楊諸公之明，而推其師之侈也！抑篤服之切，不覺其過情歟？乃於靜坐之説，亦明不以爲然，又可疑也。

朱子曰：「胡文定曰：『豈有見理已明而不能處事者！』此語好。」

見理已明而不能處事者多矣，有宋諸先生便謂還是見理不明，只教人明理。孔子則只教人習事，迨見理於事，則已徹上徹下矣。此孔子之學與程、朱之學所由分也。二論、家語中明明記載，豈可混哉？

〔一〕晦庵先生朱文公文集卷八十七祭延平先生文原作：「猗歟先生，早自得師。身世兩忘，惟道是資。精義造約，窮深極微。凍解冰釋，發於天機。幹端坤倪，鬼秘神彰。風霆之變，日月之光。爰暨山川，草木昆蟲。人倫之正，王道之中。一以貫之，其外無餘。縷析毫差，其分則殊。體用混員，隱顯昭融。萬變並酬，浮云太空。仁孝友弟，灑落誠明。清通和樂，展也大成。婆娑丘林，世莫我知。優哉遊哉，卒歲以嬉。」

卷三

性理評

延平謂朱子曰：「渠所論難處，皆是操戈入室。須從源頭體認來，所以好説話。」「從源頭體認」，宋儒之誤也；故講説多而踐履少，經濟事業則更少。若宗孔子「下學而上達」，則反是矣。

「渠初從謙開善處下功夫來，故皆就裏面體認。今既論難，見儒者路脈，極能指其差誤之處。自見羅先生來，未見有如此者。」

朱子雖逃禪歸儒，惜當時指其差誤猶有未盡處。只以補填禮、樂、射、御、書、數爲難，謂待理會道理通透，誠意正心後，方理會此等，便是差誤。夫藝學，古人自八歲後即習行，反以爲難，道理通透，誠意正心，乃大學之純功，反以爲易而先之，斯不亦顛倒矣乎！況舍置道理之材具、心意之作用，斷無真通透、真誠正之理。即使强以其鏡花水月者命之爲通透誠正，其後亦必不能理會六藝。蓋有三故焉：一者，游思高遠，自以爲道明德立，不屑作瑣繁事。一者，畧一講習，即謂已得，未精而遽以爲精。一者，既廢藝學，則其理會道理、誠意正心者，必用靜坐讀書之功，且非猝時所能奏效。及其壯衰，已養成嬌脆之體矣[一]，烏能勞筋骨，費氣力，作六藝事哉！吾嘗目擊而身嘗之，知其爲害之鉅也。吾友張十[二]卿，博極羣書，自謂秦、漢以降二千年書史，殆無遺覽。爲諸少年發書義，至力竭偃息床上，喘息久之，復起講，力竭復偃息，可謂勞之甚矣。不惟有傷於己，卒未見成其一才。此其時欲學六藝，何以堪也！祁陽刁蒙吉，致力於靜坐讀書之學，晝誦夜思，著書百卷，遺精痰嗽無虚日，將卒之三月前，已出言無聲。元氏一士子，勤讀喪明。吾與法乾年二三十，又無諸公之博洽，亦病無虚日。雖今頗知憤恨，期易轍而崇實，亦惴惴恐其終不能勝任也。況今天下兀坐書齋人，無一不脆弱，爲武士、農夫所笑者，此豈男子態乎！差毫釐而謬千里，不知誰爲之祟也，噫！

勉齋黄氏曰：「先生年十四，慨然有求道之志，博求之經傳，徧交當世有識之士，雖釋、老之學，亦必究其歸趣。」[三]

[一] 續修四庫全書本「矣」後原衍一「矣」字，據畿輔叢書、顔李叢書本删。

[二] 續修四庫全書本作「十」字，畿輔叢書、顔李叢書本作「石」字。

[三] 勉齋先生黄文肅公文集卷三十四朝奉華文閣待制贈寳謨閣直學士通議大夫謚文朱先生行狀原作：「先生時年十有四，慨然有求道之志，博求之經傳，遍交當世有識之士，雖釋、老之學，亦必究其歸趣。」

今世爲學，須不見一奇異之書，但讀孔門所有經傳，即從之學其所學，習其所習，庶幾不遠於道。雖程、朱、陸、王諸先生語録，亦不可輕看，否則鮮不以流之濁而誣其源之清也。朱子少時，因誤用功於釋、老，遂沾其氣味，而吾五百年有功於聖道之大儒，不能滌此歧途之穢，豈非宋、元來學者之不幸哉！

余細玩朱子語録，亦有恍悟性學本旨處，但無如曾、孟者從旁一指，終不是判然出彼入此，故糊糊塗塗，又仍歸周、程所説。或曰：「悟學宗如是其難，吾子天資猶夫人也，而謂獨明孔子學宗，吾滋惑矣。」予曰：「蓋有由也。吾自弱冠遭家難，頗志於學，兼讀朱、陸兩派語録，後以心疾，無所得而萎塌。至甲辰，年三十，得交王子助予，遂專程、朱之學。乙巳丙午，稍有日進之勢。丁未，就辛里館，日與童子輩講課時文，學遂退。至戊申，遭先恩祖妣大故，哀毁廬中，廢業幾年，忽知予不宜承重，哀稍殺。既不讀書，又不接人，坐卧地炕，猛一冷眼，覺程、朱氣質之説大不及孟子性善之旨，因徐按其學，原非孔子之舊。是以不避朱季友之罪而有存性、存學之説，爲後二千年先儒救參雜之小失，爲前二千年聖賢揭晦没之本源。倘非丁未廢歇，戊申遭喪，將日征月邁，望程、朱而患其不及，又焉暇問其誤否哉！」

至若求道而過者，病傳注誦習之煩，以爲不立文字，可以識心見性，不假脩爲，可以造道入德。守虚靈之識，而昧天理之真，借儒者之言，以文佛、老[一]之説。學者利其簡便，

[一] 勉齋先生黄文肅公文集卷三十四朝奉華文閣待制贈寶謨閣直學士通議大夫謚文朱先生行狀的「佛、老」，原作「老、佛」。

詆訾聖賢，捐棄經典，倡狂叫呶，側辟固陋，自以爲悟。

此朱子極詆陸門之失處。然由孔門觀之，則除「捐棄經典、倡狂叫呶」外，其他失處，恐亦朱門所不能盡免也。

其於讀書也，必使之辯其音釋，正其章句，玩其辭，求其意。研精覃思，以求[一]其所難，平心易氣，以聽其所自得。然爲己務實，辨別義利，毋自欺，謹其獨之戒[二]，未嘗不三致意焉，蓋亦欲學者窮理反身而持之以敬也。從遊之士，迭誦所習，以質其疑，意有未喻，則委曲告之而未嘗倦；問有未切，則反覆誠之而未嘗隱。務學篤則喜見於言，進道難則憂形於色。講論經典，商略古今，率至夜半。雖疾病支離，諸生問辯，則脱然沈疴之去體。一日不講學，則惕然常以爲憂。摳衣而來，遠自川、蜀，文辭之傳，流及海外。

可惜先生苦心苦功，此半幅述之悉矣。試問如孔門七十子者，成就幾人？天下被治平者幾世？明行吾道而異端頓熄者幾分？我夫子承周末文勝之際，洞見道之不興，不在文之不詳而在實之不修，奮筆删定繁文，存

[一] 續修四庫全書本作「求」字，畿輔叢書、顏李叢書本作「究」字。
[二] 續修四庫全書本作「謹其獨之戒」，與黄榦勉齋先生黄文肅公文集同，畿輔叢書、顏李叢書本作「謹慎獨之戒」。

今所有經書，取足以明道，而學教專在六藝，務期實用。其與端木、言、卜諸子以下，最少言語，至於天道性命之言尤少，是以學者用功省而成就多。五季之世，武臣司政，詩書高閣，至宋而周、程諸儒出，掀精抉奥，鼓動一時，自謂快事。惟安定胡先生，獨知救弊之道，在實學不在空言，其主教太學也，立經義、治事齋，可謂深契孔子之心矣。晦庵先生所宜救正程門末流之失，而獨宗孔子之經典，以六藝及兵農、水火、錢穀、工虞之類訓迪門人，使通儒濟濟，澤被蒼生，佛、老熄滅，乃其能事也。而區區章句如此，謂之何哉！

至若天文、地志、律曆、兵機，亦皆洞究淵微。文詞字畫，騷人才士疲精竭神，嘗病其難至，先生未嘗用意，而亦皆動中規繩，可爲世法。

天文、地志、律曆、兵機數者，若洞究淵微，皆須日夜講習之力，數年歷驗之功，非比理會文字可坐而獲也。先生既得其淵微，奈何門人録記言行之詳，未見其爲如何用功也。況語及國勢之不振，感慨以至泣下，亦悲憤之至矣。則當時所及〔一〕，孰有過於兵機者乎！正宜誘掖及門，成就數士，使得如子路、冉有、樊遲者相與共事，則楚囚對泣之態可免矣。乃其居恒傳心、静坐主敬之外無餘理，日燭勤勞、解書修史之外無餘功，在朝莅政，正心誠意之外無餘言，以致乘肩輿而出，輕浮之子遮路而進厭聞之誚。雖未當要路，而歷仕四朝，在外九考，立朝四旬，其所建白可概見也。莫謂孔、孟之暫效魯、滕，可如子游、子賤、子路之宰邑光景否？故三

〔一〕續修四庫全書本作「及」字，畿輔叢書、顏李叢書本作「急」字。

代聖賢，躬行政績多實徵，近今道學，學問德行多虛語，則所謂「天文、地志、律曆、兵機，洞究淵微」者，恐亦是作文字理會而已。

先生出，而自周以來聖賢相傳之道，一旦豁然，如大明中天，昭晰呈露。

楊子雲曰：「古者楊、墨塞路，孟子辭而闢之，廓如也！」韓子駁之云：「夫楊、墨行，正道廢，孟子雖聖賢，不得位，空言無施，雖切何補！然賴其言，而今之學者尚知宗孔氏，崇仁義，貴王賤霸而已，其大經大法，皆亡滅壞爛。所謂存什一於千百，安在其能廓如也！」夫孟子闢楊、墨而楊、墨果熄，尊孔氏而孔氏果尊，崇仁義，貴王賤霸，而仁義果崇，王果貴，霸果賤。至大經大法，如班爵、班祿、井田、學校，王道所必舉者，明則明，行則行，非後世空言之比，正子貢所稱「賢者識其大者」。子雲贊之一語頗易，文公議之。今朱子出，而氣質之性參雜於荀、楊，靜坐之學出入於佛、老，訓詁繁於西漢，標榜溢於東京，禮樂之不明自若也，王道之不舉自若也，人材之不興自若也，佛道[一]之日昌而日熾自若也。實學不明，言雖精，書雖備，於世何功，於道何補！然賴其講解，朝廷猶以四書、五經取士，周、孔之文，不至盡沒，有志於學者承襲其迹，以主敬靜坐求道，不至盡奉釋、道名號，與二家鼎峙而已。若問自周以來聖賢相傳之道，則絕傳久矣。黃氏遽謂「一旦豁然，如大明中天」，豈惟不足俟聖人於百世，恐後世有文人之雄如韓子者，亦不免其譏也議也。

[一] 續修四庫全書本作「佛道」，畿輔叢書、顏李叢書本作「佛」。

果齋李氏曰：「先生之道之至，原其所以臻斯域者無他焉，亦曰主敬以立其本，窮理以致其知，反躬以踐其實。而敬者，又貫通乎三者之間，所以成始而成終也。故其主敬也云云，內則無二無適，寂然不動；外則儼然肅然，若對神明云云。其窮理也云云，字求其訓，句索其旨云云。始以熟讀，使其言皆若出於吾之口；繼以精思，使其意皆若出於吾之心。自表而達裏，自流而遡源，索其精微，若別黑白，辨其節目，若數一二云云，而後爲有得焉。若乃立論以驅率聖言，鑿說以妄求新意，或援引以相糾紛，或假借以相混惑云云，以爲學者之大病，不痛絶乎此，則終無入德之期。蓋自孔、孟以降，千五百年之間，讀書者衆矣，未有窮理若此其精者也云云。及其理明義精，養深積盛，充而爲德行，發而爲事業云云。入而事君，則必思堯、舜其君；出以治民，則必以堯、舜其民。〔二〕」

〔二〕戴銑輯朱子實紀卷十的八處「云云」，於原作或省略數句，或省略數字；原作：「先生之道之至，原其所以臻斯域者無他焉，亦曰主敬以立其本，窮理以致其知，反躬以踐其實。而敬者，又貫通乎三者之間，所以成始而成終者也。故其主敬也……，內則無二無適，寂然不動以為酬酢萬變之主；外則儼然肅然，終日若對神明……。其窮理也……，字求其訓，句索其旨……。始以熟讀，使其言皆若出於吾之口；繼以精思，使其意皆若出於吾之心。自表而究裏，自流而溯源，索其精微，若別黑白，辨其節目，若數一二……，而後爲有得焉。若乃立論以驅率聖言，鑿說以妄求新意，或援引以相糾紛，或假借以相混惑……，以爲學者之大病，不痛絶乎此，則終無入德之期。蓋自孔、孟以降，千五百年之間，讀書者衆矣，未有窮理若此其精者也……。及夫理明義精，養深積盛，充而爲德行，發而爲事業……。入以事君，則必思堯、舜其君；出以治民，則必以堯、舜其民。」

李氏此贊，體用兼該矣，僕不必詳辯。但願學者取朱子之主敬窮理與孔門一貫對，取朱子之事業與堯、舜一貫對，則其學宗之稍異，判然矣。總之，於有宋諸先生，非敢苛求。但以寧使天下無學，不可有參雜佛、老、章句之學，寧使百世無聖，不可有將就冒認標榜之聖。庶幾學則真學，聖則真聖云爾。

言論風旨之所傳，政教條令之所布，皆可爲世法。而其『考諸先聖而不謬，建諸天地而不悖，百世以俟聖人而不惑』者，則以訂正羣書，立爲準則，使學者有所依據循守以入堯、舜之道，此其勳烈之尤彰明盛大者。

「考諸先聖而不謬」等語何其大，而乃歸之訂正羣書乎？夫朱子所以盡力於此，與當時後世所以篤服於此者，皆以孔子删述故也。不知孔子是學成内聖外王之德，教成一班治世之材，魯人不能用，又不能薦之周天子，乃出而周遊，周遊是學教後不得已處；及將老而道不行，乃歸魯删述以傳世，删述又周遊後不得已處。戰國説客，置學教而學周遊，是不知孔子之周遊爲孔子之不得已也。宋儒又置學教及行道當時，而自幼壯即學删述，教弟子亦不過是，雖講究禮樂，亦只欲著書垂世，不是欲於吾身親見之，是又不知孔子之删述爲孔子之尤不得已也。況孔子之删述，是删去繁亂，而僅取足以明道，正恐後人馳逐虚繁，失其實際也。宋儒乃多爲注解，遞相增益，不幾決孔子之隄防而導汎濫之流乎！此書之所以益盛，而道之所以益衰也。

先生蒐輯先儒之説，而斷以己意，彙别區分，文從字順，妙得聖人之本旨，昭示斯道之標的。又使學者先讀大學，以立其規模，次及語、孟，以盡其蘊奥，而後會其歸於中庸。尺度權衡之既定，由是以窮諸經，訂羣史以及百氏之書，則將無理之不可精，無事之不可處矣。

先生昭明書旨，備勞心力，然所明只是書旨，未可謂得吾身之道也。蓋四書、諸經、羣史、百氏之書所載者，原是窮理之文，處事之道。[一]然但以讀經史、訂羣書爲窮理處事，以求道之功，則相隔千里；以讀經史、訂羣書爲即窮理處事，曰道在是焉，則相隔萬里矣。兹李氏以先生解書得聖人之本旨，遂謂示斯道之標的，以先生使學者讀書有序，遂謂將無理不可精，無事不可處。噫！宋、元來效先生之彙別區分，妙得聖人之本旨者，不已十餘人乎？遵先生讀書之序，先大學、次語、孟，次中庸，次窮諸經，訂羣史以及百氏，不已家家吾伊，户户講究乎？而果無理不可精，無事不可處否也？譬之學琴然，詩書猶琴譜也，爛熟琴譜，講解分明，可謂學琴乎？故曰以講讀爲求道之功，相隔千里也。更有一妄人指琴譜曰，是即琴也。辨[二]音律，協聲韻，理性情，通神明，此物此事也。譜果琴乎？故曰以書爲道，相隔萬里也。千里萬里，何言之遠也！亦譬之學琴

[一] 續修四庫全書本作：「未可謂得吾身之道也，處世之道。經、羣史、百氏之書所載者，原是窮理之文，處事之道。」「吾身之道也」後，衍「處事之道」，據畿輔叢書、顔李叢書本删，增「四書、諸」。

[二] 續修四庫全書等本原作「辯」，今作「辨」。

然，歌得其調，撫嫻其指，絃求中音，徽求中節，聲求律協〔一〕，是謂之學琴矣，未爲習琴也。手隨心，音隨手，清濁、疾徐有常規，鼓有常功，奏有常樂，是之謂習琴矣，未爲能琴也。絃器可手製也，音律可耳審也，詩歌惟其所欲也，心與手忘，手與絃忘，私欲不作於心，太和常在於室，感應陰陽，化物達天，於是乎命之曰能琴。今手不彈，心不會，但以講讀琴譜爲學琴，是渡河而望江也，故曰千里也；今目不覩，耳不聞，但以譜爲琴，是指薊北而談雲南也，故曰萬里也。

洙、泗以還，博文約禮，兩極其至者，先生一人而已！

「博學於文，約之以禮」，乃孔門祖述堯、舜，憲章文、武之實功，明德親民，百世不易之成法也。但孔門曰「博文約禮」，程、朱亦曰「博文約禮」，此殊令人不敢辯，然實有不待辯而判如者。孔門之「博學」〔二〕，學禮，學樂，學射，學御，學書，數以至易、書莫不曰學也，周南、召南曰爲也。言學言爲既非後世讀講所可混，禮、樂、射、御、書、數又非後世章句所可托。況於及門之所稱贊，當時之所推服，師弟之所商搉，若「多學而識」、「不試故藝」、「博學而無所成名」、「文武之道未墜於地」、「文不在茲」、「游於藝」、「如或知爾」、「可使從政」諸章，皆可按也，此孔門之文，孔門之學也。程、朱之文，程、朱之博學，則李氏已詳言之，不必贅矣。孔門之約禮，大

〔一〕續修四庫全書本作「聲求律協」，畿輔叢書、顏李叢書本作「聲求協律」。

〔二〕續修四庫全書、畿輔叢書本作「然實有不待辯而判如者。孔門之『博學』」，顏李叢書本作「然實有不待辯而判者。如孔門之『博學』」。

而冠婚、喪祭、宗廟、會同，小而飲食、起居、衣服、男女，問老聃，習大樹下，公西子曲禮精熟，夫子遜其能，可謂禮聖，言、曾諸賢，纖微必謹。以此約身，即以此約心，出即以此約天下，故曰「齊之以禮」。此千聖體道之作用，百世入道之實功。故中庸大聖人之道，至於發育萬物，峻極於天，序君子之功，備著尊德性，道問學，而其中直指曰「禮儀三百，威儀三千」，且曰「苟不至德，至道不凝」，顯是以三千三百爲至道。倘外此而別有率性，別有篤恭，子思亦得罪聖門矣。此孔門之禮，孔門之約也。程、朱之約禮，則惟曰「内而無二無適，寂然不動；外而儼然肅然，若對神明」而已。其博約極至與否，未敢易言，願學者先辨其文與禮焉可也。

朱子言，自周衰教失，禮樂養德之具一切盡廢，所以維持人心者惟有書。則宜追求其一切養德之具，而亟亟與同人講習之，以經書爲佐證可也。而乃惟孜孜攻苦於書，其餘不甚重焉。且李氏亦知春秋時患在諸書煩亂，而禮樂散亡，孔子刪定，爲萬世道德之宗。乃朱子適丁文墨浩繁之時，而不能刪削其煩亂，反從而訓之增之，何也？夫朱子之所欲學者，孔子也，而顧未得孔子之心，未盡合孔子學教之法。吾爲五百年之士子惜其不得爲曾、孟，爲五百年之世道惜其不得爲殷、周，爲五百年之生民惜其不得蒙教養，故深惜朱子之未得爲孔子也。

吴氏曰：「先生經史子集之餘，雖記録雜説，舉輒成誦。」

經史子集已惜其過用精神，況記録雜説乎！

北溪陳氏曰：「先生道巍而德尊，義精而仁熟；立言平正温潤，清巧的實云云。辭約而理盡，旨明而味深。而其心度澄朗，瑩無渣滓，工夫縝密，渾無隙漏，尤可想見於辭氣間。故孔、孟、周、程之道，至先生而益明。所謂主盟斯世，獨先生一人而已！」〔二〕

試觀「道巍德尊，義精仁熟」二語，雖孔子不是過，而下面實指處，卻只是立言之「辭約理盡，旨明味深」而已，言其「心度澄朗」、「工夫縝密」，亦不外於辭氣想見之。蓋朱子身分原是如此，黃、李、吳、陳諸公，亦但能於虛字間崇獎，不能於實際上增潤。及總贊「主盟斯世」一語，尤是不覺道出本色。蓋王者不作，五霸迭興，相繼主盟，假仁義以明王章，聖賢亦不得已而取之，故孔子曰：「桓公九合諸侯，一匡天下。」孟子曰：「今之諸侯，五霸之罪人也。」秦、漢而降，聖人不生，楊、韓、王、周、程、朱、陸、薛、王、馮、高諸子，相繼疊興，主盟儒壇，闡詩書以明聖道，天下靡然向風，自好之士多出其内。故五霸者，實德未脩，雖天下服之而不敢帝，不敢王，名之曰霸而已；諸儒者，實學未至，雖天下宗之而不敢聖，不敢賢，渾之曰儒而已：其身分正同。迄今大儒相繼登壇於東林者，猶皆稱主盟，其取義確矣！

鶴山魏氏曰：「國朝之盛，大儒輩出，聲應氣求，若合符節。曰極，曰誠，曰仁，曰

〔二〕北溪先生大全文集卷五初見晦庵先生書原作：「先生道巍而德尊，義精而仁熟；立言平正温潤，清切的實云云。……辭約而理盡，旨明而味深。而其心度澄朗，瑩無渣滓，工夫縝密，渾無隙漏，尤可想見於辭氣間。故孔、孟、周、程之道，至先生而益明。所謂主盟斯世，獨推先生一人而已！」

道，曰忠，曰恕，曰性命，曰氣質，曰天理人欲，曰陰陽鬼神，若等此類〔一〕，凡皆聖門講學之樞要，而千數百年習浮踵陋，莫知其説者，至是脱然若沈疴之間，大寐之醒。至於朱文公先生〔二〕，始以彊志博見淩高厲空，自受學延平李先生，遏然如將弗勝，於是斂華就實，反博歸約。迨其一蓄久而思渾，資深而行熟，則貫精粗，合内外，羣獻之精藴，百家之異指，毫分縷析，如示諸掌。張宣公、吕成公，同心協力以閑先聖之道，而僅及中身，論述靡定。惟先生巍然獨存，中更學禁，自信益篤。蓋自易、詩、中庸、大學、論語、孟子，悉爲之推明演繹，以至三禮、孝經，下迨屈、韓之文，周、程、張、邵之書，司馬氏之史，先正之言行，亦各爲之論著。然後帝王經世之規，聖賢新民之學，燦然中興！」〔三〕

〔一〕續修四庫全書本作「若等此類」，畿輔叢書、顔李叢書本作「若此等類」。

〔二〕續修四庫全書本作「至於朱文公先正」，畿輔叢書、顔李叢書本作「至於朱文公先生」。

〔三〕重校鶴山先生大全文集卷五十四朱文公年譜序原作：「國朝之盛，大儒輩出，聲應氣求，若合符節。……曰極，曰誠，曰仁，曰道，曰中，曰恕，曰間命，曰氣質，曰天地人欲，曰陰陽鬼神，若此等類，凡皆聖門講學之樞要，而千數百年習浮踵陋，莫知其説者，至是脱然如沈疴之間，大寐之醒。至於朱文公先生，始以强志博見淩高厲空，自受學延平李子，退然如將弗勝，於是斂豪就實，反博歸約。……迨其蓄久而思渾，資深而行熟，則貫精粗，合外内，羣獻之精藴，百家之異指，毫分縷析，如眎諸掌。張宣公、吕成公，同心協力以閑先聖之道，而僅及中身，論述靡竟。惟先生巋然獨存，中更學禁，自信益篤。蓋自易、詩、中庸、大學、論語、孟子，悉爲之推明演繹，以至三禮、孝經，下迨屈、韓之文，周、程、邵、張之書，司馬氏之史，先正之言行，亦各為之論著。然後帝王經世之規，聖賢新民之學，粲然中興！」

天命、陰陽、鬼神等，僕之愚未足與議，但以大半屬聖人所罕言不語者，而必「毫分縷析，如示諸掌」，何爲也哉！至於推明古人之經書，論著先正之前言往行，此自吾儒學成後餘事。學成矣，則用於世以行之。如不用於世，亦可完吾性分以還天地，不著述可也。觀其時果有大理未明，大害未除，不得已而有所著述，以望後世之明之除之，亦可也。若文人之文，書生之書，解之論之，則不必矣。乃今以此等推演論著之既明，遂爲「帝王經世之規，聖賢新民之學，燦然中興」，不其誣歟！無實功於道統，既不免堯、舜、孔、孟在天者之歎息之，又無實徵於身世，豈能服當日之人心乎！徒以空言相推，駕一世之上，而動擬帝王聖賢，此僞學之名所從來也！僕嘗妄議，宋代諸先儒，明末諸君子，使生唐、虞、三代之世，其學問氣節必更別，若只如此，恐亦不免僞學之禁，門黨之誅也。但宋、明朝廷既無真將相，草野既無真學術，則正宜用稱説詩書，標榜清流者撑持其衰運，不宜誅之禁之，以自速其敗亡也。要之似龍骨馬，司國柄者不可廢崇儒重道之典，而悲天憫人，儒者宜存返己自罪之心。故天下有弑君之臣，殺父之子，無與於孔子也，而孔子懼；天下有無父之墨，無君之楊，非孟子爲之也，而孟子懼；蓋儒者之憫天下而厚自責如此。況真失學宗以誤斯人，則近代之禍，吾儒焉得辭其責哉！

朱子曰：「敬夫高明，他將謂人都似他，纔一説時，便更不問人曉會與否，且要説盡他箇。故他門人敏底祇學得他説話，若資質不逮，依舊無著摸。某則性鈍，讀書[一]極是辛

[一]「讀書」，朱子語類卷一百三原作「説書」。

苦，故尋常與人言，多不敢爲高遠之論，蓋爲是身曾親經歷過，故不敢以是責人耳。學記曰：『進而不顧其安，使人不由其誠。』今教者之病多是如此。」

朱子與南軒一派師友，原只是説話讀書度日。較王、何清談，頗用力於身心，較韓、歐文字，猶規規於理性，白、蘇詩酒，既不能做其矜持；佛、老空虚，又全不及其讀講，真三代後近於儒之學，磽薄氣運中不易得之豪傑也。然而身分如此，無能强增。故推奬處，或襯砌〔一〕以聖賢、道統、躬行、經濟之語，至其比長競短，敘實指事，或推人，或自見，則皆在言詞讀作之中而無他也。且其病南軒者，恐亦朱子所以自狀，但其爲失有淺深，遂自以爲得中耳。愚嘗上書刁文孝，其答書亦不問人之疑與否，只自己説盡。想刁公亦非矜情自見，蓋素日所學，原是説話作文，更無他物與人耳。况講讀之學教，即循循有序，亦與學記之言時孫者不仝。夫「進而不顧其安，使人不由其誠」，所謂「不學操縵，不能安絃；不學博依，不能安詩；不學雜服，不能安禮；不興其藝，不能樂學」。苟躁速引進而不顧其安，是教人躐等而不誠也，不時不孫也。故法乾上會謂其子九數已熟，甚悦。予曰：「且勿令知有乘歸法，使之小息，得一受用，方可再進。」正此意也。學者觀孟子深造之以道、教者必以規矩諸章，豈誦讀講説之學所可托哉！

南軒、伯恭之學皆疎畧云云。伯恭説道理與作爲，自是兩件事。如云：「仁義道德與

〔一〕續修四庫全書本作「砌」字，畿輔叢書、顔李叢書本作「若此等類」。

度數刑名，介然爲兩途，不可相通。」〔二〕

朱子說「禮、樂、射、御、書、數補填難，且理會道理詩、書」，非是看道理詩、書與禮、樂、射、御、書、數介然爲兩途乎？只是不肯說明耳。古人云，「不知其人視其友」，觀此益信。

東萊自不合做這大事記。他那時自感疾了，一日要做一年。若不死，自漢武、至五季，只千來年，他三年自可了此文字。人多云其解題煞有工夫，其實他當初作題目，卻煞有工夫，只一句要包括一段意。解題只現成，檢令諸生寫。伯恭病後，既免人事應接，免出做官，若不死，大段做得文字」。〔三〕

可惜一派師友，都是以作文字度日，死生以之！

朱子於南軒、伯恭皆不諱其短，交友之和而不同如此，豈惡聞異己之言哉！至今仕學皆先立黨，此所以道愈微，世愈衰。

〔二〕朱子語類卷一百三原作：「南軒、伯恭之學皆疏略云云。……伯恭說道理與作為，自是兩件事。如云：『仁義道德與度數刑政，介然為兩途，不可相通。』」

〔三〕朱子語類卷一百二十二原作：「東萊自不合做這大事記。他那時自感疾了，一日要做一年。若不死，自漢武至五代，只千來年，他三年自可了此文字。人多云其解題煞有工夫，其實他當初作題目，卻煞有工夫，只一句要包括一段意。解題只見成，檢令諸生寫。伯恭病後，既免人事應接，免出做官，若不死，大段做得文字。」

問：「子靜不喜人論性。」曰：「怕只是自己理會不曾分曉，怕人問難。又長大了，不肯與人商量，故一截截斷。然學而不論性，不知所學何事。」[一]

不喜人論性，未爲不是，但少下學耳。朱子好論性，又教人商量性，謂即此是學，則誤矣。故陸子對語時每不與說者，中不取也；不取朱子，而不思我所見果是，何以不能服此友也。朱子此等貶斥，尤不取陸子；不取陸子而亦不思我所言果是，何以不能服此友也。子曰：「察言而觀色，慮以下人。」兩先生豈未用此功歟？

子靜之學，看他千般萬般病，只在不知有氣禀之雜。

朱子之學，全不覺其病，只由不知氣禀之善。以爲學可不自六藝入，正不知六藝即氣質之作用，所以踐形而盡性者也。

「子靜說話常是兩頭明，中間暗，是如何？」曰：「是他那不說破處。他所以不說破，便是禪家所謂『鴛鴦繡出從君看，莫把金針度與人。』禪家自愛如此。」[二]

禪家無鴛鴦，也不繡鴛鴦，焉得鴛鴦與人看！

[一] 朱子語類卷一百二十四原作：「問：『子靜不喜人說性。』曰：『怕只是自己理會不曾分曉，怕人問難。又長大了，不肯與人商量，故一截截斷了。然學而不論性，不知所學何事。』」

[二] 朱子語類卷一百四原作：「『子靜說話常是兩頭明，中間暗。』或問：『暗是如何？』曰：『是他那不說破處。他所以不說破，便是禪所謂『鴛鴦繡出從君看，莫把金針度與人。』他禪家自愛如此。』」

子静説「良知良能」、「四端」等處，且成片段，似經語，不可謂不是。但説人便能如此，不假脩爲存養，此卻不得。譬如旅寓之人，自家不能送他還鄉，但與説云，『你自有田有屋，大段快樂，何不便回去』！那人既無資送，如何便回去！又如脾胃受傷，不能飲食之人，卻硬將飯將肉塞入他口，不問他吃得吃不得。若是一頓便理會的，亦豈不好，然非生知安行者，豈有此理！便是生知安行，也須要學。大抵子思説「率性」，孟子説「存心養性」，大段説破。夫子更不曾説，只説孝弟、忠信、篤敬。蓋能如此，則道理便在其中矣。〔一〕

陸子説「良知良能，人便能如此，不假修爲存養」，非是言「不用修爲存養」，乃認孟子「先立乎其大者，則其小者不能奪」二句稍呆，又不足朱子之誦讀訓詁，故立言過激，卒致朱子輕之。蓋先立其大，原是根本，而維持壅培之無具，大亦豈易言立也？朱子旅寓人、傷脾胃人二喻，誠中陸子之病，但又是手持路程本當資送，口説健脾和胃方當開胃進食，即是終年持説，依然旅寓者不能回鄉，傷脾胃者不能下咽也。此所以亦爲陸

〔一〕朱子語類卷一百二十四原作：「子静説『良知良能』、『四端』等處，且成片舉，似經語，不可謂不是。但説人便能如此，不假脩為存養，此卻不得。譬如旅寓之人，自家不能送他回鄉，但與説云，『你自有田，有屋，大段快樂，何不便回去得』！那人既無資送，如何便回去！又如脾胃傷弱，不能飲食之人，卻硬將飯將肉塞入他口，不問他吃得與吃不得。若是一頓便理會得，亦豈不好，然非生知安行者，豈有此理！便是生知安行，也須用學。大抵子思説『率性』，孟子説『存心養性』，大段説破。夫子更不曾説，只説孝弟、忠信、篤敬。蓋能如此，則道理便在其中矣。」

子所笑，而學宗遂不歸一矣。豈若周公、孔子三物之學，真旅寓者之餱糧車馬、傷脾胃者之參術縮砂也哉！

既知夫子不説破，前乃譏陸子不説破是「禪家自愛」，何也？

子靜之説無定，大抵他只是要拗。〔一〕

細檢之，講學先生多是拗，只有多少耳。吾儒之道，有一定不易之理，何用拗！只因實學既失，二千年來，只在口頭取勝，紙上爭長，此拗之所從來也。

問：「象山道『當下便是』。」曰：「看聖賢教人，曾有此等語無？聖人教人，皆從平實地做去云云。又平時告弟子，也須道是『學而時習』，『行有餘力，則以學文』。」〔二〕

聖賢教人，原無象山「當下便是」等語，試看聖賢可曾有先生之學否？「學而時習之」，「行有餘力，則以學文」，孔門是學靜坐訓解否？

但有聖賢之言，可以引路。

「有聖賢之言，可以引路」，今乃不走路，只效聖賢言便當走路。每代引路之言增而愈多，卒之蕩蕩周道上

〔一〕朱子語類卷一百二十四原作：「子靜之説無定……大抵他只要拗。」

〔二〕朱子語類卷一百二十四原作：「問：『……象山道「當下便是」。』曰：『看聖賢教人，曾有此等語無？聖人教人，皆從平實地上做去云云。……又平時告弟子，也須道是「學而時習」，「行有餘力，則以學文」。』」

鮮見其人也。詩云，「如匪行邁謀，是用不得於道」，此之謂矣。

因說子靜。云：「這箇只爭些子，才差了便如此，他只是差過了；更有一項，卻是不及。若是過底，拗轉來卻好；不及底，趲向上去便好。只緣他纔高了便不肯下，纔不及了，便不肯向上，過的，便道只是就過裏面求箇中；不及的，也道只就不及裏面求箇中。初間只差了些子，所謂『差之毫釐，謬以千里』。」又曰：「某看近日學問，高者便說做天地之外去，卑者便只管陷溺；高者必入於佛、老，卑者必入於管、商。定是如此，定是如此！」〔一〕

看朱子歎息他人，真是自以爲中，居之不疑矣。若以孔門相較，朱子知行竟判爲兩途，知似過，行似不及，其實行不及，知亦不及。又歎近日學者「高入佛、老，卑入管、商」，愚以爲當時設有真佛、老，必更歎朱子之講讀訓解爲耗神粗迹，有真管、商，必更歎朱子之靜坐主敬爲寂守無用，恐不能出其上，而令兩項人受憐也。

〔一〕朱子語類卷一百二十四原作：「『這箇只爭些子，才差了便如此，他只是差過去了；更有一項，卻是不及。若使過底，拗轉來卻好；不及底，趲向上去便好。只緣他纔高了便不肯下，才不及了，便不肯向上，過的，便道只是就過裏面求箇中；不及的，也道只就不及裏面求箇中。初間只差了些子，所謂「差之毫釐，繆以千里」。』……又曰：『某看近日學問，高者便說做天地之外去，卑者便只管陷溺；高者必入於佛、老，卑者必入於管、商。定是如此，定是如此。』」

若吾夫子中庸之道，舉其心性，可以使釋、道哭，言其作用，可以使管、商慚。儻朱子而幸遊其門，見其天高地厚，又豈敢遽自以爲是乎！不得孔子而師，顏、曾而友，此朱子之大不幸也。

陸氏會説，其精神亦能感發人，一時被他聳動底，亦便清白〔一〕，只是虛，更無底簟。「思而不學則殆」，正爲無底簟，便危殆也。「山上有木，漸，君子以居賢德、善俗」，有階梯而進，不患不到。今其徒往往進時甚鋭，然其退亦速。才到退時，便如墜千仞之淵。〔二〕

朱子指陸門流弊處，亦所以自狀。但朱子會説，又加會解會著，是以聳動愈多，頗有底簟。或問：「讀講著述雖是靠書本，然畢竟經傳是把柄，故頗有底簟否？」予曰：「亦是讀講經書，身心有所依據，不至縱放，但亦耗費有用精神，不如陸、王精神不損，臨事尚有用也。吾所謂頗有底簟者，蓋如講著此一書，若全不依此書行，不惟無以服人，己心亦難以安，故必略有所行，此處稍有簟底。只因原以講解爲學而以行爲襯貼，終不免掛一漏二，即所行者亦不純熟。不如學而時習，用全副精神，身心道藝，一滚加功，進鋭不得，亦退速不得。

〔一〕續修四庫全書作「白」字，畿輔叢書、顏李叢書作「明」字。
〔二〕朱子語類卷一百二十四原作：「陸氏會説，其精神亦能感發人，一時被它聳動底，亦便清明，只是虛，更無底簟。『思而不學則殆』，正謂無底簟，便危殆也。『山上有木，漸，君子以居賢德、善俗』，有階梯而進，不患不到。今其徒往往進時甚鋭，然其退亦速。才到退時，便如墮千仞之淵。」

即此爲學，即此爲行，即此爲教，舉而措之，即此爲治，真堯、舜宗子，文、周功臣，萬世之聖賢〔一〕之規距也。雖聰明如顔、賜，焉得不歎循循善誘，欲罷不能也哉！焉得不初疑爲多學而識，後乃歎性天不可聞也哉！雖退怯如冉求，安得不悦之而終成其藝也哉！儻入程、朱之門，七十子皆流於禪林，二千九百人皆習爲訓詁矣。嗚呼！吾安得一聖門徒衆之末而師之也哉！」或問：「宋儒掛一漏二，所行不熟，何處見？」予曰：「如朱子著家禮一書，家中亦行禮，至斬喪墨衰出入，則半禮半俗，既廢正祭，乃又於俗節墨衰行事，此皆失周公本意。至於婦人，便不與著喪服杖絰之制，祭時婦人亦不辦祭肴，至求一監視而亦若不得者，此何説乎？商人尚音，周人尚臭，皆窮究陰陽之祕，祭祀之要典也。諸儒語録講焄蒿悽愴等，語亦痛切，似知鬼神情狀者，至於集禮，乃將笙磬脂膟等皆削去之，〔二〕如此類不可勝述。不可見哉！」

邵菴虞氏曰：「孟子沒千五百年而周子出。河南兩程夫子云云，聖〔三〕門學者篤信師説，各有所奮力，以張皇斯道。奈何世運衰微，民生寡佑，而亂亡隨之矣！悲夫！」〔四〕

〔一〕續修四庫全書作「萬世之聖賢」，畿輔叢書、顔李叢書作「萬世聖賢」。
〔二〕續修四庫全書本原闕「膟」字，據畿輔叢書、顔李叢書本補。
〔三〕續修四庫全書作「聖」字，畿輔叢書、顔李叢書作「程」字。
〔四〕汪舜民靜軒先生文集卷四答程學士書原作：「孟子沒千五百年而周子出。河南兩程子云云……程門學者篤信師説，各有所奮力，以張惶斯道。奈何世運衰微，民生寡祐，而亂亡隨之矣！悲夫！」

許多聖賢張皇斯道下，卻繼之曰：「而亂亡隨之矣！」是何緣故？何其言而不思如此！

草廬吳先生繼許文正公爲祭酒，六館諸生以次授業。晝退堂後寓舍，則執經者隨而問業。先生懇懇循循，其言明白痛切，因其才質之高下，聞見之淺深，而開導〔一〕誘掖之云云。一時皆有所觀感而興起矣。嘗與人曰：「天生豪傑之士不數也。夫所謂豪傑之士，以其知之過人，度越一世而超出等夷也。戰國之時，孔子之徒黨盡矣，充塞仁義若楊、墨之徒，又滔滔也。而孟子生乎其時云云，真豪傑之士哉！至於周、程、張、邵一時迭出，非豪傑孰能與於斯！又百年，子朱子集諸子之大成，則中興之豪傑也。以紹朱子之統自任者，果有其人乎？」〔二〕

懇懇循循，講論不倦，每至夜半，且寒暑不廢，其功可謂勤且苦矣，果有益於世乎？果成起一班人材乎？

〔一〕續修四庫全書作「導」字，畿輔叢書、顏李叢書作「道」字。

〔二〕新刻性理大全書卷四十二原作：「草廬吳先生……晝退堂後寓舍，則執經者隨而請問。先生懇懇循循，其言明白痛切，因其才質之高下，聞見之淺深，而開道導誘掖之云云。……一時皆有所觀感而興起矣。嘗與人書曰：『天生豪傑之士不數也。夫所謂豪傑之士，以其知之過人，度越一世而超出等夷也。戰國之時，孔子之徒黨盡矣，充塞仁義若楊、墨之徒，又滔滔也。而孟子生乎其時云云。……真豪傑之士哉！……至於周、程、張、邵一時迭出，非豪傑孰能與於斯！又百年，子朱子集數子之大成，則中興之豪傑也。以紹朱子之統自任者，果有其人乎？』」

至其自負，亦不過「知之過人，度越一世」而已。朱子曰：「此道不拚生盡死理會終不解。」是其立志成功已不過如此。但朱子頗眼高〔二〕，不肯明以自任，元儒識更下，故直出口而不覺，不足異也。所可異者，所見既小，而以爲孟子亦只如此，則亦淺之乎言豪傑，易言道統矣！

〔二〕續修四庫全書作「頗眼高」，畿輔叢書、顔李叢書作「眼頗高」。

卷四

性理評

程子曰：「古人雖胎教與保傅之教，猶勝今日庠序、鄉黨之教。古人自幼學，耳目游處所見皆善，至長而不見異物，故易以成就。今日自少所見皆不善，纔能言，便習穢惡，日日鑠銷，更有甚天理！」[一]

既知少時缺習善之功，長時又習於穢惡，則爲學之要在變化其習染，而乃云「變化氣質」，何也？

[一] 二程遺書卷二上原作：「古人雖胎教與保傅之教，猶勝今日庠序、鄉黨之教。古人自幼學，耳目遊處所見皆善，至長而不見異物，故易以成就。今人自少所見皆不善，纔能言，便習穢惡，日日消鑠，更有甚天理！」

勿謂小兒無記性，所歷事皆能不忘。

所歷事皆不忘，乃不教之歷事，何也？

如養犬者，不欲其升堂，則時其升堂而扑之。若既扑其升堂，又復食之於堂，則使孰從？雖日撻而求其不升，不可得也。養異類且然，而況人乎！故養正者聖人也。

先生倡明道學，病天下之空寂而尚浮文也，乃廢周公、孔子六藝而貴靜坐讀書，不幾扑其升堂又食於堂乎？雖日撻而求其不空寂浮文，何可得也？養正之功，或不若是。

朱子曰：「古者初年入小學，只是教之以事，如禮、樂、射、御、書、數及孝弟忠信之事。自十六七入大學，然後教之以理，如致知格物及所以爲孝弟忠信者。」

既言此，何不學古人而身見之？要之，孔門稱古昔，程、朱兩門亦稱古昔，其所以稱者則不同也。孔門是身作古人，故曰「吾從周」。二先生是讓與古人，故曰「是難」。孔門講禮樂，程、朱兩門亦講禮樂，其所以講者則不同也。孔門是欲當前能此，故曰「禮樂君子不斯須去身」。二先生是僅欲人知有此，故曰「姑使知之」。

古人自入小學時，已自知許多事了；至入大學時，只要做此功夫；今人全未曾知。古人只去心上理會，至於治天下，皆自心中流出。今人只去事上理會。

朱子歎人全未曾知，恐朱子亦未知之如渴飲饑食。如所云「古人入小學已知許多事，入大學只做此功」，何其真切也！而下文「古人心上理會」，「今人事上理會」之語，又與上文自相混亂矣。

古人便都從小學中學了，所以大來都不費力。如禮、樂、射、御、書、數，大綱都學了。及至長大，也更不大段學，便只理會致知窮理功夫。而今自小失了，要補填，實是難。但須莊敬篤實，立其基本，逐事逐物，理會道理，待此通透，意誠心正了，就切身處理會，旋旋去理會禮、樂、射、御、書、數，也是合當理會的，皆是切用。但不先就切身處理會道理，便教考究得些禮文制度，又干自家身己甚事！〔二〕

「要補填」三字，見之大快，下卻云「難」，是朱子學教之誤，其初只是畏難而苟安。

古人小學教之以事，便自養得心不知不覺自好了。到得漸長，漸更歷通達事物，將無所不能。今人既無本領，只去理會許多閒汨董〔三〕，百方措置思索，反以害心。

既如此，何故說上段話？可怪，可怪！

〔二〕朱子語類卷七原作：「古人便都從小學中學了，所以大來都不費力。如禮、樂、射、禦、書、數，大綱都學了。及至長大，也更不大段學，便只理會窮理致知功夫。而今自小失了，要補填，實是難。但須莊敬承實，立其基本，逐事逐物，理會道理，待此通透，意誠心正了，就切身處理會，旋旋去理會。……禮、樂、射、禦、書、數，也是合當理會底，皆是切用。但不先就切身處理會得道理，便教考究得些禮文制度，又干自家身己甚事！」

〔三〕續修四庫全書本作「汩董」，畿輔叢書、顏李叢書本作「骨董」。

古人自能食能言，便已教了，一歲有一歲工夫。到二十時，聖人資質已自有二三分。〔一〕

此周公以人治人，使天下共盡其性之道，所以聖賢接踵，太和在成周宇宙間者也。朱子知之而不學之，豈不可惜！然愚於此二段，深倖存學之不獲罪於朱子矣！

「如今全失了小學工夫，只得教人且把敬爲主，收斂身心，卻方可下工夫。」或云：「敬當不得小學。」某看來，小學卻未當得敬。〔二〕

敬字字面好看，卻是隱壞于禪學處。古人教洒掃即洒掃主敬，教應對進退即應對進退主敬，教禮、樂、射、御、書、數，即度數、音律、審固、礱控、點畫、乘除，莫不主敬。故曰「執事敬」，故曰「敬其事」，故曰「行篤敬」，皆身心一切加功〔三〕，無往非敬也。若將古人成法皆舍置，專向靜坐、收攝、徐行、緩語處言主敬，乃是以吾儒虛字面做釋氏實工夫，去道遠矣。或云「敬當不得小學」，真朱子益友，惜其未能受善也。

嘗訓其子曰：「起居坐立，務要端莊，不可傾倚，恐至昏怠。出入趨步，務要凝重，不可僄輕，以害德性。以謙遜自牧，以和敬待人。凡事切須謹飭，無故不須出入。少説閒

〔一〕朱子語類卷七原作：「古人自能食能言，便已教了，一歲有一歲工夫。到二十時，聖人資質已自有三分。」

〔二〕朱子語類卷七原作：「『如今全失了小學工夫，只得教人且把敬爲主，收斂身心，卻方可下工夫。』或云：『敬當不得小學。』某看來，小學卻未當得敬。」據此改續脩四庫全書本「看某來」作「某看來」。

〔三〕續修四庫全書本作「一切加功」，畿輔叢書、顔李叢書本作「一致加功」。

話，恐廢光陰，勿看雜書，恐分精力。早晚頻自檢點所習之業。每旬休日，將一旬内書温習數過，勿令心少有佚放，則自然漸近道理，講習易明矣。」〔二〕

先生爲學得力處，備見訓子一書，故詳録之。充此氣象，原有非俗儒文士所可及者，然孔門學者果如斯而已乎？是在有志實學者自辨之。

問：「小學載樂一段，不知今日能用得否？」曰：「姑使知之。古人自小即以樂教之，乃是人執手提誨，每到大來，涵養已就，稍能自立便可。今人既無此，非志大有所立，因何得成立！」〔三〕

孟子曰：「我知言。」蓋言者，心聲也，故一言而覘其終身，不可掩也。況朱子大儒，亦不自掩，固昭然可見者。如人問小學載樂不知今日能用之否，何不答曰：「書上所有都是要用，不用，載之何爲」！而乃曰「姑使知之」。然則平日講學，亦不過使人知之而已，亦不過使人謂我知之而已。

〔二〕晦庵先生朱文公文集卷三十九與魏應仲原作：「嘗訓其子曰：『起居坐立，務要端莊，不可傾倚，恐至昏怠。出入步趨，務要凝重，不可票輕，以害德性。以謙遜自牧，以和敬待人。凡事切須謹飭，無故不須出入。少説閒話，恐廢光陰，勿觀雜書，恐分精力。早晚頻自檢點所習之業。每旬休日，將一旬内書温習數過，勿令心少有放佚，則自然漸近道理，講習易明矣。』」

〔三〕朱子語類卷七原作：「問：『小學載樂一段，不知今人能用得否？』曰：『姑使知之。古人自小即以樂教之，乃是人執手提誨，到得大來，涵養已成，稍能自立便可。今人既無此，非志大有所立，因何得成立！』」

因論小學曰：「古者教必以樂，後世不復然。」問：「此是作樂使之聽，或其自作？」曰：「自作。若自理會不得，人作何益！古者，國君備樂，士無故不去琴瑟。日用之物，無時不備於前。」〔二〕

言之親切如此，只不肯自做主意，作後世引路人，不作前聖接迹人。豈知歷代相接，都作引路人哉！此人人說引路之言而聖人之正路益荒也。

「前賢之言，都是佩服躬行，方始有功。不可只如此說過，不濟事。」〔三〕

不知是自悔語，是責人語，但將「博學之」改爲「博讀書，博作文」，便不似聖門「佩服躬行」舊傳受。

朱子數則，知之真矣，而不行，何哉？

東萊呂氏曰：「教小兒先以恭謹，不輕忽，不躐等。讀書乃餘事。」

佳。先生輩何爲只作餘事？

臨川吳氏曰：「古之教者，子能食，而教之食；子能言，而教之言。欲其有別也，

〔二〕朱子語類卷七原作：「因論小學曰：『古者教必以樂，後世不復然。』問：『此是作樂使之聽，或其自作？』曰：『自作。若自理會不得，人作何益！古者，國君備樂，士無故不去琴瑟。日用之物，無時不列於前。』」

〔三〕朱子語類卷七原作：「前賢之言，須是真箇躬行佩服，方始有功。不可只如此說過，不濟事。」

而教之異處；欲其有讓也，而教之後長。因其良知良能而導之，而未及乎讀誦也。教之數，教之方，教之日，與夫學書計，學幼儀，則既辨名物矣，而亦非事乎讀誦也。弟子之職，曰孝，曰弟，曰謹，曰信，曰愛，曰親，行之有餘力，而後學文。今世童子甫能言，不過教以讀誦而已，其視古人之教何如也！」〔一〕

草廬敘古教法，兩言非事讀誦，又曰「今世童子，不過教以讀誦而已，其視古人之教何如也！」其言一若甚厭夫讀誦之習者。五季之餘，武臣司政，民久不見儒生之治，世久不聞詩書之聲。積廢之極而氣數一返，周、程、張、朱適逢其會，以誦讀詩書，講解義理爲倡，又粗文以道德之行，真不啻周公、孔子復出矣。此所以一樹赤幟而四海望之，一登高呼而數世應之，嗚呼盛哉！而流不可返，壞不可救之禍，實伏於此。吴氏亦猶行宋儒之道者，而出言不覺至是，蓋誦讀之焰已熾而舉世罔覺，又不容不露其幾也。而吾所甚懼，正在此幾也。文盛之極則必衰，文衰之返則有二：一是文衰而返於實，則天下厭文之心，必轉而爲喜實之心，乾坤蒙其福矣。達而在上，則爲三代，即窮而在下，如周末文衰，孔子轉之以實，雖救之未獲全勝，猶稍延二百年吾儒之脈。

〔一〕草廬吴先生輯萃卷五虞舜民禮學韻語序原作：「古之教者，子能食，而教之食；子能言，而教之言。欲其有別也，而教之以異處；欲其有讓也，而教之後長，因其良知良能而導之，而未及乎讀誦也。教之數，教之方，教之日，與夫學書計，學幼儀，則既辯名物矣，而亦非事夫讀誦也。弟子之職，曰孝，曰弟，曰謹，曰信，曰愛，曰親，行之有餘力，而後學文。今世童子甫能言，不過教以讀誦而已，其視古人之教何如也！」

不然，焚坑之禍，豈待秦政之時哉！一是文衰而返於野，則天下厭文之心必激而爲滅文之念，吾儒與斯民淪胥以亡矣。如有宋程、朱黨僞之禁，天啟時東林之逮獄，崇禎末獻忠之焚殺，恐猶未已其禍也，而今不知此幾之何向也。易曰：「知幾其神乎！」余曰：「知幾其懼乎！」

程子曰：「解義理，若一向靠書冊，何由得居之安，資之深？不惟自誤，兼亦誤人。」〔一〕

真語。

古之學者，優柔饜飫，有先後次序；今之學者，卻只做一場話説，務高而已。

知及此矣，其教及門，乃亦未見古人先後次序，不又作話説一場而已哉！

今之學者，往往以游、夏爲小，不足學；然游、夏一言一事，卻總是實。

程子雖失聖門成法，而胸中所見猶實，故其言如此。朱子去此則又遠矣。

問：「如何學可謂有得？」曰：「大凡學問，聞之知之，皆不爲得。得者，須默識心通。學者欲有所得，須是誠意燭理。」〔二〕

〔一〕二程遺書卷十五原作：「解義理，若一向靠書冊，何由得居之安，資之深？不惟自失，兼亦誤人。」

〔二〕二程遺書卷十七原作：「問：『如何學可謂之有得？』曰：『大凡學問，聞之知之，皆不為得。得者，須默識心通。學者欲有所得，須是篤，誠意燭理。』」

程、朱言學至肯綮處，若特避六藝、六府之學者，何也？如此段言「聞之知之皆不爲得」，可謂透宗語矣。下何不云，「得者須履中蹈和，躬習實踐，深造以六藝之道，乃自得之也」？乃云「須默識心通」，不仍是知之乎！

進學莫大於致知，養心莫大於理義。古人所養處多，若聲音以養其耳，舞蹈以養其血脈。今人都無，只有義理之養，人又不知求。[一]

學之患莫大於以理義讓古人做。程、朱動言古人如何如何，今人都無，不思我行之即有矣。雖古制不獲盡傳，只今日可得而知者盡習行之，亦自足以養人。況因偏求全，即小推大，古制亦無不可追者乎！若只憑口中所談、紙上所見、内心所思[二]之理義養人，恐養之不深且固也。

學貴乎成：「既成矣，將以行之也。學而不能成其業，用而不能行其學，則非學矣。」[三]

程子論學頗實，然未行其言也。夫教者之身，即所以教也，其首傳所教者，即教者之身也。試觀程門，學成其業乎？用行其學乎？孔子攝相而魯治，冉、樊爲將而齊北。二程在朝而宋不加治，龜山就徵而金人入汴，

[一] 二程遺書卷十七原作：「學莫大於致知，養心莫大於禮義。古人所養處多，若聲音以養其耳，舞蹈以養其血脈；今人都無，只有義理之養，人又不知求。」

[二] 續修四庫全書本作「内心所思」，畿輔叢書、顔李叢書本作「心内所思」。

[三] 二程粹言卷上原作：「既成矣，將以行之也。學而不能成其學，成而不能行其學，則烏足貴哉。」

謂之學成用行，吾不信也。

今之學者有三弊：溺於文辭，牽於訓詁，惑於異端。苟無是三者，則必求歸於聖人之道矣。〔一〕

可歎三弊誤此乾坤！先生濯洗亦未甚淨，故其流遠而益差也。向嘗謂程、朱與孔、孟各是一家，細勘之，程與朱亦各是一家。

張子曰：「在始學者，得一義須固執，從粗入精也。」又曰：「若始求甚深，恐自茲愈遠。」又曰：「但拂掃去舊日所爲，使動作皆合於禮。」〔二〕

張子以禮爲重，習而行之以爲教，便加宋儒一等。

既學而有先以功業爲意者，於學便相害；既有意，便穿鑿創意作起事也。德未成而先以功業爲事，是代大匠斲，希不傷手也。〔三〕

〔一〕二程粹言卷上原作：「今之學者有三弊：溺於文章，牽於訓詁，惑於異端。苟無是三者，將安歸？則必趨於聖人之道矣。」

〔二〕張子全書卷七、卷六、卷五分作：「在始學者，得一義須固執，從粗入精也。」「若始求太深，恐自茲愈遠。」「但拂去舊日所為，使動作皆中禮。」

〔三〕張子全書卷六原作：「既學而先有以功業為意者，於學必相害；既有意，便穿鑿創意作起事也。德未成而先以功業為事，是代大匠斫，希不傷手也。」

所學既失其宗，又將古人成法説壞。試觀大學之道，纔言「明德」，即言「親民」，焉得云無意於功業！且入學即是要作大匠，烏得謂之「代大匠斲」！僕教幼學道藝，或阻之曰：「不可，今世不如此。」予曰：「但抱書入學，便是作轉世人，不是作世轉人。但不可有者，躁進干禄、非位謀政之心耳。」

上蔡謝氏曰：「學須是熟講，學不講，用盡工夫只是舊時人。『學之不講，是吾憂也』。」仁亦在夫熟而已。

子云：「學之不講」，是博學矣，又當審問、慎思、明辨以講之。若非已學，將執何者以講乎？今徒講而不學，誤矣！

顔子工夫，真百世規範，舍是更無入路，無住宅。」[一]

極是！

龜山楊氏曰：「今之學者，只爲不知爲學之方，又不知學成要何用。此事體大，須是曾著力來，方知不易。夫學者，學聖賢之所爲也云云。若是只要博通古今，爲文章，作忠信愿慤，不爲非義之士而已，則古來如此等人不少，然以爲聞道則不可。且如東漢之衰，

[一] 新刻性理大全書卷四十三原作：「顔子工夫，真百世規範，舍此應無入路，無住宅。」

處士逸人與名節之士，有聞當世者多矣；觀其所處〔二〕，責之以古聖賢之道，則略無毫髮彷彿相似。何也？以彼於道初無所聞故也。今時學者，平居則曰『吾當爲古人之所爲』，纔有一事到手，便措置不得。蓋其學以博通古今、爲文章、或志於忠信願慤，不爲非義而已，不知須是聞道。」〔三〕

諸先生自負聞道矣。愚以爲責之以古聖賢之道，亦未盡彷彿也。即如先生當汴京垂亡之際，輕身一出，其所措置，徒見削奪荊公配饗，説道學話而已。

驗之於心而不然，施之於行事而不順，則非所謂經義也。今之治經者，爲無用之文，徼倖科名而已，果何益哉？

僕謂爲學者與此較則陋矣，何不與堯、舜、伊、周、孔、孟較！

〔二〕續修四庫全書本作「觀其所處」，畿輔叢書、顏李叢書本作「觀其作處」。

〔三〕龜山先生集卷十二原作：「今之學者，只為不知為學之方，又不知學成要何用。此事體大，須是曾著力來，方知不易。夫學者，學聖賢之所為也云云。……若只要博通古今，為文章，作忠信願慤，不為非義之士而已，則古來如此等人不少，然以為聞道則不可。且如東漢之衰，處士逸人與夫名節之士，有聞當世者多矣；觀其作處，責之以古聖賢之道，則略無毫髮彷彿相似。何也？以彼於道初無所聞故也。今時學者，平居則曰『吾當為古人之所為』，纔有事到手，便措置不得。蓋其所學以博通古今、為文章、或志於忠信願慤，不為非義而已，而不知須是聞道。」

學而不求諸孔、孟之言，亦末矣。易曰：「君子多識前言往行，以畜其德。」孟子曰：「博學而詳説之，將以反説約也。」

多識自不可廢。博學乃只多讀書乎？

顏淵「請問其目」，學也；「請事斯語」，則習[一]矣。學而不習，徒學也。譬之學射而至于彀，則知所學矣。若夫承梃而目不瞬，貫虱而縣不絕，由是而求盡其妙，非習不能也。[二]

顏子「請問」，亦仍是問，未可謂之學；「請事斯語」，學也；「欲罷不能，進而不止」，乃習矣。龜山一字之誤，未爲甚差。但説學必宜習之理最透，而未見其習者，無他，習其所習，非孔門所謂習也。

延平李氏曰：「學問之道不在多言，但[三]默坐澄心，體認天理，若真有所見，雖一毫私欲之發亦退聽矣。久久用力於此，庶幾漸明，講學始有力耳。」[四]

[一] 續修四庫全書本作「學」字，畿輔叢書、顏李叢書本作「習」字。

[二] 新刻性理大全書卷四十三原作：「顏淵『請問其目』，學也；『請事斯語』，則習矣。學而不習，徒學也。譬之學射而志于彀，則知所學矣。若夫承梃而目不瞬，貫蝨而縣不絕，由是而求盡其妙，非習不能也。」

[三] 續修四庫全書本作「然」字，畿輔叢書、顏李叢書本作「但」字。

[四] 晦庵先生朱文公文集卷九十七原作：「學問之道不在多言，但默坐澄心，體認天理，若見，雖一毫私欲之發亦退聽矣。久久用力於此，庶幾漸明，講學始有力耳。」

試觀孔、孟曾有「靜坐澄心，體認天理」等語否？然吾亦非謂全屏此功也。若不失周、孔六藝之學，即用此功於無事時亦無妨。但專用力於此，以爲學問根本，而又以講說爲枝葉，則全誤矣。

孔門諸子，羣居終日，交相磋切，又得夫子爲之依歸，日用之間，觀感而化者多矣。恐於融釋而脱落處，非言説所及也。不然，子貢何以言「夫子之言性與天道不可得而聞也」耶？

何不思孔門羣居終日是作何事？何不思「性天不可聞」是何主意？乃動思過子貢以上耶！以孔子之道律之，恐有宋諸先生不免爲「智者過之」一流。

朱子曰：「今之爲學甚難，緣小學無人習得，如今卻是從頭起。古人於小學小事中，便皆存箇大學大事得道理在，大學只是推將開濶去。向來小時做得道理存其中，正似一箇坯素相似。」

余謂何難之有，只不爲耳。即將藝之小者令子弟之幼者習之，藝之大者令子弟之長者習之，此是整飭身體，涵養性情實務。正心誠意非精，府修事和非粗。乃諸先生只懸空説存養而不躬習其事，卻説難，卻説今日小學全失，無人習。如此而言格致誠正修齊治平，皆虚而無據矣。然則豈惟小學廢，大學不亦亡乎！而乃集小學也，注大學也，何爲也哉！

讀書如煉丹，初時烈火煆〔一〕煞，然後漸漸慢火養。又如煮物，初時烈火煮了，卻須慢火養。讀書初勤敏著力，子細窮究，後來卻須緩緩温尋，反復玩味，道理自出。又不得貪多欲速，直須要熟，工夫自熟中出。

朱子論學只是論讀書，但他處多入「理會道理」、「窮理致知」等字面，不肯如此分明說。試看此處直言之如此十分精彩，十分有味，蓋由其得力全在此也。夫讀書乃學中之一事，何爲全副精神用在簡策乎！

學者只是不爲己，故日間此心安頓在義理上時少，安頓在閒事上時多，於義理卻生，於閒事卻熟。

只因廢失六藝，無以習熟義理，不由人不習熟閒事也。今若一復孔門之舊，不惟好色好貨一切私欲無從參，博弈詩酒等自不爲，即誦讀、訓詁、著述、文字等事亦自無暇。蓋聖人知人不習義理便習閒事，所以就義理作用處制爲六藝，使人日習熟之。若只在書本上覓義理，雖亦羈縻此心，不思別事，但放卻書本，即無理會。若直靜坐，勁使此心熟於義理，又是甚難，況亦依舊無用也。

或問：「爲學如何做工夫？」曰：「不過是切己，便的當。此事自有大綱，亦有節目

〔一〕續修四庫全書等本原作「煆」，據中華書局本作「煆」。

云云。然亦須各有倫序。」問：「如何是倫序？」曰：「不是安排此一件爲先，此一件爲後，此一件爲大，此一件爲小。隨人所爲，先其易者，闕其難者，將來難者亦自可理會。且如讀書，二禮、春秋有制度之難明，本末〔二〕之難見，且放下未要理會，亦得。如詩書，直是不可不先理會云云。聖賢言語，何曾誤天下後世！人自學不至耳。」〔三〕

或問「爲學如何做工夫」，又問「如何是倫序」，皆最切之問。朱子乃只左支右吾，說皮面語。大綱節目數語，尚可敷衍；至於「不是安排此一件爲先，此一件爲後，此一件爲大，此一件爲小」，便是糊混。夫古人教法，某年舞勺，某年舞象，某年習幼儀，某年學禮，何嘗不是安排一定，孰先孰後，孰大孰小哉！「知所先後」，大學又明言之矣。糊混幾句已，又說歸讀書，讀書又不教人理會制度等事，姑教避難取易。夫理會制度，已畏其難矣，況取其所謂制度者而身習之，身精之乎！此等語若出他人口，朱子必灼見其弊而力非之。師望既高，信口說去，不自覺如此，卻說「聖賢言語，何曾誤天下後世」。夫聖賢言語，誰曾道誤天下後世！其誤天

〔二〕續修四庫全書本作「末本」，畿輔叢書、顏李叢書本作「本末」。

〔三〕朱子語類卷八原作：「或問：『為學如何做工夫？』曰：『不過是切己，便的當。此事自有大綱，亦有節目云云。……然亦須各有倫序。』問：『如何是倫序？』曰：『不是安排此一件為先，此一件為後，此一件為大，此一件為小。隨人所為，先其易者，闕其難者，將來難者亦自可理會。且如讀書，二禮、春秋有制度之難明，本末之難見，且放下未要理會，亦得。如書詩，直是不可不先理會云云。……聖賢言語，何曾誤天下後世，人自學不至耳。』」據此續修四庫全書本「三禮」改作「二禮」。

下後世者，乃是不從聖賢言語耳。夫「學而時習之」，是魯論第一言，尚且不從，況其餘乎？

嘗閲左傳，至簡子鑄刑鼎，孔子歎曰：「晉其亡乎，失其度矣！」以爲晉之亡在任刑威耳。而下文乃曰：「民在鼎矣，何以尊貴？貴何業之守？」蓋其失不在刑書，而在鑄刑書於鼎。夫法度操於人，則民知範吾功罪者，吾上也；司吾生死者，吾上也；時而出入輕重以爲平允者，皆吾上也。天下凜王，一國凜君，一獄凜吏。〔一〕士農工商罔敢愆於職中、逸於職外者，惟吾上是神是嚴也。而上下定矣，貴賤辨矣，賢德彰矣。今銘在鼎，則國人必將以鼎爲依據，而不知受法於天者王，守法者君，序守者卿大夫百執事，是使之忽人而重鼎。民不見所尊，必將不遵其度，不遵其度，必不守其業，故曰：「何以尊貴，何業之守」也。貴賤無序，何以爲國？嗟乎！簡子但以刑書鑄于鼎，而孔子知其亡，況漢、宋之儒全以道法摹於書，至使天下不知尊人，不尚德，不貴才，而曰「宰相必用讀書人」，不幾以守鼎吏爲政乎！其所亡又豈止一晉乎？是以至此極也。非孔子至聖，孰能見鑄鼎之弊乎！吾願天下急思孔子之言，吾願上天急生孔子之人也。

〔一〕續修四庫全書本作「凜」字，畿輔叢書、顏李叢書本作「懔」字。

存人编

序

顔先生三存編訖，人將得復性力學蒙治也，快矣哉！而先生愀然慮，謂異端鴟張，方舉世而空之虛之，人類行盡，又何學，又何治？而又安所謂性？東比蟄翁，畫幹垣削屨，夜豨穴穿日，築卒不就。昔衛靈公入囿，兩寇肩逐，子夏拔矛，下格而還。周冥氏掌攻猛獸，毆以靈鼓，庭氏掌射國之妖鳥，若神也，則以太陰之弓與枉矢射之。韓子曰：「如古之無聖人，人之類滅久矣」，豈不信哉？先生乃復著喚迷途、釋迦佛贊解，并與張京兆議者，類爲存人編。於戲，先生之心迫矣！

康熙四十四年乙酉四月，蠡吾門人李塨頓首拜撰。

喚迷途序

喚迷途，博陵顔元所著，以勸僧道歸人倫之書也。既成，而自序之曰：昔者唐虞三代，聖人疊興，家給之宅，分之地，生幼者有助，齒衰者有養，残疾無告者倍為矜恤，民生無不遂也。設為庠、序、學校，國、州、黨、閭，莫不有學。教以人倫，父子有親，君臣有義，夫婦有别，長幼有序，朋友有信，民性莫不各正也。秦人作俑，将聖人養民教民之具廢棄殆盡，漢家七制之主，雖曰英君，其於先王之政，曾不能復十一於千百。民無恆産，失其養者多矣。無恆産因無恒心，喪其性者多矣。即使外國之妖邪，不入天朝之化，凌俗壞，亦不知何底也。迨東漢明帝信傳流之詭説，迎妖魔於西域，其言曰：得其道可以治天下。呜呼！世有滅绝人倫之道可以治天下者乎？其徒沙門數人，随之而入，明帝與楚王英輩，男婦焚香顶禮設醮，齊僧創為清涼臺，以供佛骨，施设衣食，以養沙門，而天朝自是有佛矣。其父光武皇帝以前，天朝固止祭天地、宗廟、社稷、五祀、八蜡、馬祖、各家祖先，未有所谓庵、觀、寺院、佛、菩薩者也。沙門等侈其师税，以念佛看經可得福利，诱我愚民之欲，以不信三寶必入地狱、碓搗磨研、油鐺火熬等危言嚇我愚民之膽，於是信奉者衆，而為沙門徒者有利，無産無依之民靡然從之，而我天朝自是有僧矣。前此，漢秦以上，我天朝固止士農工商，無所謂僧尼者，滅绝人倫之人也。嗟乎，使古聖人養法在家，宅五畝，人田百畝，雖沙門巧說，乱墜天花，誰肯舍我父子兄弟，從彼禽獸乎？使古聖人教法在，則家有禮義，人知孝弟，寧餓死而不作無父無君之輩。雖沙門巧说，亂墜天花，又誰肯舍我孝慈、義顺、友恭之樂，從彼狠毒空寂乎？惟饑寒切身，或世乱多故，内無義理以自主，遂相陷而蹈於邪，殊不思我一失足爲僧，我祖父以上千萬人之血脉，自我而斬矣，我身以下千萬人之生理，自我而绝矣，我父母兄弟夫妻遂為路人矣，豈不可傷？此心寧忍？正如游子倉皇，為强暴所逼，馳入陷阱，仁人之所深憐，而急欲引手也。至於道家者流，祸在佛先，成周之老子、關喜，西漢之文成、五利，雖有異說，然尚在君臣父子夫婦倫中，未绝人道也。近世昧於丹法仙術，又染於佛教，亦滅绝倫纪，故亦并喚之。前世大儒守其师道尊嚴之禮，遇問者答之，遇當闢者闢之，未有專直说以勸化之者。聞有明曹月川先生，著夜行燭一書，惜颁行未廣，鲜有見者。予素抱熟腸，不忍無知迷於邪途，如疾痛之在身，故著爲俚言數欵，以喚我同胞之迷而使返。倘僧道聞予言而猛然醒，幡然改，則寧饑寒，寧患難，而不作無父無君之徒；寧饑寒死，寧患難死而不爲不忠不孝之鬼，奮然出陷阱而就坦途，以已失業之人，一旦復事田园，娱妻子，其心之快何如耶？以已壞倫之人，一旦復父慈子孝、兄友弟恭，其家之快何如耶？以已绝於親之人，一旦生者無子而復有子，死者無嗣而復有嗣，其親心之快何如耶？以已绝於祖宗之人，一旦使祖宗無孫而復有孫，塚墓無祭而復有祭，其先靈之快何如耶？以不服事君上之人，一旦賢明者歸儒圖仕，愚朴者租傭奉國，添幾千萬有用臣民，朝廷之快何如耶？由此而漸引漸大，自天朝而傳外國，皆知去無倫之教，而返之人倫；則昔日西域生一釋迦害其本國、延及天朝者，今日天朝生一颜元救正天朝，亦波及外國，去人間千年之蠹蠱，廣天地無已之生成，乾坤之大，快又何如耶？雖然此非一口一手之力也，所願同胞中之醒者呼同胞中之醉，同胞中植者扶同胞中之仆，以天下之同胞救天下之同胞，則邪可正，經可興矣。是爲序。

壬戌中秋十九日題於習齋。

卷一 喚迷途

第一喚

此篇多爲不識字與住持云遊等僧道立説。此項人受惑未深，只爲衣食二字，還好勸他。譬如誤走一條路，先喚那近者回來，我們這裏喚，那近的也先聽得。故第一先喚平常僧道。

凡人做僧道者，有數項：一項是本人貧寒，不能度日，或其父母貧寒，不能度日，艱於衣食，便度爲僧道。一項是禍患迫身，逃走在外，或兵亂離家，無地自容，度爲僧道。一項是父母生子女不成，信佛道，在寺廟寄名，遂舍入爲徒。一項是偶因灾〔一〕禍，妄信出家爲脱離苦海，或目觸寺廟傾倒，起心募化，説是建立功果，遂削髮爲僧或戴發稱道人。

〔一〕續修四庫全書本作「灾」字，畿輔叢書、顔李叢書本作「災」字。

大約是這幾項人。或有不得已，或誤當好事做，不是要惑世誣民，滅倫傷化。便是聖人出世，亦須哀憐而教化之，不忍收爲左道之誅也。但你們知佛是甚麽人否？佛是西域番人，我們是天朝好百姓，爲甚麽不做朝廷正經的百姓，卻做那西番的弟子？他若是箇〔一〕好人還可，他爲子不孝他父母，爲臣不事他君王，不忠不孝便是禽獸了，我們爲甚麽與他磕頭？爲甚麽做他弟子？他若是箇正神還可，他是箇西方番鬼，全無功德於我們。我們這房屋，是上古有箇聖人叫有巢氏，他教人修蓋，避風雨虎狼之害，我們於今得住；我們這衣食，是上古有箇聖人叫神農氏，教民耕種，又有黄帝元妃叫西陵氏，教人蠶桑，我們於今得吃，得穿；我們這田地，是陶唐時有箇聖人叫神禹，把横流的洪水都治了，疏江、淮、河、漢，鑿龍門，通大海，使水有所歸，我們於今得平土上居住；我們這世界，是伏羲、神農、黄帝、堯、舜、禹、湯、文、武，周公、孔子合漢、唐、宋、明歷代帝王聖賢，立禮樂刑罰，治得乾坤太平，我們纔得安穩。所以古之帝王聖賢廟食千古，今之帝王聖賢受天下供奉，理之當然。佛何人，有何功德，乃受天下人香火？真可羞也，真可誅也！你

〔一〕存人編中，續修四庫全書本作「箇」字，畿輔叢書、顔李叢書本作「箇」字，統一用「箇」字。

們動輒説「賴佛穿衣，指佛吃飯」。佛若是箇活的，不忠不孝，尚且不當穿天下人的衣，吃天下人的飯，何况佛是箇死番鬼，與天朝全無干涉，你們焉能指他吃穿的？語云：「無功食禄，寢食不安。」你們又動輒念經宣卷，神要那西域邪言做甚麽，人要那西域邪言做甚麽，白白的吃了人家的，活時做箇不妥當的人，死了還做箇帶缺欠的鬼。我勸你有産業的僧人，早早積攢些財物，出了寺，娶箇妻，成家生子；無産業的僧人，早早抛了僧帽，做生意工匠，無能者與人傭工，掙箇妻子，成箇人家。上與朝廷添箇好百姓，這便是忠，下與祖父添箇兒孫，這便是孝，使我上面千百世祖宗有兒孫，下面千百世兒孫有祖父，生作有夫婦、有父子、有宗族親友的好人家，死入祖宗墳墓，合祖宗父兄族人埋在一塊土，做箇享祭祀的鬼。思量到此，莫道是遊食僧道，與住持僧道，便是那五臺山京都各寺觀大富貴僧道，也不該貪戀那無意味的財産。你們説，那有錢的僧道像甚麽？就是那内官家富貴，便黄金千兩，位享三公，斷了祖父的血脈，絶了天地生機，竟成何用！思之思之！

老僧人，老道士，見的明白！你們受苦一生，中甚麽用？無徒弟的，再不消度人了，悞了自己，又悞他人，神明也不佑。有徒弟的，早早教他還人倫。你若十分老，便隨徒弟去度日；若不十分老，也尋法娶妻，便不娶妻也還家。家下有房屋田產的固好，雖無田產、房屋，尋箇手藝生理的也好，就兩者俱無，雖乞食度日，比做僧道也好。好在何處？現有宗族，合他有父兄、子姪情分，便病了，他直得照管你，便死了，他直得埋殯你，便做鬼，也得趁祖宗享春秋祭祀，豈不是好！若做僧道，莫説遊僧遊道死在道路，狼拖狗曳的，便是住持的，若無徒弟也苦，雖有徒弟伏侍的，終是異姓人，比不得我兒女，是我骨肉，也比不得我宗族，是我祖宗一派，死了，異姓祭祀也無饗理。況世上那有常常住持的寺院，究竟作無祭祀的野鬼，豈不傷哉！

歸人倫事，最宜蚤圖。第一件，先要知前日由平民做和尚，是朝廷的逃民，是父母的叛子，是玷辱親戚朋友的惡事。古人云：「不忠不孝，削髮而揖君親；遊手遊食，易服而逃租稅。」只此四句，斷定和尚不是好人了。今日由和尚做了平民，是朝廷正道百姓，是父母歸宗孝子，是從頭有親戚有朋友的好事。古人云「自新休問昔狂」，伊尹稱成湯改過不吝，自新便成的君子，改過便做的聖人。我之歸也，不忍我祖宗無後而歸也，不忍我父母無子而歸也，是謂之大仁。不願天下人皆有夫妻我獨爲鰥夫而歸也，不願貴賤賢愚皆爲朝廷效力獨我爲猾民而歸也，不願昆蟲草木皆爲天地廣生成我獨腐朽而歸也，是謂之大義。大仁大義之舉，而世人反以爲不美事，名之曰「還俗」。夫謂之俗，必以爲作僧道是聖果事，而今還於俗凡也，必以爲是清雅事，而今還於俗鄙也，必以爲新奇事，而今還於俗常也。嗟乎！「名不正則言不順，言不順則事不成」，此尼父之所大慮也。吾今正其名曰「歸人倫」，明乎前此迷往他鄉而今歸家也，明乎前此誤入禽獸之夥而今歸人群也，明乎前此逸出彝倫之外而今歸子臣弟友之中也。世人去家鄉數千里，見一本土人，輒涕泣不勝，一旦還鄉，則鄰里皆來看望，心安意樂，今之歸倫，何獨不然！僧道有歸人倫而來見吾者，吾必酒食待之，爲之圖謀生理。吾黨有寄尺書口信於吾者曰，某處某僧道今歸倫於某府州縣某鄉爲某姓名矣，吾必不遠百里，具儀往賀之。人之好善，誰不如我，鼓動天下，救濟生民，同志者共勉之！

你父母生你時，舉家懽喜，門左懸弧。懽喜者，以爲他日奉養口體，承宗繼嗣，有所託矣。一旦爲僧道，生不能養，死不能葬，使父母千萬年無掃墳祭主之人，一思赤子懷抱時，你心安不安？懸弧者，男子生下當爲朝廷應差應甲，平定禍亂，大而爲將，小而爲兵，射獵四方，生人之義也。一旦爲僧道，便爲世間廢人，與朝廷無干，不但不爲朝廷效戰鬬，並不當差納糧以供其上，回思懸弧之義，寧不自愧！

禽有雌雄，獸有牝牡，昆蟲蠅蜢亦有陰陽。豈人爲萬物之靈而獨無情乎？故男女者，人之大欲也，亦人之真情至性也。你們果不動念乎？想欲歸倫，亦其本心也，拘世人之見，以還俗爲不好耳。今無患矣，我將此理與你們説明了，更不可自己躭悞。

細思來，你們爲僧道也只爲吃碗自在飯。豈不思上自天子，下至庶人，皆有所事，早夜勤勞，你們偏偷安白吃，就如世間倉鼠木蠹一般了，是甚麽好？試看世上各行生理手藝，命中有飯吃，自然餓不著，你何必做僧道？你命中若不好，做僧道也受饑〔一〕寒，況有一種赴苦做活種地灌園的僧道，一般受苦，爲何廢了人倫？你們都思量思量，不可胡迷到底也！

〔一〕續修四庫全書本作「僟」字，畿輔叢書、顔李叢書本作「饑」字，據文意用「饑」字。

第二喚

此篇多爲參禪悟道、登高座、發偈律的僧人與談清静、煉丹火、希飛陞的道士立説，較前項人惑漸深，迷漸遠，喚回頗難。然此等率出聰明静養之人，聰明人易馳高遠，故惑於異者多。僕以爲聰明人易惑亦易悟，静養人善思又善聽，況吾之俚言，如數一二，如辨黑白，如聞鐘鼓，亦易入者。一悟一思，而猛然醒，幡然改，同快人倫之樂，豈不美哉！

佛道説真空，仙道説真静。不惟空也，並空其空，故心經之旨，「無無明，亦無無明盡」。不徒静也，且静之又静，故道德經之旨，牝矣又玄，玄矣又屯屯。吾今以實藥其空，以動濟其静，爲僧道者不我服也，入之深，惑之固，方且望其空静而前進之不暇，又焉能聽吾所謂實與動乎！今姑即佛之所謂空，道之所謂静者窮之，而後與之言實與動。佛殊不能空也，即能空之，益無取；道殊不能静也，即能静之，益無取。三才既立，有日月則不能無照臨，有山川則不能無流峙，有耳目則不能無視聽。佛不能使天無日月，不能使地無山川，不能使人無耳目，安在其能空乎！道不能使日月不照臨，不能使山川不流峙，不能使耳目不視聽，安在其能靜乎！佛道之空靜，正如陳仲子之廉，不能充其操者也。即使取其願而各遂之，佛者之心而果入定矣，空之真而覺之大矣，洞照萬象矣，此正如空室懸一明鏡，並不施之粉黛粄〔一〕梳，鏡雖明，亦奚以爲！曰大覺，曰智慧，曰慈悲，而不施之於子臣弟友，方且照不及君父而以爲累，照不及自身之耳目心意而以爲賊，天地間亦何用此洞照也！且人人而得此空寂之洞照也，人道滅矣，天地其空設乎？道者之心而果死灰矣，嗜欲不作，心腎秘交，丹候九轉矣，正如深山中精怪，並不可以服乘致用，雖長壽亦兩間一蠹。曰真人，曰至人，曰太上，而不可推之天下國家，方且盜天地之氣以長存，煉五行之精以自保，乾坤中亦何賴有此太上也！且人人而得此靜極之仙果也，人道又絶矣，天地其能容乎？世傳五百年雷震一次，此必然之理，蓋人中妖也，天地之盜也。

請問：若輩聰明人乎？愚蒙人乎？果愚蒙人也，宜耕田鑿井以養父母，以受天子之法制，不應妄爲大言，鼓天下之愚民而立教門。若聰明人也，則以天地粹氣所鍾，宜學爲公卿百執事，以勤民生，以佐王治，以輔扶天地，不宜退而寂滅，以負天地篤生之心。

〔一〕續修四庫全書本作「粄」，畿輔叢書、顔李叢書本作「妝」。

朝廷設官分職以爲萬民長，立法定律以防萬民欲。人雖賢智，只得遵朝廷法律而行，所謂「雖有其德，苟無其位，亦不敢作禮樂也」。你們輒敢登高座談禪，使人跪問立聽，輒敢動刑杖，是與天子長吏爭權也。輒敢別定律令，號招士民，謂之受戒，各省直愚民呼朋引類，赴北京五臺受禪師法戒，是與天子爭民也。堂堂皇王之天下，儼然半屬梵王子之臣民，倘朝廷震怒或大臣奏參，豈不可懼！猛醒猛醒！

你們那箇是西域番僧？大都是我天朝聰明人。欲求道，當求我堯、舜、周、孔之道，堯、舜、周、孔之道是我們生下來現成的道。此身是父母生的，父母生此身，如樹根長出身幹枝葉，若去父母，是樹根，還成甚麼樹！所以堯、舜、周、孔之道全在於孝，小而養口體，悦心志，大而顯親揚名，再大而嚴父配斷了天。自庶人上至天子，各隨分量，都要完滿，毫釐不盡，便是缺欠，便不可以爲子，不可以爲人。況敢抛卻父母，忍心害理，視爲路人，還了得！此身合兄弟同生，都要相愛，有兄長，又如樹上生的前一節後一節，若離了兄，正如樹枝斷去前截，定後截都壞了。所以堯、舜、周、孔之道全在於弟，隅坐隨行，尊父母的嫡子，敬之如嚴君，愛父母的遺體，愛之如嬰兒。無貴無賤，各隨分量，都要完滿，分毫不盡，便是缺欠，便不可以爲人弟，即不可以爲人子，況敢拋卻兄長，忍心害理，視爲路人，還了得！父母生下我，我又娶妻，作子孫的父母，他日子孫又長成作父母，故曰「有夫婦然後有父子，有父子然後有兄弟，有兄弟然後有朋友，有朋友然後有君臣」。故「堯、舜之道，造端乎夫婦」，此端字，是端倪的端字，如織布帛之有頭緒，如生草木之有萌芽，無頭緒則布帛沒處織，無萌芽則草木沒處生，無夫婦則人何處生？一切倫理都無，世界都無矣。且你們做佛弟子的，那一箇不是夫婦生來的？若無夫婦，你們都無，佛向那裏討弟子？佛的父親若無夫婦，佛且無了，那裏有這一教？說到這裏，你們可知佛是邪教了，是異端了。假佛原是正道，原行得，他是西域的師，西域的神，我們有我中國的師，中國的神。自己的師長不尊，爲甚麼去尊人家師長？自己的父母不孝，爲甚麼去孝人家？何況原是邪教，原是異端。由其道，一步行不去，從他做甚？你們最聰明，說到這裏，莫道你們有才料，在世間做的別事，便做箇農夫，做箇乞丐，也不失爲正人。爲甚麼上高座，闔眼並手，跟番鬼談邪言，自欺以欺世也？思之思之！

佛輕視了此身，說被此身累礙，耳受許多聲，目受許多色，口鼻受許多味，心意受許多事物，不得爽利空的去，所以將自己耳目口鼻都看作賊。克〔一〕其意，直是死滅了，方不受這形體累礙，所以言圓寂，言涅盤，有九定三解脱諸妄説。總之，是要不生這賊也，總之，是要全其一點幻覺之性也。嗟乎！有生方有性，若如佛教，則天下並性亦無矣，又何覺？無所謂昭昭，何所謂暗暗？如佛教，並幻亦不可言矣，又何佛怪哉！西域異類，不幸而不生天朝，未聞我天朝聖人之言性也，未見我天朝聖人之盡性也。堯、舜、周、孔之言性也，合身言之，故曰「有物有則」，「堯、舜性之，湯、武身之」。堯、舜率性而出，身之所行皆性也，湯、武修身以復性，據性之形以治性也。孔門後惟孟子見及此，故曰「形色天性，惟聖人然後可以踐形」。形，性之形也；性，形之性也，舍形則無性矣，舍性亦無形矣。失性者據形求之，盡性者於形盡之，賊其形則賊其性矣。即以耳目論，吾堯、舜明四目，達四聰，使吾目明徹四方，天下之形無蔽焉，使吾耳聰達四境，天下之聲無壅焉，此其所以光被四表也。吾孔子視思明，聽思聰，非禮無視，非禮無聽。明者，目之性也，聽者，耳之性也。視非禮，則蔽其明而亂吾性矣，聽非禮，則壅吾聽而亂吾性

〔一〕續修四庫全書本作「克」，畿輔叢書、顏李叢書本作「充」字。

矣。絶天下非禮之色以養吾目，賊在色，不在目也，賊更在非禮之色，不在色也。去非禮之色，則目徹四方之色，適以大吾目性之用。絶天下非禮之聲以養吾耳，賊在聲，不在耳也，賊更在非禮之聲，不在聲也。去非禮之聲，則耳達四境之聲，正以宣吾耳性之用。推之口、鼻、手、足、心、意咸若是，推之父子、君臣、夫婦、兄弟、朋友咸若是，故禮樂繽紛，極耳目之娱而非欲也，位育平成，合三才成一性而非侈也。彼佛，大之空天、地、君、親而不恤，小之視耳、目、手、足爲賊害，惟闔眼内顧，存養一點性靈，猶瞽目人坐暗室，耳目不接天下之聲色，身心不接天下之人事，而方寸卒思無所不妙，可謂妄矣，安在其洞照萬象也哉！且把自身爲賊，絶六親而不愛，可謂殘忍矣。及其大言慈悲，則又苦行雪山，割肉餧鷹，捨身餧虎，何其顛倒錯亂也哉！

洞照萬象，昔人形容其妙曰「鏡花水月」，宋、明儒者所謂悟道，亦大率類此。吾非謂佛學中無此意也，亦非謂學佛者不能致此也，正謂其洞照者無用之水鏡，其萬象皆無用之花月也。不至於此，徒苦半生，爲腐朽之枯禪；不幸而至此，自欺更深。何也？人心如水，但一澄定，不濁以泥沙，不激以風石，不必名川巨海之水能照百態，雖渠溝盆盂之水皆能照也。今使竦起静坐，不擾以事爲，不雜以旁念，敏者數十日，鈍者三五年，皆能洞照萬象，如鏡花水月。做此功至此，快然自喜，以爲得之矣，或預燭未來，或邪妄相感，人物小有徵應，愈隱怪驚人，轉相推服，以爲有道矣。予戊申前，亦嘗從宋儒用静坐功，頗嘗此味，故身歷而知其爲妄，不足據也。天地間豈有不流動之水，天地間豈有不著地、不見沙泥、不見風石之水！一動一著，仍是一物不照矣。故管道、楊傻，予存學編所引，出山便與常人同也。今玩鏡裏花，水裏月，信足以娱人心目，若去鏡水，則花月無有矣。即對鏡水一生，徒自欺一生而已矣。若指水月以照臨，取鏡花以折佩，此必不可得之數也。故空静之理，愈談愈惑，空静之功，愈妙愈妄。吾願求道者盡性而已矣，盡性者實徵之吾身而已矣，徵身者動與萬物共見而已矣。吾身之百體，吾性之作用也，一體不靈則一用不具。天下之萬物，吾性之措施也，一物不稱其情則措施有累。身世打成一片，一滚做功，近自几席，遠達民物，下自鄰比，上暨廟廊，粗自灑掃，精通爕理，至於盡倫定制，陰陽和，位育徹，吾性之真全矣。以視佛氏空中之洞照，仙家五氣之朝元，腐草之螢耳，何足道哉！四却子曰：类仁义、孝弟、心性，如数家珍，明白恺切，不独可唤僧道。

即吾儒皆当各置一通于座右。

第三唤

此篇是唤醒西域真番僧者。我天朝人誤走迷途，固皆呼之使轉矣，西域番僧獨非同生兩間者乎？他既各具人形，便各有人性。予嘗自謂，生遇釋迦，亦使之垂頭下淚，固以其人形必之也。況今番僧亦不幸而生乎西域，爲其習俗所染，邪教所誤耳，何可不救之使歸人倫耶！你若識天朝字，自讀而自思之。若不識字，能解天朝語，可求人講與你們聽。

你雖不幸而不生天朝，你獨無父母耶？你父母生下你，你便不做人父母生人，可乎？是釋迦誣了你。你求人講上兩唤聽，便惺的釋迦是邪說了。你看天地是箇大夫婦，天若無地，也不能化生萬物，天不能無地，夫豈可無婦！你看見婦人，果漠然不動念乎？這一動念，卻是天理不容滅絶處。只我天朝聖人，就這天理上修了禮義，定就婚姻禮法，使天理有節制，以別於禽獸。然禽獸雖無一定配偶，而游牝以時，也是禽獸的天理。若人無配偶，是禽獸的天理也無了，豈非天地父母惡物乎！你們也當從我天朝，行婚禮，配夫婦有一定配偶，這便是人道了。力不能回家的，便在天朝娶妻，學天朝人手藝，做箇過活，成箇人家，生下子女，萬萬世是你們後代了。力能回家的，將這喚迷途帶去，講解於你國人聽，教他人人知釋迦是邪教，也學我天朝聖人的道理，孝弟忠信，你們就是正道的祖師了，你們就是你國的聖賢了。與你國添多少人類，添多少親戚，添多少禮義，便是大有功德，天神必加福祉。你們子孫爲官，爲宦，爲帝，爲王，都是有的。你們看我天朝爲帝爲王的，爲國公、侯、伯的，官宦的，多是羲、農、黄帝、堯、舜、周公、孔子子孫。我教你歸人倫，是慈悲乎？釋迦教你斷子絶孫，做箇枯寂的鬼，是慈悲乎？你思量思量！

你們凡往天朝來的，都不是庸俗人，或奉你本國王命進來，妄説做國師的，或差來納貢的，或差來觀天朝虚實的，或彼處豪傑自拔，要到天朝顯才能的，或彼國不得志，求遑於天朝的，大都是聰明人。且説你國也有夫妻否？也有兒女否？也有鄰里鄉人否？也有君臣上下否？夫妻也相配合否？生兒女也愛他否？兒女愛父母否？兒女同生也彼此擡敬否？鄰里鄉人也相交好否？君臣上下也有名分否？吾知其必夫婦相配也，必父子相愛也，必兄弟同生者相敬也，必鄰里相好也，必上下有分也，這便是凡爲人類者自然的天性，必有的道理。我天朝聖人，只因人自然之性，教人必有之道。因人有夫妻相配，便教他以禮相合。夫婦必須父母之命，媒妁之言，六禮備而後成，成後還要相敬如賓，相成如友，夫義婦順，這叫做「夫婦有别」。那佛斷絶夫婦的好，還是夫婦有别的好？因父子相愛，便教他父慈子孝。父慈不但幼時懷抱養育，大時還教他仁義，管他幹正事，子孝不惟衣食奉養，還要和敬並盡，朔望節令，還行參拜禮文，沒後還有許多喪祭道理，這叫做「父子有親」。那佛斷絶父子的好，還是父子有親的好？因人兄弟相敬，便教他兄友弟恭。無論男兄弟，女兄弟，都是兄愛其弟，弟尊其兄，一坐一行都有禮法，不得欺侮，不得僭越，這叫做「長幼有序」。那佛兄弟無情的好，還是長幼有序的好？因人鄰里相好，便教他同類相交謂之朋，同志相愛謂之友，以實心相與，以實言相告，這叫做「朋友有信」。那佛棄絶人類入深山的好，還是朋友有信的好？因人上下有分，便教他君使臣以禮，臣事君以忠，這叫做「君臣有義」。那佛斷絶君臣的好，還是君臣有義的好？我天朝道理，只有這五件，制許多刑政法度之文，禮樂兵農之具，水火工虞之事，都是要節宣這箇，維持這箇。當東漢時，有幾箇沙門傳佛道入天朝，釀成無窮大禍，鳩摩羅什等又翻譯西域經文，傳有許多邪說，以惑天朝之民，這都是天地的罪人，你們更不可效尤。若能醒解我的言語，把我天朝聖人的道理傳往西方，將喚迷途番譯成西方的言語，使人都歸人倫，都盡人倫，莫説父盡父道，子盡子道，君盡君道，臣盡臣道，你西方諸國享福無窮，只人也多生幾千萬，豈不是真善果！勉哉！

卷二　唤迷途

第四唤

前三篇唤迷途之人已毕，此篇又专爲名儒而心佛者立説。雖在五倫之中而見涉禪寂，如宋蘇東坡、明王弇洲之徒，小有聰明，見聞濫博，啟口成辯，舉筆成文，不惟詞壇之雄，而無識之人且尊爲儒者。其實邪正不明，得罪名教，一生學力，萬卷文章，只此一誤，舉無足觀，惜哉！

歐陽文忠與蘇文忠，人品學問，俱難軒輊，只佞佛一節，蘇斯下矣。佛之爲邪，易明易見。長公之才，把筆何等氣力，立朝何等風節！到大悲閣記、四菩薩記等文，便卑鄙不堪，迷惑如田間村婦語，何其於堯、舜、周、孔之道頓忘，四書、五經之理遽萬里也！必是自幼生長川、蜀之地，習見僧人，多讀佛書，入鮑魚肆不覺其臭矣。文人看書，可不慎哉！

老泉傳家，原是文人伎倆，雖好讀孟子，只要討出文法，不是明道。故其夫妻皆佞佛，並其聰明子亦誤之矣，豈不可惜！

歐陽文忠公大有過人論頭，如説「聖人教人，性非所先」，其識高於程、朱一派。蓋聖人教人，只是六德、六行、六藝，端木子明言「夫子之文章可得而聞，性道不可得聞」。程、朱一派好談性道，置起聖門時習事功不做，蓋亦隱爲禪惑，不覺其非，卻説永叔爲誤，異矣！如作本論，勝於柳、蘇諸人，但他亦是從文字起見，只作一篇好文字耳，亦不是全副力量衛聖道辟異端的人。公若向此處做工夫，與子瞻相交最深，自可一言而救正之，何至聽其惑迷而不返也！且與鄭公同在政府，若常講明邪正之理，鄭公亦必相感而化。以二公之賢而不能化，亦未聞辯論救正之語，固知其非用功於闢異者矣。且與韓、富二公，三賢秉政，大權在手，正當舉其所謂禮樂者實行之矣，乃亦全不掛口，益見其爲文字之見，非孟子本領矣。

本論亦非確當之理。醫書云：「急則治其標，緩則治其本。」今佛氏之害彌天漫地，如人遍體瘡瘍。若是而言，從容調理血氣乎，抑急須針膏擦洗之方也？佛之害中人，便昏亂狂顛，發作便窒氣絶生，正如風痰急症，風不散則立刻癱瘓，火不解則立刻譫語，痰不吐不下則立刻喪命。如是而言，從容補陰陽乎，抑急須湯丸灸熏，散風降火，吐下頑痰之法也？佛之害在一日，則此一日中普天下添多少人爲僧，便斷多少人血脈，如病瘟疫天疱，遲治一日便多傳染幾人。如是而言，采參於朝鮮以補中，斬兕於羌國以解毒乎，抑現用防風、荊芥以汗之，芩、連、惡食、金銀花之屬以解之爲當也？公之言曰：「幸有一不惑者，方艴然怒曰，將揮戈而逐之，有説而排之。千歲之患徧於天下，非一人一日所可爲，民之沉酣入於骨髓，非口舌之可勝，莫若務本以勝之。」嗟乎！公第甚言當務本耳，不知卻昧醫家急則治標及標本兼治之法矣。是聖人不生，禮樂不興，便任佛氏之滅倫傷化戕賊民生而不救乎？不幾如朝鮮之參，羌國之兕不至，遂聽瘟疫、天疱之死喪傳染而不治乎？何以爲醫也！乾坤中揮戈逐佛、著説排佛者，若傅尚書、韓吏部、胡致堂，其表著者，公亦其一人矣。若非有公輩數人「不忠不孝」數語，佛骨表、原道、本論數文在，乾坤更不知何底矣。非一人所可爲，雖千萬人亦一人之倡也，非一日所可爲，雖千百年亦一日之積也，救得一人是一人，轉得一日是一日，正得一分是一分。又曰「民之沉酣骨髓，非口舌所可勝」，亦未之思也。積蚊成雷，累畫成冊。吾儒在上者則興禮樂以化民，在下者則崇仁義以明道，彼佛何所有哉！徒以口舌簧鼓，轉相惑誘，遂亂天下至此，吾獨不得以口舌救之乎！天相吾道，吾人而在上也，一面興禮樂，謹學校，以修其本，一面立法禁，施誥命，以治其標；天不相吾道，吾人而在下也，一面崇仁義，勵躬行，以修其本，一面詳辯論，著書説，以治其標。夫禮樂明，則人才出而操戈排佛者益衆，此本而標之之法也；辯論著，則君相悟而禮樂興，此標而本之之法也。庶幾其善醫矣。

愚蒙人爲禿番所欺固可憐，聰明人未聞堯、舜、周、孔之道，見異而遷亦無怪。所可惡者，柳、富、蘇、王以絶世之才，讀孔子之書，有目而不分黑白，有耳而不辨鍾磬，時而堂堂正正，談理如海潮河決，時而窒心眯目，迷惑如村婦牧兒，最足以侈愚僧之口，迷俗人之向，此君子所深爲痛恨者也。紙上雄文，立朝氣節，皆孔子所謂「其餘不足觀」者，功不抵其罪也。明之弇州輩，特一文士耳，未必有大君子與之交也；柳則友韓矣，富、蘇則友歐陽矣，柳、富、蘇之不虛心受益，韓、歐之不極盡規勸，均可憾也。今世而有韓、歐乎？遇友人之柳、富、蘇者，宜極盡其救正，正之不可而再，再之不可而三而四，此非小故也。今世而有柳、富、蘇乎？遇友人之如韓、歐者，則宜虛心受益，改轍自新，勿取誅於君子可也。試看賈島一詩僧耳，從昌黎而歸人倫，尚來千古美談，况吾儒中豪傑，而可自誤乎哉！

三代後，唐之昌黎，宋之程、朱，明之陽明，皆稱吾儒大君子，然皆有與賊通氣處，有被賊瞞過處，有夷、蹠結社處，有逗遛玩寇處，今畧〔二〕摘一二，與天下共商之；非過刻也，恐佛氏借口，與儒之佞佛者倚以自解也。昌黎誅佛不遺餘力，死生以之，真儒陣戰將也。惜其貶潮州時，聞老僧太顛，召至州郭，與之盤桓，及其將行也，又留衣服爲别。夫使太顛可教，則一二見可化之歸儒，不可教，則爲不就撫之猾寇，又何久相盤桓，留衣相贈乎，不幾夷、蹠結社乎！及孟尚書聞其事，貽書致問，又稱太顛「頗聰明，識道理」，予閱答書至此，大爲驚異，世豈有爲僧之人而識道理者乎？豈有識道理之人而爲僧者

〔二〕義輔叢書，顔李叢書本作「略」字。

乎？則昌黎所見之道理必尚有微異於孔、孟者矣，則昌黎之交太顛必尚有微爲瞞過者矣，不幾逗遛玩寇乎？周子太極圖説已多了無極二字。極乃房上脊檁，是最上之稱，又加以太字，是就無可名處强指之矣，又何所謂無極乎？至其言性，又不合加一惡字，故程、朱由此皆誤言氣質有惡，又言氣質爲吾性害，是即爲六賊之意浸過儒道分界矣。朱子盡力與象山辯無極二字，是即爲佛之空，老之無隱蔽矣。至程子作詩，説「道通天地有形外，思入風云變態中」，又云「隔斷紅塵三十裏，白云紅葉兩悠悠」。朱子動輒説氣質雜惡，動輒説法門。陽明近禪處尤多。習俗移人，賢者不免。所謂與賊通氣者，此也。

儒之佞佛者，大約是小智慧人看道未貫上下，或初爲儒者，而功力不加，畏聖道之費力，半途欲廢，又恥於不如人，遂妄談空虚以誇精微者，或貪名利，工文字，名爲儒而實不解聖道爲何物，亦如愚民見異端而驚喜者。至惑地獄禍福之説而從之者，民斯爲下矣。何謂小智慧見道未貫上下者？彼多謂「佛之上截與吾儒同」，或竟謂「佛得其精，吾儒得其粗」，此其人學識未大，未能洞見性命之本及吾道體用之全，見宋、明儒者之所謂性無能出乎佛氏之上，一聞禪僧之談心性，遂傾心服之，謂上截儒釋原不異也。嗟乎！不幾如吾存性編中所云根麻而苗麥乎？天地間豈有此理！有上截本仁而下截不愛父母者乎？有上截本義而下截不敬君上者乎？抑其上截之原非仁義也？吾儒以仁義禮智信爲性，而佛以空虛不著一物爲性。以仁義爲性，故忠孝者仁義之發也，仁義者忠孝之源也，後截之忠孝與上截之仁義，如樹之根與枝一體也。佛之上截總一空，故爲不忠不孝之教，斷絶倫物，下截亦總一空也，又焉得上截同而下截始異哉！此輩猶能見宋、明儒者之性者也，至謂「佛得其精，吾儒得其粗」者，又並宋、明儒之性未之聞，平日徒以章句目儒業，即粗聞仁民愛物作用，亦苐視爲後起事。不知堯、舜之精一執中，三事六府之體也，三事六府，精一執中之用也。周、孔之一以貫之，三物四教之體也，三物四教，一貫之用也。如樹之根本枝幹，通爲一體，未可以精粗分也。故無根本則無枝葉矣，無枝葉則非根本矣，梧檟之根，藏土千年，與穢腐同譏。彼佛氏固未可以精言也，又何者是其精乎？以腐穢爲精，愚之愚者矣，何爲以初爲儒功，半途而廢，妄談虛空以誇精微者？人性皆善，雖甚惡人，必有善念一動之時，雖甚濁世必有特起作聖之士。但吾儒之道，六歲教名、數，七歲教别，八歲教讓，九歲教數日，十歲學書、計、幼儀，十三歲學樂、舞，十五歲入大學，凡六德、六行、六藝，一切明親止至善者，俱步步踏實地去做。二十歲尚不許教人，到三四十，發揮其幼學者，進見之君民，退式乎風俗。今世全錯了路徑，少小無根本，粗者求之章句，精者求之靜敬，到數年或數十年後，全不見古人充實大化之我既，全體大用之我疇，再進無工程之可據，回顧無基本之可惜，又恥於奔寶山半生作空手回之漢，遂放達者爲莊周、李贄之流，謹飭者作龜山、定夫之輩。非以欺世也，略以自塗抹其作聖初心，而不染於禪者鮮矣。不知世降學晦，孔徑久荒，即虛花無果，前路弗憑，正宜返求之實地，雖六德之一德，六行之一行，六藝之一藝，不自失爲儒也。即精力已竭，尺寸莫贖，惟當痛自悔恨，如漢武輪臺之詔，亦自千古共諒，何必益爲虛大而背叛於聖道之外哉！君子思之，何以謂名爲儒而實不解聖道，亦如愚民之見異而喜者？自幼惟從事做破題，捭八股，父兄師友之期許者，入學、中舉、會試、做官而已，自心之悦父兄師友以矢志成人者，亦惟入學、中舉、會試、做官而已。萬卷詩書，只作名利引子，誰曾知道爲何物！故以官長、進士、舉人，而聽講於村俗僧人，驚道妙而師事者有之，以秀才而信旁門邪說，入焚香會者有之，豈儒者而喪心至此乎？抑原未嘗於儒道參一解，行一步也？況做秀才而貪利肆行，爲官長而染指負上，中氣必餒，中心必懼。明懼朝廷之法，幽懼鬼神之禍，一聞佛者顱頂之説，烏得不悦；一聞空名利之談，烏得不服；一聞懺悔消災之技，又烏得不甘心也？况僧道惑世誣民之巧，網亦密矣。地獄報應之説，僅足惑天朝之愚民，痘疹送生仙妃之説，僅足惑天朝之婦女，士大夫不之信也；又創爲文昌帝君之神，謂司人間科甲貴賤；又恐其教之淡薄苦寂，士夫未必肯受也；又創爲准提菩薩會，每月只幾日不食酒肉，又許那借以遂其口腹之欲。予之以不得不悦，不得不服，不得不甘心之勢，而又開之以不甚苦而易從之門，烏得不莫之禦而從於邪也！雖然，天理自在人心，猛一覺照，愚蒙之夫無不可去邪而歸正，况我輩士夫聰明傑秀，高出尋常萬萬者乎！急出幽壑，返登喬木，是所望於今之君子！

地獄輪回之説，我天朝聖人全未道及。仲子路才一問事鬼神，問死，便截斷不與言。蓋人之與天地並大者，盡人道也。盡人道者，方且參天地，贊化育，盡幽明上下而自我治之，又焉得舍生人之理而不盡，暇問鬼道乎！故地獄無之乎？君子不道也。有之乎？則君子行合神明，自當上升爲聖，爲賢，爲神。彼滅倫敗類不作生理之佛、之僧，生時已背叛人紀，脱離人群，不可以爲人矣，死後其可對冥府之神乎？不知神之所欽重福利者，其在忠君孝親者乎，其在無父無君者乎？且不忠之臣，但愧忠臣耳；不孝之子，但愧孝子耳；而猶爲君之臣、父之子也。設冥府果因生前之行而擬之罪，恐視夫舍君而不之臣，舍父而不之子，尚有輕重差等也，況不爲亂臣賊子者乎！故明舍人道而好談幽冥，盡人皆不可，而佛僧更非所當言，奈何反以我輩全人倫之人，而聽彼言之妄？可謂愚矣！

禍福懺悔之理，若聽信僧言，更爲可笑。古人云：「積善之家，降之百祥；積不善之家，降之百殃。」又云：「鬼神福善而禍淫。」詩云：「永言配命，自求多福。」此禍福正理也。成湯改過不吝，顏子不貳過，此悔過改過正理也。若能日畏天理，日畏王法，不作虧心事，尚矣！即貪財好色，做出無狀，猛然一醒，痛改咋非，成其今是，孝親敬長，忠君愛民，恤孤濟寡，救難扶危，真心實力，足以格天地，感鬼神，況於人乎！去卻半生惡，成此半生善，或掃去五分惡，成其五分善。昔伯夷不念舊惡，孔子見人一善而忘其百非，吾以爲神明亦當如是。只真心自新，便爲君子，自是朝野欽之，鬼神敬之，又何借佛力僧經，作三昧法水哉！今有人，罪惡種種，官府將依律定罪，或有言此人素孝，此人素弟，或有言此人素有大功於國君，有大功於生民，則周禮八議之法可行。若空言「再不敢了」，官其減罪乎？若言出於大聖大賢，或忠臣孝子，或朝廷貴人，官府或因而少減其辜，亦未可知也。今誦西番邪妄之經，依佛氏不忠不孝之鬼，而求以免禍辟，如作竊盜而求强賊爲之請討，罵兄嫂而借弑父母者爲之先容，罪不更加之耶？願熟思之！

第五喚

儒名而心禪者，大足爲世道人心之害，既呼回之矣。世間愚民，信奉妖邪，各立教門，焚香聚衆者，固皆俗鄙無足道。然既稱門頭，亂言法道，羣男女廢業而胡行，誘惑良民，甚至山野里比皆遍，則其爲害亦不小矣。愚民何知，不過不曉念佛看經之爲非，不知左道惑衆之犯律，妄謂修善而爲之耳。若不急急喚醒，恐他日奸人因以起事，則黄巾、白蓮之禍，恐即在今日之「皇門」「九門」等會，上廑國家之憂，下阬小民之命。新河之事，不已可爲覆車之鑒哉，此篇各因其愚而開明之，庶迷途上箇箇喚回，共由蕩平之正路，是予之願也。

吾觀當今天下，僧道是大迷途。其迷途中之岐途岔路，或有信佛，或有信仙，或仙佛兼奉，而各立教門，交相誘引，焚香惑衆，各省下蓋多名目，吾未之遍遊而全知也。惟就吾之近地眼見者，一一正其誤而喚之回，則他省府州縣，名目雖不同，而凡不遵子臣弟友之道者，便是邪説，不安爲朝廷百姓而名爲道人者，便是左道，皆可類推而急醒改之。大率你們做頭行的，都説是正道，要化人，你們做小道人的，都不肯説是邪，只當是修善。這「善」字不明，「修」字不講，是天下大關係也。在位大人，惟大學首章三綱領是真善。實去明德，實去親民而止至善，自格物以至明德於天下，當先者便先加工夫，當後者便後加功夫，這便是真修善。外此者都不是善，都不是修善。無位的百姓，只今聖諭，朝廷官府立鄉耆鄉約講解教人的，木鐸老人朔望搖鈴曉諭的，便是真善。實去孝順父母，實去尊敬長上，實去教訓子孫，和睦鄉里，各安生理，勿作非爲，便是真〔一〕箇修善。若去口中念不忠不孝的佛，聚會講無影無形的經，這不獨犯王法，大是得罪神明。你們聽那邪説久了，迷的深了，如今説是犯王法，你們不解。譬如你們姓張，你們的兒子卻説他不是你兒子，「我姓李」，你們容他不容他？朝廷以道化天下，我們就是他道中人，你們而今另立門頭，説「我別是一教」，這便是反了教了，便和你兒子不從你姓從人姓一般，朝廷怎麽

〔一〕續修四庫全書本原缺，據畿輔叢書、顔李叢書補「真」字。

容的？今日發文，明日發禁，你們不曾見么？京中剮了甚麼「無生老母」，殺了許多倡邪道人，你們不曾聽的么？你們那頭行哄你們説：「上頭不是孥持齋念佛的，是恐怕聚衆謀反。」不曉的聚衆謀反是別有律條，不與持齋相干。持齋念佛，叫做左道惑衆，是大犯法的，便是一箇人持齋立教，也該問罪。又説：「他若是孥我，我便吃酒肉。」不知上面不是爲你不吃酒肉，是爲你另立教門。你如今可醒那犯王法的去處了么？其得罪神明在何處？我説與你深微道理，你們也不解，且就明白的與你説：你們家下供佛的，供仙的，三世再無不得奇禍的，再無不得斷宗絶嗣的，再無不得惡疾的。這是怎説？他是忍心舍世的狠鬼，他是無子無孫的絶魂，你們把那狠鬼絶魂招到宅上，焉得不作禍？焉得有子孫？且如今人請幾箇和尚道士來住在宅内，是好不好？且佛亦非以不好事故意加你，辟如一人吃著山藥甜，遇心愛的人，亦必教他吃山藥。又如溺者喜人溺，縊者喜人縊。佛以覆宗絶嗣爲好，你們敬他，以氣相召，也叫你覆宗絶嗣，是必然的了。我們宅上自有當祭的五祀正神，門、户、中霤、井、竈。古人祭五祀，或令庶人只祭二祀，一祀，至於士庶人各祭其祖先，又是古今通法。今你們不祭五祀，不祭祖父，專祀邪神，辟如你們兒子有酒食，只將去與張三、李四吃，反不孝父兄，你心下惱他不惱他，責懲他不責懲他？神明自是不容，加禍來，祖先自是不救，此所以得罪神明先靈也。你們如今可醒的了么？你們當初原是要修好，只差走了路，拏著不好當好修。朝廷官府也還憐憫你們，也還寬待你們，從容曉諭，教你改圖。更有一等可惡的，聽見傳下禁旨，官府告示，反説是「刮風裏落病棗」，也把怕王法歸正道的好人，反説是病棗不耐風，你們執迷不醒不遵王法的倒是好棗，把王法比做狂風。而朝廷官府聽的此話，真箇拏起來，殺起來，怎麼了得？有識者替你寒心，急醒，急醒！

上一段是大概勸諭天下走邪門的。我直隸隆慶、萬曆前風俗醇美，信邪者少。自萬曆末年添出箇「皇天道」，如今大行，京師府縣以至窮鄉山僻都有。其法，尊螺蚌爲祖，每日望太陽參拜，似仙家吐納采煉之術，卻又説受胎爲「目連僧」，口中念佛，是殆仙佛參雜之教也。其中殊無好奇尚怪，聰明隱僻，大可亂世的人，不過幾箇莊家漢，信一二胡謅亂講之人，當就好事做，不知犯王法，亂人道，得罪神明，亦不可不喚醒他。如你們不吃酒肉，古聖人經上説「爲此春酒，以介眉壽」，又云「七十非肉不飽」，是聖人制下養老的物，若是不好，聖人便不教人吃了。若有一等性甘淡薄的人不愛吃也不妨，但不當胡說胡道。甚麼是胡說胡道？即如你們喚日光叫「爺爺」，月亮叫「奶奶」，那是天上尊神，我們是百姓最小最卑，那可加以名號？你看，北京纔有日壇月壇，天子纔祭的他，便是都堂道府也不敢祭，況我們愚民，每日三次參拜他做甚麼？我嘗教一「皇門道」人說：「你去一日三次參拜你縣官，看何如？」他說：「怕竹板打。」參拜縣官便怕板打，若去輕瀆朝廷，頭也斫了。你終日輕瀆那天神，還是降災不降災？所以你們多大災，多滅門，這箇是犯王法，得罪神明的一端。又如你們把「日」改做「晌」，把「月」改做「節」之類，也只說是尊日月，不敢沖犯之意。不知我聖人書上說：「非天子不議禮，不考文。」那官府行文都叫「日月」，沒有改就「晌節」的禮，沒有改就「晌節」的文。你們私議私改，是又一天子了，看是小事，卻犯大法。又如你們把天上參宿叫就「寒母」，又叫「三星」，不知天官書上是「七星」，上面還有兩大星叫「參肩」，下面還有兩大星叫「參足」。你爲甚麼把天神去了他手足？你們把天上房、心二宿，合成一座，叫就「煖母」，不知豎四星是「房」，橫彎三星是「心」，你們混雜二宿爲一。律上說：「妄談天象者斬！」這信口胡説，卻犯了大法，你們那裏知道？又如你們男女混雜，叫人家婦人是「二道」，只管穿房入室，坐在炕頭上。不知我聖人的禮，男無故不入中門，女無故不出中門，叔嫂尚且不通問，父兄於女子既嫁而歸，尚且以客禮待之，至親骨肉亦必避嫌，那有婦女往異姓無干的人家去上會的禮？那有異姓無干的男子入人内室的禮？這大是壞人道，亂風俗，你們怎麼不顧體面？我不忍細説，你們思量思量！古人云：「天地之性人爲貴。」我們在萬物中做箇人，是至尊貴的，怎麼反以蟲類爲祖師？便成箇仙佛，也是人妖，也可羞。況你們見成了多少仙，多少佛？盡是無影妄談，你們從今莫信他了，回頭做朝廷好百姓，省做會的財物，孝父母，敬兄長，養子弟，省上會的工夫，作活計，過日子。只守王法，存天理，便是真正的善，便受真正的福，免得官府今日拏，明日禁，免得鄉人這箇把持，那箇訐告。

直隸區處，「皇門道」外，「九門」最多，其犯王法，得罪神明，是一理，何用多言！但你們愚民，若不就名色一一説破那不是處，你們不醒，必有説那門是邪，這門不是邪的，便不肯改邪歸正。「九門道」是斂錢給神掛袍上供的。你們思量，府縣官長叫人斂錢做衣穿否，做飯吃否？苟非異様贓官，斷無此理，況於神乎！神要衣食做甚麼？辟如百姓有人斂錢與官做衣食，必是奸民，官府知道，必是打死。神亦如此，定加你罪。你看你那師傅們，都被惡災，都絶後了，你還不怕么？又如你們申文上表上帝，你看知府巡道那様大官還上不得本，必自巡撫轉本。當初蠡縣道徐某，拏了殺官破城的大寇，以爲有大功，差人上本，差官當拏赴刑都，將徐問罪，你們聞知否？道官尚且上本有罪，況你百姓上表於上帝，豈不大得罪么？又如你們擺幾碗豆腐涼粉，請甚麼「玉皇上帝」、「東嶽天齊」、「城隍」、「土地」，我們聽的大爲寒心。你們擺下那等東西，敢請縣官否？縣官且請不得，請許多尊神來做甚麼？褻瀆神明，罪必不赦，思量思量！又如你們供養仙佛在宅上，朝夕朔望焚香叩頭求福，你們思量，人家請幾箇和尚道士常住宅内如何？定是不好。佛、菩薩、仙師，都是斷子絶孫，不忠不孝之鬼，凡招這邪氣在宅，自是不祥。看巫蠱鎮魘之術，但埋藏些骨董物件在宅上，便能釀禍，看那邪祟中惡之疾，但占些眚魅之氣在人身，便能爲災，況常常供此惡鬼，豈不發凶！所以你們供邪神三世者，斷無不絶。你們想想是如此否？

他若「十門」，專以跪香打七爲修善。你看，世間有錢的，叫人跪他幾炷香，便將錢與他，有這理否？便有之，是好人否？那有神明叫人跪他便給福的？可謂愚矣！世間豈有幾日不吃飯便得了道的，又豈有幾日不吃飯便可得福之理？這都是邪人弄箇奇怪，驚哄你們，總不如信奉家宅正神，孝敬自己的祖父，方是正道。又若「無爲」、「大乘」、「龍華」等，名目不一。即如古之黄巾、白蓮，隨時改變名色以欺愚俗，小之哄騙錢財，欺誘婦女，大之貽患於國家，釀禍於生民。前朝白蓮之害，近日新河之事，你們不曾聞乎？何不知懼也？你們陷於邪説者深，初聞吾言，未必不怒。請細細思量，方知我愛你們苦心也。看來也與你們無干，你們本心是修善，我們儒者不自明其道，無人講與你們聽，不知如何是善，卻差走邪路上去，我們殊深可愧也！

聞河南一省白蓮教中人，因自明朝山東某反，朝廷大禁，又改名「清茶會」，又叫「歸一教」，愚民從之者甚衆。其法，畫燃燈佛，供室中幽暗處，設清茶爲供獻，閉口卷舌，念佛無聲，拈箸説法，指耳目口鼻皆是心性。你們不知道朝廷法，任你改換多少名色，就如「黄門」、「九門」，一般都是犯禁的，只做好百姓，孝弟忠信，是善人。你們供燃燈佛，比人家念的阿彌陀佛、釋迦佛改了箇名色，也不過是西域番人，當不得我天朝聖人，當不得我天朝皇上。我們現爲天朝人，放著我天朝聖人的道不遵，我天朝皇上的法不遵，卻奉西番燃燈佛，這就不是了。我們愚民，只可做莊稼，做買賣，孝父母，敬尊長，守王法，存良心，便是本等，胡講甚麼心性？我們書上説「率性之謂道」，這子臣弟友便是率性來的，你孝父母便是爲子的心性，你敬尊長便是爲弟的心性。你們鋤田的人，胡講甚麼心性？胡説甚麼「歸一」？大凡邪教人都好説「三教歸一」，或説「萬法歸一」。莫道別的歸不得一，只我儒道祭自己的祖父，自家宅神，你們好祭西番死和尚，這歸一不歸一？要説一是性，你們把率性的子臣理都不知，卻尊他不忠不孝的佛，還歸甚麼一？要説一是空，越發不是了。只看我喚參禪悟道僧道的便醒的了，不必重叙〔二〕。只你們要各人散去，務農，做生意，莫聚會胡説，便是好人。若有高年識字人愛隨箇會，就遵朝廷法令講聖諭，大家相勸，年少做子弟的如何孝，如何做，年老做父兄的如何教子孫，成箇孝慈風俗，和睦鄉里，各安生理，勿作非爲，朝廷官府知道也懽喜。第一件，要知焚香聚衆，

〔二〕續修四庫全書、顔李叢書本作「叙」字，畿輔叢書作「敍」字。

妨你莊農、買賣，正是不安生理，正是作非爲了。

歷代帝王優禮儒生，做秀才時，便作養禮貌，一切差徭雜役，不以相煩。下自未入流，上至三公，皆用儒生做，而儒生不能身蹈道義，以式風俗，可愧一也。不爲朝廷明道法，化愚民，可愧二也。不盡力闢辯佛仙二蠹，以救生民於荊棘，可愧三也。今日儒運，恐遭焚阬、清流之禍不遠矣！僕用是憂懼，輒爲俚説，願凡爲孔子徒者，廣爲鈔傳，於以救生民，報國恩，回天意，庶僕懼心少下也。祝祝！

卷三

明太祖高皇帝釋迦佛贊解〔一〕

佛之害，至今日尚忍言哉！胥天下之周行而梗塞之，胥天下之人物而斬絶之。家家土偶，而不思野鬼入宅，足以招致不祥；户户誦經，而不知覆宗絶嗣之邪教，陰毒浸染，足以害人禍世。甚哉民乎，愚之可憐也！人徒見高皇帝龍潛皇覺，僧道入品，遂謂佛至明朝，實崇信之，不知高皇識見力量爲三代後第一君，真龍川所謂「開眼運用，光如黑漆」者，其一時之誤，特倏爾云翳耳。今觀是贊，放邪衛正，乃益服其識之高，言之切，於世道人心大有功也。而或者謂佛家有謔贊體，太祖以之。予以爲不然，謔伯夷者必謔以陳仲子，斷不謔

〔一〕年譜載四十七歲時著此文，次年著存人編。

以盜蹠；謔柳下者，必謔以胡廣，斷不謔以黄巢。況此贊之尾，刀斧森嚴，直使佛逃奸無所。世有鐵案殺人，以爲謔者乎？即使姑從人言，謂太祖而果謔，此謔也亦率性之謔矣。不佞痛世之愚，妄爲注釋，用公天下，至於辭則效訓諭俗説，庶使荒村父老子婦皆可聽覩，而不敢從事於筆墨之文也。

這箇老賊，貪心不輟。

自有這箇天地便有這箇人，自有這箇人便有這箇君臣、父子、夫婦、兄弟、朋友的人倫，佛氏獨滅絶之。自有這箇天地人，便有這箇生生不窮的道理，佛氏獨斬斷之；真是箇殺人的賊了。高皇命名以此，王言何確也！至「老」之一字，更中其情。賊不老，猶或有悔心，猶或不巧於盜，猶或易擈捉；惟是他老熟於盜，生不回心，死不悔禍，善爲淫詞詭術以欺天下，後世任是聰明伶俐的人都被他瞞過。吾儒之道，有天地還他箇平成，有父子，還他箇慈孝，有民物，還他箇仁愛，因物付物，不作自私自利心。釋氏全空了不管，只要自己成箇幻覺的性便了，真是貪利行私的；又全無悔意，竭力在那幻妄理上去做，盡力在那幻妄途上去走，則此貪心何時是輟？彼自家卻假説些甚麼清淨慈悲，非聖祖箕大眼，誰能指出他這箇「貪」字？

將大地衆生，偷出三界火宅。

釋氏甘空寂，自謂「清涼世界」，故指兩間爲「火宅」。不知乾坤中二氣五行全賴此火。天地非太陽真火則黑暗，人非命門真火則滅絶，忠臣孝子一副熱腸，愚夫愚婦一段熱情，釀成世界，這大地衆生離了火宅，便過不得日子。且釋氏亦自火宅中生出，即結成舍利子，亦是火宅中豆大火光。彼自己且偷出不去，又烏得偷出衆生哉！曰「偷出」者，聖祖原老賊一種偷出貪心而定罪耳。火便是世間生生不窮的種子，火宅便是世間君臣、父子、夫婦、兄弟、朋友行走的去處，佛氏盡欲偷出，正名定罪，真是老賊了！

掩迹則假滅雙林，逃形在微塵刹界。

此是據佛事實而形容老賊之情狀也。謂在雙林之地，托名假死以掩其迹，又逃其形在微塵刹界，使人莫得擒捉也。然佛雖善逃善掩，天地如烘爐，日月如明鏡。彼在中間，終是不能逃得一步，止落了一箇賊害天下之物。

五十年談許多非言，三教中頭一箇説客。

佛説法不足五十年，言五十，舉成數也。其間如棄絶父母之言爲非孝，背叛聖人之言爲非法，如天上地下惟我爲尊之言爲非天地，如耳、目、口、鼻、身、意六賊之言爲非人，總之皆非言也。「三教」者，世俗以儒宗孔子，道宗老子，桑門宗釋迦爲三教。我夫子祖述堯、舜，憲章文、武，躬行六德、六行、六藝，非徒以口説者，而且爲天地肖子，爲衆生父母，至親也，不可言「客」。即老子玄牝守雌，微異吾儒，然孔子稱其猶龍，老子習於禮，自言以道治世，其鬼不靈，則亦非徒逞口説者。況當時爲周柱下史，亦中國人臣也；生於苦縣，亦中國人子也；凡天下李姓皆祖之，亦中國人父也；不可謂之「客」。飛霞紫氣之説，乃後世道家者流妄托耳。惟釋迦空天地，空萬物，亦空其身，全無一些行實，專事口説。生於伽毗羅國，行於天竺國，與中國全無干涉，真是箇客。且空天地，則天地孛蝕之客氣；空萬物，則萬物遊魂之客忤；自空其身，則此身追命之客鬼。「説客」二字，確乎不可易矣。然説客又坐之以「頭一箇」者，何也？如儒之莊、列、儀、秦，道之五利、靈素，釋之佛圖澄、鳩摩羅什，或以口說，或以筆說，皆說客也，而不若釋迦爲最。

普天下畫影圖形，至今捉你不得。

賊與帝王勢不兩立，有賊則帝王之教化不行，宇宙之民物不安，宜急急捉者。故遍天下畫爲影像，圖爲形色。毬毛跣足，明是老賊之狀；破額裸身，明是老賊之體；閉目趺坐，明是老賊好爲佚逸之態。亦易知易見，可一索而速擒者，乃至今捉之不得，則中國之禍何時已乎！人民何辜，遭此土偶作祟！太祖獨曰，吾將畫影圖形以捉之也。是大聰明，大手段，故末二句果然捉住。

呵呵呵！沒得說，眉毛不離眼上橫，兩耳依然左右側！

此一段，便是高皇捉住佛處。呵呵呵，大笑聲也。佛全憑口說，而今笑你將何說乎？你眉毛依然在眼上橫著，你何不空此眉？兩耳依然在左右長著，你何不空此耳？蓋五官、百骸是開闢來有的，五倫、百行是盡人外不了的。佛空父子，必是空桑頑石生的然後可。然縱生自空桑頑石，而空者猶是桑，頑者猶是石，豈是空的？空君臣，則普天之下莫非王土，天地是天子的父母，四夷是天子的手足。佛若說空，則上不得天，入不的地，遁不得山林，逃不得外國，佛將安之？空兄弟、朋友，而又廣度生徒，是去絆而戴枷了，豈止不能空乎！空夫婦以絶生生之道，而自己卻欲結舍利子以長存，誰還說是空的！太祖指其易見處，就眉與耳言之，而老賊情狀畢露，伎倆盡窮，束手就擒矣。唐高祖沙汰一勅以後，録捉賊之功，太祖其首乎！

卷　四

東鹿張鼎彝毀念佛堂議

元藏拙草茅，素不慣交顯達。一時君子，蓋多其人，苦愚陋無由知。以尋父遊遼左，貶節叩號，無門不入。奉天少京兆東鹿張先生爲吾友尚夫兄，且憐苦子，爲頒布報帖所屬，是以得侍坐側，聞此議也。謹録爲喚迷助。

甲子，張子奉簡命督學奉天，既抵瀋，適通志成，大京兆以其稿屬爲讐校。見其誌祠祀，錦北關有曰「念佛堂」者，喟然曰：風俗之不淑，民無禮也；人心之不正，上無教也。子輿氏曰：「不以堯之所以治民治民，賊其民者也！」堯之所以治民者何也？勞之，來之，匡之，直之，輔之，翼之，使蚩蚩者氓，日用飲食，曉然於三綱、五常而不敢於邪慝斯已矣。錦州爲我朝龍興地。太祖、太宗暨世祖，皆嘗以堯、舜之治治之者也。今上命吾儕來尹茲土，固將曰，爾受茲嘉師，庶勞之，來之，匡之，直之，輔之，翼之，以無負我二三城堯、舜之民也。錦民者，竟羣然以念佛爲業，而又肆然鳩工庀材而樹之堂，而又巍然峙於都會之衢，而又煌然登諸通志，以昭示夫天下後世。所謂「勞之，來之，匡之，直之，輔之，翼之」者，固如是耶？

余竊以爲懼，爰召太守某君而議曰：「盍毀諸？」辭曰：「錦民之習於是也衆，且匪伊朝夕矣，仍之便。」予瞿然曰：「佛法至漢明始入中國，迄今千餘年，西方聖人之名遍海澨，凡名山大川，靡不有珠宮貝闕以供香火。然聖君賢相雖未能盡去髡髮之侶，斷未有等釋氏於二帝、三王之道，迪萬世以祈雍熙者也。即蕭瑀、王欽若之徒，爲聖君賢相所不齒，亦不敢播爲令甲，以合掌當空閉門誦經之事號召乎寰區也。甚而至於佛圖澄之佐石勒，姚廣孝之佐成祖，身本緇衣，而得君行政，奏厎定之勳，宜以其術易天下矣，卒亦未敢攙一言於制治之書，俾有室有家者，胥率彼天竺教，作六時梵誦也。子太守當堯、舜在御，而乃使錦之民羣然以念佛爲業，肆然鳩工庀材而樹之堂，巍然峙都會之衢，煌然登諸通志以昭示天下後世，爲蕭、王、佛、姚所不爲，將何以無負嘉師而對揚天子之休命？至不矚於非義而諉諸衆且久，則甚矣子太守之飾也！

聞之義州鄉俗，故重佛、老及諸不經之神。有毉閭先生者，制祀外神文，祝而悉焚之，一時翕然，無或梗焉者。夫義之民衆矣，其俗亦非一日矣。醫〔二〕閭不過一謝病鄉先生耳，非其有責也，非其有權也，乃毅然行之，而義州人無敢梗焉者，豈有他歟？躬行以導之，積誠以動之，坦白洞達以曉之，雖甚頑愚，固無不可格之民也。子太守保釐東郊，民之表也。誠破其飾而振其諉，何畏乎徒之繁而淫於俗者之深且久哉？若念錦土瘠涼，其材或可惜，則錦嚮有遼右書院，爲明樊介福直指所建，借其地而復之，集郡之俊秀實其中，而課之以白鹿洞之規條，救俗育才，均有賴焉，其誰曰不宜！惟子太守勉旃！」弗應，默然而退。嗟呼！義，錦屬也。毉閭先生之子若孫猶有存者，寧無聞之而齒冷！

〔二〕續修四庫全書、畿輔叢書本作「醫」字，顏李叢書作「毉」字，中華書局本據上文改作「醫巫閭」。

闢念佛堂説

京兆方構前議，未成稿。予適入衙，懽然詔予曰：「闢異端，渾然素志也。念佛堂之設最爲不經，盍爲我闢之？」予退，草此以進。

昔者聖人之治天下也，惟務生人，其生人也，務厚人之所以生。故父子，人之相生也者，教之孝慈；兄弟，人之同生者，教之友恭；夫婦，人之從生者，教之義順；君臣朋友，維人之生者，教之令共與信。恐人之未必克盡於是教也，爲之立學校以宣行藝，鳴鞀鐸以警道路，導之也；爲之法度藏諸王府，律令懸之象魏，示之也；入教者賞於祖，出教者刑於社，令民知所趨避也。聖人之公卿百執事以及州牧里師，咸奉是以勤其職，聖人亦以是上下其績，此二帝、三王之治之所以隆，而風俗之所以美，爲繼天立極之化也。

降及秦、漢，治雖不古，而君臣、父子、夫婦、朋友，凡天下之爲生者，未之有改也。

自漢明帝乃西迎以死教天下之妖鬼，入我天朝，其號曰佛。五藴皆空〔二〕，是死其心及諸臟腑也；以耳目口鼻爲賊，是死其身形也；萬象皆空，是並死山川草木禽魚也；推其道易天下，男僧女尼，人道盡息，天地何依！是並死世界宇宙也。舉振古來十百聖人所以生天下之道法盡夷滅之，舉千萬載生民所以相生、從生、同生、維生者盡斬斷之。然人君迎之，親王奉之，歷代風靡，寺庵遂遍天下，仁人君子望清涼臺，未嘗不痛心疾首也！

然寺庵雖儼然立，僧尼雖公然行，而都鄙不寺不庵之地，閭閻不僧不尼之人，猶未有異名别號以倡邪説者。迨紅巾、白蓮始自元、明季世，焚香惑衆，種種異名，旋禁旋出，至今日若「皇天」，若「九門」、「十門」等會，莫可窮詰。家有不梵刹之寺庵，人成不削髮之僧尼，宅不奉無父無君之妖鬼者鮮矣，口不誦無父無君之邪號者鮮矣。風俗之壞，於此爲極！猶幸國朝嚴擅建庵觀寺廟私度僧尼之禁；淩遲無生老母，屠夷新河妖人。煌煌顯律，凛凛王章，愚民猶有不辨邪正，不畏生死，相聚會佛者，仁人君子所以聽佛聲，未嘗不痛心疾首，淫淫淚下也。噫！

〔二〕續修四庫全書、畿輔叢書本作「曰五藴皆空」，據顏李叢書删「曰」字。

愚民何知？妄謂念佛可以致福免禍耳。殊不思福者何？子孫昌、家業富之謂也。禍者何？絶子孫，無家業之謂也。彼佛者，有子孫耶？有家業耶？佛已無福，念之其可以致福耶？佛已大禍，念之其可以免禍耶？況天地鬼神昭昭在上，不可以僞言欺，苟不實踐忠孝，篤行仁義，即口稱忠臣孝子之名，日誦大仁大義之語，天地鬼神必且靳之福而降之禍。況口稱不忠不孝之非鬼，日誦賊仁殘義之邪言，天地鬼神其不益怒而加禍耶？以念佛求福，愚且妄矣！念佛已愚且妄，況聚爲羣社，立之室堂，公然建之城市，聞之官長，其干法壞俗，又何等耶！是又愚之愚、妄之妄者矣！

今錦州府志有云「念佛堂」者，世未前聞。官吏非徒不之禁，而且顯登之記載，以長邪俗，汚典冊，奈何不知聖人生天下之教而忍於助死天下之教也！仁人君子所以閱錦府祠祀記，未嘗不痛心疾首，淫淫淚下也。噫！

擬諭錦屬更念佛堂

既呈前説，京兆遂出所議示予。予曰：「經世之文也。」然竊念議之闢之，不若直行文更之遂草此進。

嗚呼錦守！天生蒼赤，爰賦恒性，叙爲五典，釐爲百善。順之吉，逆之凶。矧其棄之，鮮不殄滅！越自東漢，皇天降割於我時夏，使西番妖法入惑我黔首，五典咸墮，百善俱廢，忍絶天性，謬托慈悲，苦戾人情，妄稱極樂。沙門輩復敢恣爲幻灝，創爲十王、陰獄諸危酷，恐慄我赤子；謂呼乃佛號，立致種種福，立脱種種難。

嗚呼！惟德動天，非修善克允，福弗倖邀；非改過克允，禍弗苟免；舉口而致，斯民疇不易從！始迷是非，繼反榮辱，終至不畏刑戮，生死是以，呼佛成俗，敢營堂城市，罔知禁忌。

嗚呼錦守！小人何知？惟君子心思；小人何識？惟君子耳目。素迪不勤，素戒不飭，今復顯登之誌冊，以翼邪俗。嗚呼！予茲懼上干天子降罰，傳譏於後世。嗚呼錦守！易乃風俗，是責吾儕。其罷堂中所有，更匾額曰「鄉約所」。仰承天子制，選老成德望，朔望講讀聖諭，訓正斯民，無俾終惡。

嗚呼！予聞茲土醫巫閭先生賀子欽易諸佛刹爲書院，講朱考亭白鹿洞規，淑俗明季，當日士夫齊民胥安從之，罔有異。矧予暨汝，實尸名位，孰與鄉先生反掌丕變，信無梗！無俾誌冊比觀，取羞賀賢。勖旃錦守！易一時羞，作千古美，錦守勖旃！

顏習齋先生年譜

門人李塨纂　王源訂

卷上

明崇禎八年乙亥（一六三五）三月十一日卯時先生生。

先生姓顏，諱元，字渾然，號習齋。父諱㫤，博野縣北楊村人。（蠡縣劉村朱翁九祚養爲子，遂姓朱，爲蠡人）。妻王氏，孕先生十有四月，鄉人望其宅，有氣如麟，忽如鳳，遂産先生。啼聲甚高，七日能翻身。適園甃井，因乳名曰園兒。數月後，母瘡，損一乳，乳缺，朱媼抱乞奶鄰嫗不得，則與朱翁嚼棗肉、胡麻薄餅，交哺之。先生頂圓，後一凹髮，少年甚長，晚歲尺許。面方腴，少紅白色，晚蒼赤隱白。顴微峙，准方正而鉅，孔有毫。睛黑白分，中年病目上瘡，左目遂眇，然卒視之，若目睛如故者。左眉下瘡痕如横小棗核，眉晚出毫三五，耳有輪郭，珠垂。額豐博，横有紋。天庭一凹，大指頂。口方正有髭豐，下鬚約四寸左右，髯五六株。兩輔各一痣，生毫二寸餘。身五尺，胖白，手紋生字，掌紅潤，舌有文曰「中」，足蟬翅文甚密，其言中行潔之象乎！朱翁號盛軒，有才智，少爲吏，得上官意。滄桑變，偕衆守蠡城及劉村，有功。妻劉氏，無出。父㫤，形貌豐厚，性樸誠，膂力過人，愛與人較跌，善植樹。

丙子（一六三六）二歲

丁丑（一六三七）三歲

戊寅（一六三八）四歲

冬，畿内警，兵至蠡，先生父不安于朱，遂隨去關東，時年二十有二。自此音耗絶。

己卯（一六三九）五歲

朱翁爲兵備道稟事官，移居入蠡城。

庚辰（一六四〇）六歲

崇禎十三年，歲凶，人相食。朱翁納側室楊氏。

辛巳（一六四一）七歲

朱翁爲先生訂張氏女爲室。女長先生一歲，博野王家莊李芬潤女，因亂棄野，蠡人張宏文收爲女。至是宏文爲道標巡捕官，故聯姻。

壬午（一六四二）八歲

就外傅吳洞雲學。洞雲名持明，能騎、射、劍、戟，慨明季國事日靡，潛心百戰神機，參以己意，條類攻戰守事宜二帙，時不能用，以醫隱。又長術數，多奇中。蓋先生之學，自蒙養時即不同也。

癸未（一六四三）九歲

朱翁時以錢給先生，令買餅餌，先生俱易筆。

甲申（一六四四）十歲

三月，賊李自成陷京師，烈皇帝殉社稷。五月，大清兵入，是爲順治元年。先生嘗言，曾戴藍羢晉巾一頂，明之服色也。

乙酉（一六四五）十一歲

始學時文。朱翁側室楊氏，生子晃。

丙戌（一六四六）十二歲

吳師洞雲納婢生子，妻棄之櫪下，先生連血胞抱至家，告朱媪劉乳之。吳妻怒捶其婢，婢逃。復道之朱家匿之，乃緩頰洞雲夫妻，卒還養子，遂成立。然終以吳妻怨怒，不得從吳遊矣。母王氏改適。

丁亥（一六四七）十三歲

蠡生員蔣爾恂，明户部主事蔣範化子也，以衆入城，殺知縣孔養秀，稱大明中興元年。朱翁挾先生避之博野，爾恂東略河間，衆敗遁去，乃還里。從庠生賈金玉學。

戊子（一六四八）十四歲

看寇氏丹法，遂學運氣術。見斥奸書，知魏閹之禍，忿然累日夜，恨不手刃之！

己丑（一六四九）十五歲

娶妻不近，學仙也。

庚寅（一六五〇）十六歲

知仙不可學，乃諧琴瑟，遂耽内；又有比匪之傷，習染輕薄。朱翁爲先生謀賄入庠，先生哭不食曰：「甯爲真白丁，不作假秀才。」乃止。縣試策問弭盜安民，先生對略曰：「淫邪惰肆，身之盜也；五官百骸，身之民也。弭之者在心君，心主靜正，則淫邪惰肆不侵，而四體自康和矣。亂臣賊子，國之盜也；士農工賈，國之民也。弭之者在皇極，皇建其極，則亂賊靖息，而兩間熙皡矣。」縣幕客孫明明大奇之，試四書文亦異，迎見如上賓，騎遇輒下。

辛卯（一六五一）十七歲

朱媼之母王氏患瘡，先生日爲拭血穢，不倦。後卒，祭其墓者二十年。

壬辰（一六五二）十八歲

浮薄酣歌如故。冬會友，夜讀書，二三過輒不忘。

癸巳（一六五三）十九歲

習染猶故也，然無外欲，雖邪媚來誘，輒峻拒之。

從賈端惠先生學，習染頓洗，而朱翁以訟遁，先生被繫訊，作文倍佳。端惠喜曰：「是子患難不能亂，豈凡人乎？」一日役縲之行，遇妓揖，不顧。役曰：「此而敵所嫟者，盍求之解。」先生笑不答。大書其前室，曰「養浩堂」。未幾入庠，諱邦良。訟解，因思父，悲不自勝。端惠名珍，字襲什，蠡庠生，幼有文名，長莊慤，厭蠡城紛囂，棲西北野，從而居者廿家，因名廿家莊。攝邑篆劉公請見，不往，懸扁饋儀以致之，亦不往，及釋任去，乃往謝。一姻屬，捕廳有訟，艱包苴，曰：「聞汝賈文學婿也，持渠隻字來，即免。」端惠笑曰：「必令婿有進，寧貸之財耳，字不可得也。」禁及門結社酣歌及子弟私通饋遺，先生遵其教，故力改前非。及卒，先生爲持心喪五月，私謚曰「端惠先生」。

甲午（一六五四）二十歲

訟後家落，告朱翁曰：「時輩招筵搆會，從之喪品，不從媒禍。且貧不能揹城費，不如旋鄉居。」翁遂返鄉。以年邁，日費盡責之先生，先生身任之。耕田灌園，勞苦淬礪。初食葛秫如蒺藜，後甘之，體益豐，見者不以爲貧也。與鄉人朱參兩、彭恒齋、趙太若、散逸翁父子友。參兩名湛，端謹士也。恒齋名士奇，頗有學，先生嘗與究天象、地理及兵略。初負節高尚，後技癢，以拔貢，康熙四年授長洲令，厲禁婦女游虎丘，欲有爲，終累繁劇，失官卒。太若少學問，戇直，先生每謂其能攻己過也，而友之。散逸翁姓彭，名之炳，能詩、字，善飲，爲莊、老學。子通，亦如之，更工畫。雖極貧困，夷然無累也。炳弟之燦，甲申後，棄家出，南游蘇門。至順治戊戌，謂孫徵君、高薦馨曰：「吾不願生矣！」遂坐餓死於百泉之嘯臺！

乙未（一六五五）二十一歲

閱通鑒，忘寢食，遂棄舉業。雖入文社，應歲試，取悦老親而已。

丙申（一六五六）二十二歲

元日望東北四拜父，大哭慟，作望東賦。以貧爲養老計，學醫。

丁酉（一六五七）二十三歲

見七家兵書，悦之，遂學兵法，究戰守機宜，嘗徹夜不寐，技擊亦學焉。源按：宋儒不知兵，以横渠之才，一講兵法，即爲範公所斥，其屈于遼、夏，辱于金、元，不亦宜乎！先生初學未幾，即學兵法，此所以遠邁宋儒，直追三代經世之學也。

戊戌（一六五八）二十四歲

始開家塾，訓子弟，王之佐、彭好古、朱體三從遊。名其齋曰「思古」，自號「思古人」，謂治不法三代，終苟道也。舉井田、封建、學校、鄉舉、里選、田賦、陣法，作王道論。後更名存治編。好古父通，號雪翁，以往來孫徵君、刁文孝間也，時作道學語。先生問之，乃出薛文清、王文成、蔡文莊指要及陸、王要語，復言孫、刁行蹟。先生深喜陸、王，手抄要語一冊。漸爲人治疾。

己亥（一六五九）二十五歲

三月初六日，將之易州歲試，生子，名之曰赴考。抵易，訪王五修於山廠，訂交。五修名之徵，保定新安人，孫徵君高足。安貧志道，自號尋樂子。作大盒歌，略曰：「盒誠大兮誠大盒，大盒中兮生意多，此中釀成盤古味，此中翻爲叔季波。興亡多少藏盒内，高山拍掌士幾何，此處就有開匣劍，出脱匣外我婆娑。」小盒歌，略曰：「盒誠小兮盒誠小，小盒生意亦不少，箇中錦繡萬年衣，就裏佳餚千古飽。如何捧定無失卻，如何持盈御朽索，忽而千里向誰覓，返而求之惟孔老。識得孔叟便是吾，更何乾坤不熙皞，嗚呼！失不知哭，得乃知笑。」

庚子（一六六〇）二十六歲

得性理大全觀之，知周、程、張、朱學旨，屹然以道自任，期於主敬、存誠，雖躬稼胼胝，必乘閒靜坐。人群譏笑之，不恤也。一日，朱翁怒不食，三請不語，大懼，辟席待罪，又祇請，呵曰：「汝棄身家耶！」蓋聞人議先生，不應秋試也。謝曰：「卽赴科考。」遂入京。寓白塔寺椒園，有僧無退者，大言曰：「念經化緣僧，猶汝教免站營田秀才。參禪悟道僧，猶汝教中舉、會試秀才。」先生曰：「不然，吾教中中舉、會試秀才，正是汝教念經化緣和尚。吾教自有存心養性秀才。」僧又侈誇佛道，先生曰：「只一件不好。」僧問之，曰：「可恨不許有一婦人。」僧驚曰：「有一婦人，更講何道！」先生曰：「無一婦人，更講何道？當日釋迦之父，有一婦人，生釋迦，才有汝教。無退之父，有一婦人，生無退，今日才與我有此一講。若釋迦父與無退父，無一婦人，并釋迦、無退無之矣，今世又烏得佛教，白塔寺上又焉得此一講乎！」僧默然頫首。逾日復來，先生迎謂之，曰：「無退參禪悟道，連日何輕出禪關也？」曰：「僧之削髮師卽生父母，參禪師卽受業師。今憫衆寺和尚，某削髮師也，將歸西矣，貧無葬具，力募竣事耳。」先生曰：「吾知汝不募緣久矣，今乃爲卽生父母破戒，非卽孝親之意乎？」曰：「然。」僧紹興人，因詰之曰：「紹興有父母否？」曰：「無。」「有墓否？」曰：「有。」「孰拜掃乎？」曰：「有兄。」先生曰：「卽生父母，尚多一『卽』字，遂破戒以盡孝。真父母宜如何？乃舍其墓於數千里外，而不省，舍汝兄于數千里外而不弟，此際不當一思歟？」僧俯首泣下，長歎曰：「至此奈何！」曰：「未晚也，足下年方富，返而孝弟何難？」先生行後，無退南歸。設教於西五夫村，徐之琇從遊。

辛丑（一六六一）二十七歲

先生晝勤農圃，夜觀書史，至夜分不忍舍，又懼勞傷，二念交爭久之，嘗先吹燭，乃釋卷。祁州刁非有以母壽，托彭雪翁求詩。先生因兩書問學，俱有答書，入祁拜謁，得其所輯斯文正統。歸立道統龕，正位伏羲至周、孔，配位、顏、曾、思、孟、周、程、程、張、邵、朱，外及先醫虞、龔。非有名包，祁州人，舉天啟丁卯鄉試，嘗曰：「作時文不作古文者，文不文；作時人不作古人者，人不人。」甲申聞變，設烈皇帝主于所居之順積樓，斬衰朝夕哭臨。闖命敦趣，七書拒之，幾及難，遂不仕。孝母，研程、朱學。蔚州魏敏果公象樞甚重之，月送日記求正。所居立益友龕，朔望拜。及卒，江南高彙旃等公呈當道，入主東林道南祠。五公山人私謚曰「文孝。」

壬寅（一六六二）二十八歲

時爲康熙元年，與郭敬公、汪魁楚等十五人，結文社，立社儀。至日夙集，社長焚香同拜孔子四，起分班，長東幼西，北上再拜。遂列坐，各據所聞，勸善規過。或商質經史，訖，乃拈題爲文。先生嘗言敬公端恪，不面折過，禮畢，嘗秘授一小封規失。敬公搆文好步思，先生或對衆有溢語，輒遙讀曰：「願無伐善。」先生深投好，爲子赴考聘其次女。敬公名靖共，蠡庠生。通州任熙宇聞先生名，寄書言：「道不外飲食男女、應事接物之間，惟在變化氣質，力行不倦。」先生答書云：「君抱蕭、曹之才，兼慕孔、孟之道，」以其長刀筆也。熙宇又書至曰：「凡譬人失實，卽己身離道，僕之駑下，輕誣以蕭、曹，卽道丈須臾之離道。」先生展書竦然感佩，每向人道之。後復書至，規先生進鋭，恐滋退速。

癸卯（一六六三）二十九歲

朱翁及側室楊子晃，與先生日有間言。先生不知其父非朱氏子，第以爲翁溺少子耳。奉翁命，與朱媪劉別居東舍，盡以南王滑村民田讓晃。劉病劇，先生禱神求假壽，跪伏昏仆，忽聞空中聲若大鼓者六，病頓瘉。日之西舍，事翁如常。作文社規，勉會友共力聖道。作求源歌示門人，略曰：「六經註腳陸非誇，只須一點是吾家。廿史作鍬經作钁，誠敬桔槔勿間歇。去層沙壤又層泥，滚滚源頭便在茲。溉田萬頃均沾足，滌蕩汚塵如洗卮。小子勿驚言太遠，試爲闢塞負一畚。」辛未年後，先生追録之，識曰：「此與大小盒歌，乃予參雜於朱、陸時所作也，幾許虛憍，幾許幻妄，周、程所謂『孔、顔樂處』，陸、王所謂『先立其大』，『致良知』，與釋氏之洞照萬象，自謂『極樂世界』者，想皆以此也。一追憶之，堪羞堪恨，使當日而卽死也，豈不爲兩間妄誕之鬼哉！堯、舜、周、孔，自有正途，録之以爲同病者醒。而彼三途者，亦不得以此誤人矣。」聞王法乾焚帖括，讀經，投佛像于井，居必衣冠，率家衆朔望拜祖祠父母，相其生母拜嫡母。人曰癲，先生曰：「士皆如此癲，儒道幸矣。」馳書奬之。後又聞法乾自稱真武化身，曰：「此則無輔而癲矣。」乃先達信，十二月齋戒三日，廿六日往拜之。王子法乾名養粹，蠡之北泗人，少狂放。十六歲，入定州衛庠。嘗以文事，從先孝慤於會，孝慤語以道，迄年十九，奮然曰：「不作聖，非人也！」遂取所讀八股焚之，誦五經，依朱文公家禮行禮。先生聞之納交。爲日記，十日一會，考功過。及後先生悟周、孔正學，王子終守程、朱，後亦移其説曰：「程、朱固一家學問耳。」每會，二人規過辨學，聲色胥厲，如臨子弟，少頃，和敬依然。大約先生規王子腐曠，而王子規先生以流雜霸也。初，王子志聖學，力于行，習禮、習射、習舞，退食輒令門人站班，高聲歌「戰戰兢兢，如臨深淵，如履薄冰。」王子竦起拱聽，乃退。已，連遭妻子喪，心頗冷，因嗜南華，至謂孔學亦佳，有益於中人。先生力攻之，數年乃出。生平以明理爲學，自慊爲驗，於非道事、非道人，收視靜坐，不屑一睇也。或盜其柴，曰：「吾欲周之，非渠盜也。」糧被竊，人以告，曰：「不我竊，當誰竊者。」遭祲絶炊，忻然曰：「今乃得貧之益也，嚮家人不勤，比皆力操作矣。」一驝死，曰：「吾每念命蹇，牛或斃，天乃斃驝而不斃牛，幸也。」其善處拂逆類如此。

甲辰（一六六四）三十歲

正月四日，王法乾來答拜，約十日一會。會日，焚香拜孔子四，乃主東客西再拜，主人正客座，客一拱，主人下同客揖，客爲主人亦然，乃就坐。質學行，勸善規過。三月，與王法乾爲日記。先生序之曰：「月之十七日，法乾王子謂予曰：『邇者易言，意日記所言是非多少，相見質之，則不得易且多矣。』予曰：『豈惟言哉！心之所思，身之所行，俱逐日逐時記之，心自不得一時放，身自不得一時閒，會日彼此交質，功可以勉，過可以懲。』王子喜，於是爲日記。」四月行家禮，朔望隨祖拜先祠四，拜祖父母四，東向拜父四，元旦冬至則六拜，拜先聖孔子四，拜炎帝、黄帝四，以行醫也。日寅起，掃先聖室揖，掃祖室、祖母室，昏定、晨省揖，出告、反面揖，經宿再拜，五日以往四拜，院亦自掃，有事乃以僕代躬耕耨、灌園、鍘薋，暇則靜坐。五月，定每日躬掃室，令妻掃院，晨昏安祖枕衾，取送溺器，冬炙衣，夏扇。進祖食必親必敬，妻供祖母枕衾飲食。終日不去衣冠。讀書必端坐，如古人面命。朔望前一日齋戒。勉力寡欲。十五日起甚早，行禮畢，靜坐觀喜、怒、哀、樂未發時氣象，覺和、適、修、齊、治、平，都在這裏。源按：宋儒靜坐，與二氏何殊，先生當日，原遵此學。後乃能脱去窠臼，直追孔、孟正傳，豈不異哉！柳下坐記曰：「思古人引僕控驋，披棉褐，馱麥里左，僕稞，獨坐柳下。仰目青天，和風泠然，白雲聚散，朗吟程子『雲淡風輕』之句，不覺心泰神怡。覆空載厚，若天地與我外更無一物事。微閉眸觀之，濃葉蔽日，如綠羅裹寶珠，精光隱露，蒼蠅繞飛，聞其聲不見其形，如躋虞廷，聽九韶奏也。胸中空焉、洞焉，莫可狀喻。孔子疏水、曲肱，顔子簞瓢、陋巷，不知作何心景，今日或庶幾矣。所愧學力未純，一息不敬，即一息不仁；一息不仁，即一息不如聖、不如天；以當前即是者，如隔萬重矣！吾心本體，豈易見也哉！雖然，亦可謂時至焉矣。一時之天，與一日一月一歲之天，有以異乎？密克復之功，如天之於穆不已，豈不常如此時哉！」辛未，復自録而識之曰：「暑月被棉馱麥，貧且勞矣，猶能自娱，不謂之窮措大微長不可；然即生許多妄想，爲如許大言。嘗論宋儒之學，如吹猪膀胱，以眇小爲虚大，追録之，自懲自勉也。」塨以爲此禪悦也，而宋儒誤以爲吾心之仁體，聖學之誠敬，所謂「主一無適」，「灑落誠明」者，皆此也，是指鹿爲馬矣。存養遂歧於異端矣，豈只虚大哉！約王法乾訪孫徵君，以事不果。徵君名奇逢，號鍾元，容城人，成童即交定興鹿忠節公善繼，道義氣節共淬磨。十七歲，舉鄉試。居憂，廬於墓。時左光斗、魏大中、周順昌，爲魏璫所陷下獄，征君與鹿忠節公父正、張果中，藏匿其子弟，醵金謀完擬贓，時稱「三烈士」。鼎革後，移居輝縣之夏峯。鹿忠節公夙與征君講學宗姚江，及後征君過東昌，訪張司空鳳翔，鳳翔主晦庵，征君遂著論調和朱、王。而接人樂易，道量甚廣，兼以氣誼鼓舞天下，故從遊者甚衆。明、清間徵聘者累次，皆不就，天下稱之曰「孫征君云」。六月，與王法乾纂灑掃、應對、進退儀注，作勺詩舞節。按：勺詩舞節，塨從學時，先生以儀節未備，亡其稿。塨後輯勺歌舞儀，具小學稽業。時往隨東村看嫁母。夜聞風雷，必起坐，食必祭。閏六月，朔望，偕妻行禮，已而夫妻行禮，身南面起拜再，妻北面不起拜四。八月九日，欲視非禮，忽醒，遂止。往耕田，行甚敬。日雞鳴夙興。二十二日，妻不敬，愧無刑于之道，自罰跪。朱媪命起，妻亦悔過，乃起。自勘過：易怒，多言。九月三日，晚坐側，覺即正坐；又躧履行，覺卽納。定日功，若遇事寧缺讀書，勿缺靜坐與抄家禮。蓋靜坐爲存養之要，家禮爲躬行之急也。朱翁疾，禱於醫神、先祠，自此時病，藥餌服食，竭力將以敬。同王法乾訪五公山人問學。五公山人王姓，諱餘佑，字介祺，保定新城人，父行昆弟皆宦于明。少有才譽，長念明季多故，乃讀孫、吳書，散萬金産結士。甲申，闖寇據京師，遂從父延善及從兄餘厚、兄餘恪、弟餘嚴、雄縣馬于等，起兵討賊，破雄縣、新城、容城，誅其僞官。已而賊敗，清師入，衆散，隱居五公山雙峯，每登峯頂，慷慨悲歌，泣數行下。益博讀書，尤邃於韜鈐，嘗集廿一史兵略，爲此書十卷：曰兵行先知所向，曰兵進必有奇道，曰遇敵以決戰爲先，曰出奇設伏，曰招降，曰攻取多於要害，曰據守必審形勝，曰立制在有規模，曰兵聚必資屯田，曰克敵在無欲速。又著通鑒獨觀，工詩、字，浩氣清風，見者傾倒。入蠡城，晤張鵬舉文升，與論通鑒，勉以實修於內，勿尚發露。內子歸甯返，塗失銀花，問曰：「反面禮行否？」朱媪云：「失銀花不懌，何行？」曰：「失銀花小事，遽廢禮，大得失當何如！」命行之。書范益謙七不言及正蒙數語於記額：「一不言朝廷利害，邊報差除；二不言州縣官員長短得失；三不言衆人所作過惡；四不言仕進官職，趨時附勢；五不言財利多少，厭貧求富；六不言淫媟，戲嫚女色；七不言求覓人物，干索酒食。」正蒙云：「言有教，動有法，晝有爲，宵有得，息有養，瞬有存。」思省察、操存交濟爲功，近講操存，不講省察，故多過。十一月四日，馱棉之五夫市，騎至朱祖墓，恐下不能上，不下心則不安，下步至五夫，乃知凡事心安勝於身安。十三日，子赴考痘殤，慟甚！猶强慰祖母及妻。查禮，不及下殤者，以日易月，服十二日，素衣冠，革纓麻履，常功俱廢，惟事親儀不廢。十四日奠，告以文，略曰：「自汝之稍有知也，不詈人，不與群兒鬭，吾表弟三祝時與兒鬭，輒引曰：『無然，恐長者嗔。』自汝能執箸也，遇我之貧。蔬精者，面白者，以奉祖、祖母，我夫妻食其粗黑，汝孩赤，當同老食，汝每推取粗黑，祖母强以分，輒辭曰：『奶老矣，當食此。』自爾能舉止記憶也，每晨、午飯後至我前，正面肅揖，側立誦名數歌三遍，認字三四句，乃與我擊掌唱和，歌三終，又肅揖始退。汝所欲爲者，畏吾卽止。所不願爲者，順吾卽起。入人之家，玩好不取，餅果之賜，辭而不受。遭吾不德，與叔異產，少汝者寸草知私，汝無分毫爲吾累。未病一二日，猶同三祝行禮于祖，又至東院拜祖母，且笑三祝不揖而叩，傍鞠躬伏興以示之。爾以六載之身，於曾祖父、母稱孝孫，于父、母稱順子。嗚呼慟哉！」二十五日，復常功。往北泗，會塗風寒射面，側跨驢上，忽醒曰：「豈可因寒邪其身哉！」正之。以明歲元旦祭先聖、先靈，二十一日戒，二十八日齊。朱媪率先生内子，亦致齊三日。

乙巳（一六六五）三十一歲

元日，書一歲常儀功於日記首。常儀常功，逐年酌定，詳後。又書日記額曰：「苟日新，日日新，又日新。」每月朔日書云：「操存、涵養、省察，務相濟如環，遷善改過，必剛而速，勿片刻躊躇。」二月九日，訪堘父問學。先生深慕先君子。此後入蠡城，嘗謁先子，先子返鄉曹家蕞，塗去先生居伊邇，不往報也。先生同王法乾邀先子入會，先子不往，復法乾書曰：「有道之士，文章皆秋實；浮狂之士，道德亦春華。今足下與易直，（先生在朱時字）。結道義交，『以文會友，以友輔仁』，愚知學問將大進矣，氣質將大變矣，英浮者其將渾融乎，矯强者其將自然乎，圭角者其將沈潛乎！愚於二賢之好學，因而思顏子之好學，何其當時、後世莫有及也，所以異於人者何哉？子曰：『不遷怒，不貳過。』又曰：『回也如愚。』或其所難及者，即在『如愚』乎！曰『如愚』，不惟不見圭角，亦聰明睿知之毫不露也。即實學之曾子，追而思之，亦惟曰：『以能問於不能，以多問於寡，有若無，實若虛，犯而不校。』曾子之得于顏子深哉！承邀入會，則愚不能。一居家多故，二騎乘不便，三質腐學薄，無能爲役。謹辭。」又復先生問學書曰：「承下詢，無可言。必妄言之，當涵養沉潛，煉至『如愚』光景，則英姿不露，浮俗全銷。至此，效孔子之無言可，罕言可，即終日言，有何不可！故孔子於『時然後言』，不輕爲公叔文子信也。至涵養之功，務以誠篤而已。」又復書略曰：「人之相知，貴相知心。或易直至寒家，不能相候，或當往貴府，不克必往，此中有情理可諒也，祈如君子之汪汪。」源按：李先生諱明性，字洞初，號晦夫，蠡縣人，明季諸生。事親孝，日雞鳴，趨堂下四拜，然後升堂問安，親日五、六食，必手進。疾，侍湯藥，潔拂廁牏，夜聞輾轉或寤噫咳，則問睡苦若何，思何飲食，比三月如一日。妻馬氏亦篤孝，相之無違。親歿毁瘠，遵古禮三年。事兄如父。兄嘗怒而詈，舉履提其面，則惶恐柔色以請曰：「弟罪也，兄胡爲爾，氣得無損乎！」時年六十七矣。初，崇禎末，天下大亂，先生方弱冠，與鄉人習射禦賊，挾利刃、大弓、長箭，騎生馬疾馳，同輩無敵者。甲申變後，闇然弢晦，足跡不履市闠。念聖學以敬爲要，顏其堂曰「主一」。慎獨功甚密，祭必齊，盛暑衣，冠必整，力行古禮。讀書乏膏火，則然絛香映而讀。晚年益好射，時時率弟子值侯比耦，目光箕張，審固無虛發。元旦，設弧矢神位，置弓矢於旁，酎酒祀之，曰：「文武缺一，豈道乎！」顏先生嘗謂生平父事者五人：刁文孝、張石卿、王五公、張公儀與先生也。及卒，率同人私謚之曰：「孝愨先生。」作婦人常訓三章。饁田，卽存心于擔步。夢自矢曰：「臨財勿忘義，見義生可輕。」一日耘蒜，下雜蒿荁，工細繁，欲已。思嘗言學耐煩，豈可任己便乎！遂耘至半，靜坐息片時，耘終畦。王法乾將赴真定，先生贈之言曰：「千萬人中，須知有己，中正自持；千萬人中，不見有己，和平與物。」又云：「良嘗往祁，常思如與賢弟對，則少過；大凡人每如諍友在前，可無大失。」又曰：「人有一分意，必心未化，卽不能保不爲伯鯀。有一分財、色心未去，卽不能保不爲桀、紂；有一分怨君、父心，卽不能保不爲亂臣賊子。」會友李貞吉，達先君子候言，及半止，先生詰曰：「不曾言圭角太露乎？」貞吉笑曰：「言君能直規友，惜少一人直之。」先生因乞言郭敬公、徐藍生，規伐善。思人不論過惡大小，祇不認不是，卽終身真小人，更無變換。一日聞客至，行急，心亦忙。忽思急行耳，心何必忙，乃急步而緩心。王法乾批日記曰：「清剛所長也，似涉粗暴；言語明盡所長也，似少簡約。」先生深納之。五月，增常儀：事親必柔聲下氣。六月，赴試易州，遇朔望，望拜朱翁、媼。七月，訪張石卿問學。石卿曰：「『敬者德之聚』，所聚者何德？『誠者自成』，所成者何事？仁而已。仁須肫肫，屯，肉象也，厚之至也。」石卿，名羅喆，保定府清苑人，甲申，城守死難吏部主事張羅彥之弟也。於時棄諸生，講學以仁爲主。對乞丐如賓，貧甚，非賢友之周不受也。卒後魏一鼇蓮陸，立劉靜修等五賢祠，祔食焉。王介祺來，談經濟。自勘爲學，調理性情甚難，定每靜坐，以十四事自省：心無妄思歟？口無妄言歟？耳無妄聽歟？目無妄視歟？足無妄走歟？坐如屍歟？立如齊歟？事親愛而敬歟？

居家和而有禮歟？啟蒙嚴而寬歟？與人平而正歟？對妻子如嚴賓歟？讀書如對聖賢歟？寫字端正歟？與王法乾言：「六藝惟樂無傳，御非急用，禮、樂、書、數宜學；若但窮經明理，恐成無用學究。」塨按：此時正學，已露端倪矣，蓋天啟之也。始教內子讀書。思敬則一身之氣皆上升，聖人以禮治天下，合乾坤共作一敬，自然淑氣上騰，位育可奏，其所謂「篤恭而天下平」歟？集曾子言行。有所感，思父悲愴！思所爲既已離俗，居以渾木，猶可容世；而浮躁棱厲，始於絶物，終於殺身，可不畏哉！乃擬勿輕與人論理，勿輕責人過，非有志者勿與言學，勿露己長。十一月，晤先君子，先子言「冬日可愛」者再，先生曰：「教我矣。」十二月，往見石卿，石卿言：「性皆善，而有偏全厚薄不同，故曰『相近』。義理卽寓於氣質，不可從宋儒分爲二。」又言：「天者理而已，是；溷語『無極』，非是。」訪呂文輔，文輔言：「四書朱註有支離者。」先生時宗程、朱，皆不然之。問文輔天文。文輔名申，清苑人，習天文、六壬數，講經濟。

丙午（一六六六）三十二歲

正月定行見墓則式，見災異民變則式。式者，騎據鞍而起，在車憑箱而起。思日記纖過不遺，始爲不自欺，雖闇室有疚不可記者，亦必書「隱過」二字。至喜、怒、哀、樂驗吾心者，尤不可遺。二月，王法乾謂曰：「李晦夫先生言吾子欠涵養，且偏僻，恐類王荊公。」先生曰：「某嘗謂如有用我者，可諫議、參謀，而不可以宰政、總師，亦自知耳。」朱媼耳聾，先生歎曰：「人子不早自盡，至此雖欲柔聲下氣，豈可得乎！」定日記每時勘心：純在則○，純不在則×，在差勝則○中白多黑少，不在差多則黑多白少，相當則黑白均。三月，看紀效新書。四月，思學者自欺之患，在於以能言者爲已得。勘靜坐心有所馳，目便勁闔，忽忘則又睜開。必是「主一無適」，睫毛間乃得不卽不離之妙。塨按：以此爲「主一無適」，乃外氏之垂簾内視矣，爲先儒誤乃爾，不謂一轉而卽悟也。五月，益日功以訒言爲要。七月，侍朱翁坐，交股，覺卽開之。入京秋試，拜尋遼東人，求傳尋父報帖。八月，凡達友書，必下拜；接友書，必拜乃展。十一月，思孔、孟之道，不以禮樂，不能化導萬世。十二月，思吾身不修，受病莫過於口；吾心不正，受病莫甚於欲。除夕，寫先儒主，稱周濂溪爲「先聖」。塨按：先生亦嘗稱朱子爲聖人，卽宗信之，亦何至是。蓋先生性篤摯鋭往，故早年見似而以爲真也。

丁未（一六六七）三十三歲

年儀：增過祖墓，經時四拜，月再拜，旬揖，望墓式。先生以先君子不答拜，稍疎。二月朔日，曰「此非所以親賢也」，復入城謁先子。先子言行古禮必以誠。先生約翌日再會，及次晨至，則以事出矣。見先子日記，有「易直立朝，必蹈矯激之僻」，先生悚然。觀先子學規，又聞先子骨力勁特，爲學惟日不足，及年高習射事，歎息而去。曰：「王介祺春風和氣，李晦夫闇然恂恂，吾羨之，不能之，卽見賢不能齊，不善不能改，柔莫甚焉。雖有猛厲方强，是暴也，非剛也。」二十日，新興村延往設教，石鷟、石鸞、孫秉彝、齊觀光、賀碩德、張澍、李仁美、王恭已、宋希廉、李全美、石繼摶從遊，立學規：每晨謁先聖孔子揖，出告、反面揖，揖師不答。朔望率拜先聖，揖師，師西面答揖。節令拜師，師答其半。朔望令諸生東西相向揖，節令相向拜。思得仁則富，行禮則貴。言多言賤，言少言貴。四月，先君子有書至云：「易直凡事皆有卓見，吐時事之務。」先生曰：「謂我有卓見者，是規我好任己見也；謂我吐時務者，是規我輕談時事也。」王法乾亦附書，規以默、以悠。先生書「李晦翁、王法乾」六字於筆筒，每坐一拱，敬對之。養一朱族子，名之曰訒言。先生每外出，遇朔望，内子必望肅拜四，先生遙答之。九月，先生辭新興館歸。十一月，旗人賈士珩從遊。辯性善、理氣一致，宋儒之論，不及孟子。

戊申（一六六八）三十四歲

二月十四日，朱媪病卒，先生擬以爲父出亡，宜代之承重，三年服也。三日不食，朝夕奠，午上食，必哭盡哀，餘哭無時，不從俗用鼓吹，慟甚，鼻血與淚俱下，不令僧道來弔者焚疏。四日斂，入棺，易古禮「朝一溢米、夕一溢米」，爲三日一溢米，薦新如朝奠。朱翁力命廿四日葬，乃具槨朝祖，祖奠，及墓，觸棺號咷，悶絶。既窆，王法乾叱曰：「宜奉主歸室堂爲孝，何得爾？」乃返，行三虞禮。廢業，惟讀喪祭禮，不廢農、醫，以非此則養祭俱無也。三月，行朔望奠。後以禮，士惟朔奠，乃望日會哭不奠。四月六日，修倚廬于殯宫外、大門内，寢苫，枕塊。三月，晝夜不脱衰絰。思「齊衰不以邊坐」，曰近過矣，自此疲甚，寧卧，坐勿偏。五月十五日，行卒哭禮，已後惟朝夕哭，其間哀至，不哭而泣。寢地傷濕，四肢生小瘍，朱翁命造地炕。六月三日夜，始解衰絰、素冠，著常衣寢。七月病，八月十四日，聞妻病，遙問之。十月一日，責訒言，以其詐傳祖不用辰膳，致誤也。時朱翁日必六食：卯一、辰一、巳一、午一、申一、昏黑一。先生以祖母恩深，且慟父出亡，不能歸與斂葬，故過哀病殆。朱氏一老翁憐之，間語曰：「嘻！爾哀毁，死徒死耳。汝祖母自幼不孕，安有爾父？爾父，乃異姓乞養者。」先生大詫！往問嫁母，信，乃減哀。時晃唆朱翁逐先生，先生乃請買居隨東村，翁許之。先生居喪，一遵朱子家禮，覺有違性情者，校以古禮，非是，著居喪別記。茲哀殺，思學，因悟周公之六德、六行、六藝，孔子之四教，正學也。靜坐讀書，乃程、朱、陸、王爲禪學、俗學所浸淫，非正務也。源按：先生自此，毅然以明行周、孔之道爲己任，盡脱宋、明諸儒習襲，而從事於全體大用之學，非二千年學術氣運一大關乎！十一月十一日夜，夢納一秀才主於文廟，訶言用火香點之，一老婦隨後。寤而思曰：「子點主，非死兆乎？養子拈香，非終無後乎？然主婦已老，則死期尚遠也。惟學程日退，焉得入孔廟乎？或後有妄傳妄信者乎？愧矣。因知所居喪不同；又王法乾主古禮「父在爲母期」，定十一月而練，期而除，仍心喪三年。思厲言暴色，加於人者不仁，致人加者亦如之。十二月十五日，盛奠，隨朱翁致祭几筵，以練告，甚哀，去負版辟領，焚麻冠，仍懸衰、練衣前，乃復外寢，枕布枕，解衣帶，止朝夕哭，惟朔望哭，若無時哭，則記。食菜果，仍非疾不御酒肉。（續修四庫全書、畿輔叢書本均原闕十四字）曰：「衰，表心之哀痛也，去之，何以名斬衰、齊衰。」（續修四庫全書、畿輔叢書本均原闕二行又十六字）

己酉（一六六九）三十五歲

正月，著存性編，原孟子之言性善，排宋儒之言氣質不善。畫性圖九，言氣質清濁、厚薄，萬有不同，總歸一善；至於惡則後起之引、蔽、習、染也。故孔子曰：「性相近，習相遠。」塨後并爲七圖。覺思不如學，而學必以習，更思古齋曰習齋。戒講著多言，服膺王法乾語曰：「口邊纔發出，內力便已少。」二月，思宋儒不特斥氣質之性是染禪，見人輒言性天，卽爲禪染。十四日，行忌祭，大哭；思父，益慟哭。十五日除服。祔主於朱氏祠。朱參兩贈聯曰：「譚天下事何得容易，做身上功還要安詳。」二十一日，遷居隨東。春祭，倩晃辦而佐之。時先生雖知身非朱氏，而念翁、媪撫養恩，又以翁性厲，未敢質言也。與王法乾言書、數功，卽治心功，精粗一貫。自移居，每出無所告，反無所面，卽悵然；晨盥後，無所謁，輒悲楚。乃議立父生主。始知齊禮，飲酒不至醉，食肉不茹葷，向之不御酒肉，爲異端亂也。時往劉村問朱翁安，朔望往行禮，米麵踰月一送，酒錢、日需物，無時。三月入祁州，以隻雞清酒，哭奠刁文孝！十一日，以初度望拜父，妻拜答之。往劉村拜朱翁，奠朱媪。嫁母貧，時周問。曰：「天下小過，聖人必爲提撕，恐陷於惡也；天下大壞，聖人必爲包荒，恐絶於善也。故陶詩云：『亟亟魯中叟，彌縫使其醇。』」東平宋瑜從遊。五月，入府哭奠張石卿，遂入山弔王介祺父喪。會坎下田沛然及子經埏、界埏，游雷溪而還。六月，二十九日戌時書曰：「兩時之收心，不敵一時之肆口。」大自恨。七月，學習數，自九九以及因、乘、歸、除，漸學九章。聞太倉陸桴亭自治教人，以六藝爲主。八月，爲王法乾書農政要務：耕耘、收穫、辨土、釀糞以及區田、水利，皆有謨畫。思心如天之清，毫無遮蔽；如地之寧，一無震搖，豈不善乎！思五福惟「攸好德」可自主，此一福不自享，真無福人矣。六極惟「憂、惡」可盡去，此二極不自遠，真極禍人矣。甲雇耕，欲少直，平留之，不悦。思不獲利而怒人，與不與人利而致人怒，一也。既出錢與之，仍立一可受名，甲悦。十月，學習冠禮。冠禮：告祠堂，朔日。主人拜告家祠，卜上旬日。若庶子、庶孫則以月之中旬。戒賓，賓擇親友賢而有禮者一人爲之。前期三日，主人使子弟冠服奉莊啟詣其堂，再拜致辭曰：「某之子某，年漸長成，將以某日加冠於其首，敬煩吾子教之。」賓辭曰：「某不嫺於禮，恐不堪供事，以玷大禮，敢辭。」使者再懇，賓再辭，使者固懇，賓曰：「某辭不獲命，敢不敬戒以俟。」使者再拜而退，賓俱答拜。宿賓，前期一日，使子弟奉主人帖宿賓，揖致辭曰：「某將以某日加冠於其子某，承吾子許以辱臨，敢宿賓。」曰：「承再命，敢不齊宿趨事。」陳設，用時制冠服，三加各異，以次加，盛設房中，桌上皆有覆。韠、帶、雜佩皆具。梳、櫛、紒盛匣中，酒餚、果品，盞、箸、盤、席，盥盤、巾架，氈八條，大門掛紅綵。厥明夙興，安置內外，灑掃房外，近東向西布席加氈，置兀其後，移梳櫛匣於此房西。置筵南向，筵南北各一氈，筵上列餚果，筵西有酒尊所，置壺、盞、盤其上。堂中東布一氈爲主位，西向；西布一氈爲賓位，東向；稍後，在賓左，布一氈爲贊位；東之對贊者，儐立位也。西階下西壁置一桌，移安三冠，各盤仍覆之。階下之東，安盥盆、巾架，西向。西階之南，少東，布一氈，南向，爲冠者字位。稍南近西布一氈，東向，爲賓答拜位。其衣、帶、韠、佩等存房中，各用司執一人，非嫡長子孫，仍冠位而醮。賓至，賓自擇習禮者爲贊，至入更衣所，其門亦掛小紅綵。子弟迎候，一茶，洗塵更衣，或路遠，略用酒飯。執事者告備，子弟延賓立大門西，東向，贊在賓左。儐入揖告賓至，請迎賓。主人出立大門東，西向，儐立主人右。儐贊唱「揖讓，再揖再讓，三揖三讓」。賓入門先左足，主人先右足，每門一揖，一讓，及階三揖三讓，唱同前。升堂，儐贊唱「就位」，賓主各就位。儐唱「拜賓，鞠躬，俯伏興，再拜，平身」。贊唱「答拜」，同。儐唱「執事者各司其事」。將冠者出房，南面立。贊降西階，盥洗，升，唱「賓揖，將冠者即席」，將冠者就冠位，西向。儐唱「將冠者跪」。贊跪其後，爲之梳櫛合紒。贊復位，唱「行始加冠禮」：詣盥洗所，引賓降，酌水淨巾。儐亦引主人降階下，對賓立，盥畢，贊儐唱「復位」。賓立一揖讓升，復位。儐唱「執事者進冠」，贊唱「降階受冠」。賓降階一等，受冠執之。贊唱「詣冠者前」，賓正容，徐詣冠者前。贊唱「祝冠」，賓祝曰：「吉月令日，始加元服，棄爾幼志，順爾成德，壽考維祺，以介景福！」贊唱「跪加冠」。贊者佐整冠纓畢，起唱「興，復位」。儐唱「冠者興」。贊唱「賓揖冠者，適房，易禮服、韠帶」。儐唱「冠者出房」，南面立。贊唱「賓揖冠者，即席」。儐唱「冠者跪」。贊唱「行再加禮」。儐唱「執事者進再加冠」。贊唱「降階受冠」，賓降階二等受冠。贊唱「詣冠者前」，執行如初加儀。贊唱「祝冠」。賓祝曰：「吉月令辰，乃申爾服，謹爾威儀，淑慎爾德，眉壽永年，享受遐福！」贊脱前冠，唱「跪加冠」，佐整如初，唱「興，復位」。儐唱「冠者興」，贊唱「賓揖冠者，適房易職服，具雜佩」，職服如其祖父。冠者出房如初。贊唱「行三加禮」：儐唱「執事者進職服冠」，賓降沒階受冠，餘同再加。祝曰：「以歲之正，以月之令，咸加爾服，兄弟具在，以成厥德，黄耇無疆，受天之慶！」餘同再加，贊唱「行醮禮」，賓揖冠者即醮位，詣醮席右，南向。儐唱「執事者酌酒」，贊受之，授賓，唱「祝醮」。賓北面祝曰：「旨酒既清，嘉薦芬芳，拜受祭之，以定爾祥，承天之休，壽考不忘！」冠者受爵置於席。儐唱「鞠躬，俯伏興」者再，贊唱「復位」，東向答拜亦再。儐唱「冠者席前祭酒」，冠者升，取酒進席前南向。賓唱「跪祭酒」。興，退就席末跪啐酒，授執事者盞，興。席前謝賓，鞠躬，俯伏興者再。贊唱「賓答拜」，同。儐唱「拜贊者，鞠躬，俯伏興」者再，贊答拜同，平身，唱「賓字冠者」。詣字位，引賓，降自西階，冠者從之。儐引主人降自阼階下，西向對賓，賓東向立，冠者在階東南面立。贊唱「祝字」。賓祝曰：「禮儀既備，吉月令日，昭告爾字，爰字孔嘉，髦士攸宜，宜之於嘏，永受保之！曰，某甫。」冠者對曰：「某雖不敏，敢不夙夜祗奉。」儐唱「謝字」，「鞠躬，俯伏興」再，贊唱「答拜」，如之，平身，唱「禮畢」。主人延賓贊就次，使子弟陪之而退。率冠者見於祠堂，冠者從拜。拜父母四拜，見家諸父兄各如常儀，見宗親鄉尊長，皆使年長子弟引之。主人出醴賓，向賓曰：「某子加冠，賴吾子教之，敢謝。」鞠躬，俯伏興者再。賓答如之。謝贊者禮同。如儐非子弟，亦謝之。凡親友預者皆爲禮。升坐，主人獻酒，進饌。筵終，主人奉幣，以盤進賓，賓受之，授從者。賓謝，主人答拜，如前儀。力能酬贊儐，皆奉幣，謝答禮同。送大門外，揖，俟上馬，歸賓俎。十一月，著存學編，共四卷。大要謂學者，士之事也，學爲明德、親民者也。周官取士以六德：知、仁、聖、義、忠、和，六行：孝、友、睦、淵、任、卹，六藝：禮、樂、射、御、書、數。孔門教人，以禮、樂、兵、農，心意身世，一致加功，是爲正學，不當徒講。講亦學習道藝，有疑乃講之，不專講書。蓋讀書乃致知中一事，專爲之則浮學，靜坐則禪學。定自力常功：日習數、存理、去慾。日記時心在則○，不在則●，以黑白多少，別在否分數。多一言則ơ，過五則⊗，忿一分則ơ，過五則⊗，中有×，邪妄也。十二月，邑士民以先生居喪盡禮，將舉賢孝，先生自引不德，且曰：「以親亡得名，良所深悼！」力止之。與邑諸生爲遊孔林會。自驗無事時種種雜念，皆屬生平聞見，言事境物，可見有生後皆因習作主。聖人無他治法，惟就其性情所自至，制爲禮樂，使之習乎善，以不失其性，不惟惡念不參，俗情亦不入，此堯、舜、三王所以盡人之性，而參贊化育者也。朱肖文從遊。

庚戌（一六七〇）三十六歲

正月，學習書、射及歌舞，演拳法。謄存學編，曰：「存學將以明學，而書多潦草，即身謗之一端。古云：『明無人非，幽無鬼責。』今抑程、朱而明孔道，倘所學不力，何以辭程、朱之鬼責哉！」二月，與孫徵君書論學，略曰：「某思宋儒發明氣質之性，似不及孟子之言性善最真。將天生作聖全體，因習染而惡者，反歸之氣質，不使人去其本無，而使人憎其本有，晦聖賢踐形、盡性之旨。又思周、孔教人以禮、樂、射、御、書、數，故曰『以鄉三物教萬民，而賓興之』，故曰『身通六藝者七十二人』，故諸賢某長治賦、某禮樂、某足民，至於性天，則以其高遠，不陵等而得聞也。近言學者，心性之外無餘説，靜敬之外無餘功，與孔門若不相似然。僕妄著存性、存學二編，望先生一辨之，以復孔門之舊，斯道、斯世幸甚！」有聘作館師者，以方解正學，恐教時文費功，辭之。口占曰：「千年絶業往追尋，才把工夫認較真，吾好且須從學習，光陰莫賣與他人。」劉煥章、齊泰階來訪。煥章名崇文，蠡人，崇禎己卯舉於鄉。後任荊州興山縣，以寇據不得之任，巡撫委署棗陽、宜城縣事。及解組，羢巾布袍，恬如也。母性嚴，晨昏朔望，拜侍惟謹。五旬後，母怒，輒跪受責，曲意務得歡心。聞先生學，忘年爵來拜，入會，力滌夙習，立日記，以聖賢相規勉者幾二十年，至卒不懈。身傾直，容莊而和，見人謙抑善譚論，七十五歲，無疾而逝。門弟子甚眾。泰階名治平，荊州人，性通豪，官至都司，訪先生問禮。遙哭奠任熙宇。定州某聘爲館師，甲价，先生辭曰：「家有子弟，以買宅累之，不得往。」

价曰："還所假。"曰："義不得也。"价曰："聘儀甚厚。"曰："以義，不以利。"閏二月，迎朱翁養於隨東，復事祖常儀。同寢，嘗夜出溺，朱翁曰："披吾裘，不褌可。"對曰："出門如見大賓，脱披裘不褌，敢見大賓乎？孫夜出，必衣冠具也。"曰："溺室中如何？"對曰："不敢露體。"先生時知父爲博野顏氏，而不得其鄉，乃往博野訪之。有王翁者，爲先生父居間過嗣于朱氏者也，訪之王莊，亡矣。其子在，問之悉，導之北楊村一巷，皆顏姓，果其父鄉也。祖母張氏尚存，八十矣，先生悲喜涙零，族衆歡留，次日乃返。劉煥章謂先生曰："朱翁撫育恩不可負，年迫旦夕，俟其終歸宗，情理乃合。"先生然之。見王法乾日記曰"婦人性陰，可東而不可順"，是之。語法乾曰："我輩多病，不務實學所致。古人之學，用身體氣力，今日只用心與目口，耗神脆體，傷在我之元氣，滋六氣之浸乘，烏得不病！"思後儒每以"一警策便與天地相似"自多。不知人子原是父母血氣所生，但不毁傷點汚，便可髣髴父母形體；然必繼志、述事，克家、幹蠱，乃爲肖子耳。三月朔日，始不往謁朱氏家祠，朱翁祭拜，仍隨之。馬遇樂從遊，能規先生過，先生欣然謝之曰："吾之於人，雖良友，非責吾善，其交不深；雖嫌隙，但責吾善，其憾卽釋。"出弔歸，過友人，留酒食，辭以弔。友曰："非弔處也。"先生曰："昔固然也，後讀禮記曰『弔喪之日，不飲酒食肉』，豈特弔處哉！"然先生自謂此禮，凡三斷而後能行。初未決也，斷之自弔柏氏始。移處猶飲食也，終日，自讀禮始。歸家，晚夜猶飲食也，既思日戒而夜違之，僞也，又一斷也。思世人盡有聰明慈惠，而交人無善道，應事無成法者；亦有内外善交，而德性不修，禮樂不明者；又有嫻習技藝，而邦家多怨，秉彝不可問者，乃知周禮之三物，缺一不可也。五月著會典大政記，摘大明會典可法可革者，標目於冊。罷道統龕所祀炎帝、黃帝、唐帝、虞帝、殷西伯主，不祀，專祀孔子。以劉煥章言，士不得祀帝王也。行端午禮，以内子病，令免，曰：「佳節忍見相公獨爲禮乎！」勉起行之，先生曰：「能自强矣。」王法乾如元氏，先生有憂色。内子問之，曰：「良友遠離，恐自倒塌耳。」曰：「無慮，外無强輔，妾當努力相規，勿卽於邪。」先生喜曰：「果如此，雖古賢女，何以過焉。」家人私假人器，讓之，曰：「小事。」曰：「小事亦不可私。」齊泰階曰：「天下之元氣在五倫。」先生曰：「元氣虛矣，何以壯之？」「六藝，所以壯之也。如父慈子孝，豈托空言。自有父子之禮，四倫皆然。故禮序此五倫者也，樂和此五倫者也，射、御、書、數，濟此五倫者也。舍是而言倫常，卽爲空虛，卽爲支離。」七月，朱翁子晃唆翁百計陵虐先生。一日，謀殺之，先生踰垣逃，憂甚。旋自寬，益小心就養。十月二十九日，立父生主，刺指血和墨書牌，出告反面，晨參，朔望行禮，一如在堂。但不敢獻酒食，恐類奠祭也。十一月，常儀增：過祠則下，淫祠不下，不知者式之，所惻所敬皆式。定不答弟子拜，遵明典也。訪王介祺於河間，介祺出所著此書及通鑒獨觀，示先生。思己近墨，王法乾近楊，宜返於中。十二月，以貧，斷自新歲禮節再減，虛門面再落，身家勤苦事再加。此卽「素貧賤行乎貧賤」。自古無袖手書齋，不謀身家，以聽天命之聖賢也。解乾卦九三爻辭，舊解「終日幹乾；夕惕若」，爲晝夜惕厲，未晰也。「終日乾乾」，乃終日加力習行子臣、弟友、禮樂、兵農，汲汲皇皇，一刻緊於一刻，至夕無可作事，則心中提撕警覺，不自怠息。觀下釋曰「終日乾乾行事也」，可見。以王法乾言，立五祀主，春、夏、季夏、秋、冬，分祀之。

辛亥（一六七一）三十七歲

正月增常儀：齊戒禮戒，食肉不茹葷，飲酒不過三盞，不入内，不與穢惡，不弔喪，不問疾，不形怒。齊遷坐變食，沐浴著明衣，不會客，不主醫方，專思神，小祭一日，時祭三日，大祭七日戒，三日齊。凡食必祭，祭必齊如也，惟餕餘不祭。内子言隱過不可記，先生曰：「惡！是僞也，何如不爲記！且卿欲諱吾過，不如輔吾無過。夫凡過皆記，雖盈冊無妨，終有改日也。若不録，即百過盡銷，更愧，以終無改機也。」之楊村拜祖母、叔母及族尊長。劉煥章評先生日記，規以靜穆，先生服之。二月，之楊村，隨族長致清明祭。止孔子神位前出告、反面禮，以事親儀，非所以事神也。謂王法乾曰：「甲辰、乙巳，功程頗可對。至夫婦三月一榻，身未嘗比，不意後反退也。相約日新。」學習士相見禮、祭禮。士相見禮：來見者，先使價通姓名於主人，主人使辭曰：「吾子辱顧，不敢當也，暫請旋騶，卜日往見。」賓固請，儐入告曰：「賓至，請迎賓。」賓立大門之西，東面，介在其後，稍北立。主人出立大門之東，西面，儐在主人後，稍北立。贊揖賓，介贊答揖，儐介贊讓，再揖再讓，三揖三讓。賓入門先左足，主人先右足，每門讓一拱。及階，儐介贊三揖三讓，同前，賓先左，主人先右，同前，每階聚足登堂。儐介贊就位，儐贊拜賓，介贊答拜。若賓敬主人，則介贊拜主人，儐贊答拜，鞠躬，俯伏興者再，平身。儐贊安座展坐，賓拱揖；儐贊獻爵，賓拱揖；儐贊獻箸，賓拱揖。主人降，并揖，介贊爲主人同，并揖。畢，儐介贊即席，乃拱讓就坐。若非食宴，去獻酒獻箸。祭禮：副通唱：「執事者各司其事，排班，班齊，分獻官就位，獻官就位，瘞毛血。」通贊唱：「迎神，鞠躬，俯伏興，俯伏興，俯伏興，

俯伏興，平身，獻帛，行初獻禮。」引贊唱「詣盥洗所」，酌水淨巾，「詣酒尊所」。司尊者舉冪酌酒，「詣至聖先師孔子神位前，祭他神隨宜。跪獻帛，初獻爵，俯伏興，平身」，「詣讀祝位，跪讀祝文」。副引跪獻官之左，讀祝畢，引贊唱：「俯伏興，平身，復位。」凡引贊神前唱伏興，通贊贊陪祭者，俱同。通唱：「行亞獻禮。」儀注同初獻，但無獻帛，不讀祝。通唱：「行終獻禮。」儀注同亞獻。平身後，引唱：「點酒，詣侑食位。」主人立門左，引唱：「出燭。」執事者皆出，闔門。若祭家祠五祀，主婦立門之右，引唱：「初侑食祝。」祝曰：「請歆。」再侑食，三侑食，并同。啟門，然燭，通唱：「飲福受胙。」引唱：「詣飲福位，跪飲福酒，受胙，俯伏興，平身，復位。」通唱拜興同。引通唱：「謝福胙，鞠躬，俯伏興，俯伏興，平身。」徹饌，送神四拜，與迎神同。讀祝者捧祝，執帛者捧帛，各詣燎所，焚帛，焚祝文，望揖。副通唱：「禮畢。」從王法乾學琴，鼓歸去來辭，未就，後從張函白學客窗夜話、登瀛州諸曲。王法乾曰：「宋儒，孝女也，非孝子也。」先生曰：「然，明末死節之臣，閨中義婦耳。」四月，習恭，日日習之，即論語「居處恭」也。自驗身心氣象，與學靜坐時天淵。十二月，寅盥畢，把巾出室門。內子諫曰：「君昏夜從無露首出，今何有此？」先生即整冠曰：「吾昏放矣。」十七日，思習禮一人亦可，乃起習周旋之儀。凡習禮，以三爲節，轉行宅巷，必習折旋。五月，張公儀遙贈頤生微論，乃達以書，摘存性、存學數篇相質。習卜，備遯行及朱翁終尋父資也。七月，蠡縣教諭王心舉先生行優，先生達書力辭。邑令單務嘉請見，不往。補六藝、六府于開蒙三字書內，端蒙識也。十一月，定凡飲酒不過三爵，極歡倍之，過一盞必書。赴曲阜會，以其饌豐，減食。先生與人騎行，馬逸，先生善御無失。其一墜，衆因共言明朝生員騎馬，必一二人控轡，近失其規。先生秘歎：「不悔不慣乘，而悔不多控僕，士習爲何如哉」！張公儀約會于祁州刁宅，論學深以存性、存學爲是。公儀甯晉人，原名來鳳，中崇禎年鄉試魁，鼎革後易名起鴻，號河朔石史。逆闖屢徵不起，特下僞勅，擢爲防禦使，怒罵不受，僞守執之，檻解北上，至保定而李自成敗奔，監送者碎檻放歸。笑曰：「幾追文文山揖矣，乃不及。」十二月十六日，先生因會日王法乾憚學習六藝，曰：「古人『以文會友，』後世以友會話，譚論聲話也，紙筆畫話也。敬靜之空想，無聲未畫之話也。」三十日，立祖神主，用父稱曰：「顯考王莊顔翁諱發神主。」側題「孝子㬟奉祀」。於其祭也，曰：「孝子某使蒙孫元致薦。」王莊翁娶張氏，於萬曆四十五年舉先生父，日者言難育，遂以天啟元年，因宅主王翁過給蠡東朱氏爲子，至三年，復舉先生叔父愉如，家貧而尚禮，嚴内外，因賃居王莊以卒也，故以追號。是時先生易名元，元、園同聲，先生念初生名園，父知之也。自此日記書朱翁、媪稱「恩祖、恩祖妣」。

壬子（一六七二）三十八歲

二月，謂王法乾曰：「人資性其庶人耶，則惟計周一身，受治於人。其君子耶，則宜明、親兼盡，志爲大人。若兩俱不爲，而敢置身局外，取天地而侮弄之，取聖賢而玩戲之，此僕所惡于莊周爲人中妖者也！」哭奠師吳洞雲，助其葬。三月，與陸桴亭書論學。桴亭名世儀，字道威，太倉人，隱居不仕。其學重六藝，言性善卽在氣質，氣質之外無性。著思辨録。先生喜其有同心也，致之書，略曰：「漢、唐訓詁，魏、晉清談。宋人修輯註解，猶訓詁也；高坐講論，猶清談也；甚至言孝、弟、忠、信不可教，氣質本有惡，其與老氏以禮義爲忠信之薄，佛氏以耳目等爲六賊者，相去幾何也！某爲此懼，著存性編，大旨明理、氣一致，俱是天命。人之氣質，雖各有差等，而俱善。惡者，乃由引、蔽、習、染也。爲絲毫之惡，皆自玷其本體。極神聖之善，止自踐其形骸。著存學編，申明堯、舜、周、孔三事、六府、六德、六行、六藝之道，大旨明道不在章句，學不在穎悟誦讀，而期如孔門博文約禮，身實學之，實習之，畢生不懈者。」閏七月，族婿貽桃，食之，又食蔡米、商瓜二條。先生平日非力不食，用識人紙半張，留錢三文。吳氏强食片瓜，曰：「數載猶在胸中未化。」至是曰：「近思吾與斯人爲徒，若貽我以情，款我以禮，不宜過峻以絶物也。」八月，哭奠彭朝彦，朝彦，劉村傭者也。狷介勤力，少有余即施人，力爲善，先生敬而筵之。朝彦曰：「生平非力不食人一盂。」先生曰：翁守高矣，然請大之，爲述如其道舜受堯天下事，朝彦猶辭；又述徐穉食茅季偉事，乃食。九月，先生以王法乾遭妻子凶變，遂耽莊周南華而惰正學也，乃告以止會。自矢獨立不懼。十五日，祭孔子，自是每季秋致祭。祝文略曰：「夫子一身之仕、止、久、速，即天時也；縫掖、章甫，即水土也；府、事、行、藝，即堯、舜、文、武也，爲學、爲教、爲治，皆是也。迨以無能用者，不得已而周流，又大不得已而删述。蘇、張學夫子之不得已，漢後以至宋、明儒，學夫子之大不得已，而俱舍其爲學、爲教、爲治之身，則非矣。元不自揣，妄期博文、約禮，實由聖教，惟神相之，俾無顛躓。且佐帝牖民，多生先覺，聖道重光，元庶免罪戾焉。」十月，至楊村，叔父愉如自山西歸，拜聚。十一月，王法乾來悔過，請復會，定仍以月之三六日。十二月，王法乾曰：「兄遭人倫之窮，歷貧困之艱而不頽，可謂能立矣。」蓋是時先生盡以朱氏之産與晃，且代償其債百余緡，而晃又欲奪其自置産，屢興變難也。內子病，不服藥，曰：「妾既不育，夫子有年，堅不置再醮，而處女又不輕爲人貳，不如妾死，使相公得一處女，猶勝於待絶也。」先生曰：「此有天焉，汝勿躁，强之藥。」書孫徵君聯云：「學未到家終是廢，品非足色總成浮。」

癸丑（一六七三）三十九歲

正月朔，祭顯祖考，望祭恩祖妣，因限飲三盞，改齊戒款云：「飲酒不至三盞。」凡恩祖生日，父生日，己生日，俱同朔望儀。凡掃祠及恩祖室，自東而西，從容挨次，轉則面向尊，而身自移，卻掃至門除出。夏則先灑，每晨一次，非重故疾病，不令人代。室人不用命，罰之跪，至二鼓，謝過，乃命起。與人曰：「窮苦至極，愈當清亮以尋生機，不可徒爲所困。」同會人如曲阜，遇風，次日大風，吟云：「谷風懍懍逆行人，繼日塵霾日倍昏，山左揚鞭游孔墓，不堪回首望燕雲。」二月三日至曲阜，齊戒具牲，五日祭孔子廟及墓，思聖人之道，若或臨之。九日祭泰山，賦詩云：「志欲小天下，甯須登泰山，聊以寄吾意，身陟碧雲天。」旋里至楊村，過祖塋下拜，入里門下，出里門乘，後爲常。思吾身、口及心，何嘗有「從容」二字？須學之。與王法乾習祭禮，法乾曰：「勞矣，可令子弟習觀之。」先生不可，曰：「所貴於學禮者，周旋跪拜以養身心，徒觀何益？」乃同習。四月，五日朱翁卒，先生哭盡哀，是日三不食，次日辰始食。與王法乾議律，異姓不許過嗣，即同姓而其養父有子者，許歸宗。今若以孫禮服期，是二本矣。可義服大功，既葬，練，復內，復常食。若葬緩，從俗以五七日可也。越五日，以遭變中之變，不能朝夕會哭，定哀至北向跪哭。先生本族叔父羽洙來呼歸宗，先生求俟畢葬終喪，羽洙又促之。先生曰：「葬秋以爲期，倘踰時卽歸。」羽洙語以「危行言孫」，謹慎保身。五月，九日練，惟朔望往哭殯宫，不與燕樂，不歌，復常功，如習書，數類，仍廢常儀，如朔望拜類，晨謁告面生祠不廢。十四日，買食豆腐，愴然流涕。蓋先生養恩祖、祖母十一年，未嘗特食一腐，今傷腐之入口也！投呈于縣轉申學院，求定服喪畢歸宗，批許歸宗，服以期。乃將讓産後凡存朱氏物盡還之，令養子訒言亦歸宗，曰：「吾不忍訒言之徒父予也！」給以物。六月，至楊村，攜叔父之子至，名曰亨，教之讀書。聞劉村孝子朱莪貧，饋以錢。論明政四失：設僧道職銜，信異端也；立宦官衙門，寵近幸也；以貌招選駙馬、王妃，非養廉恥也；問罪充軍，以武爲罪徒也，誰復敵愾！七月，思無事之時，朔望前一日必齊戒。迨遭三年喪，則無日不哀，亦無日不齊且戒矣，故朔望節令哭奠，皆不云齋戒。若期、功以下，既葬則飲酒食肉，非常戒，哀不及重喪之純，亦不得言常齊。凡朔望前一日，仍當齊戒。遇横逆不校，然鬱鬱。思君子有終身之憂，無一朝之患，愧悔久之。一日覺氣浮，思氣不自持，其災乎，已而傷手。十一月十五日，哭奠恩祖考、妣墓，以出館博野楊村告；又哭招亡子赴考之魂，令從而西。蓋楊村族人公議挽先生還家教子弟也。時朱晃復謀吞先生隨東産，起釁，先生不校，且使人解之，不肯與絶往來也。十九日，楊村顔氏族人，來迎先生歸，復爲顔氏。告父祠，奉生主升車，隨之西歸。朱族及劉村、隨東各鄉諸親友餞送，或村首，或至蠡城，或及楊村，皆哭泣不忍別！劉焕章贈圜榼一，内果，曰：「外無圭角，美在其中。」先生受之。謝曰：「敢不佩教！」至楊村，次日夙興，易吉服，告新宅五祀之神畢，反喪服，宅本其祖居，先生復之者也。邊之藩、顔士俊、士佶、士鈞，士侯、士鎮、士鋭、夏希舜、王久成從遊。王法乾述煥章規先生之言曰：「對賓言長，不能盡人之意；偏向，不及遍人之歡。」先生謝之。十二月，朔望拜哭朱翁於野所。

甲寅（一六七四）四十歲

正月朔，哭祭朱翁于南學，五日，大功服闋，以學憲批期，定内除。常儀俱復，祭先與神吉服，餘服素，終期乃之釁，哭奠朱翁墓，告大功闋，期服内除。以大明會典品官祀四世，庶人祀二世，立顯祖考諱子科、祖妣某氏神主，旁書「孝孫炱奉祀」及「顯考諱發神主」，以先生殤子赴考祔食。春祀祖，以考配享，秋祀禰，不及祖。蓋髣髴程伊川所撰禮，而謂分時專祀一主，齊心乃一，乃能聚渙。又祭尊得以援卑，祭卑不可援尊也。後以爲誤，改之。三月，率家人行忌祭禮于恩祖母墓，并哭恩祖。闔族供清明祭于墓，先生奉族長命立族約：約孝，約弟，約行冠、昏、喪、祭諸禮，約周卹，約勿盜，賭、奸欺，詳載家譜。四月，五日期服闋，率家人舁供入釁，祭恩祖考、妣于墓，告以歸宗。易吉服。延朱晃及朱氏族長賢者共餕，遍拜辭。先生既歸宗，謀東出尋父，值三藩變，塞外騷動，遼左戒嚴，不可往，日夜悽愴。思向謂有心作欺之害大，無心爲欺之害小；今知有心作欺之害淺，無心爲欺之害深。或勸先生獻策，曰：「張齊賢不以此出乎？」先生笑曰：「王文中何以不出？人隱見命耳，天之用吾也，深隱而人求焉，故劉穆之困卧無袴，一朝而相宋；天之廢吾也，插標自市，而終不售，韓昌黎三上宰相書，何益哉？」魏帝臣來訪，先生待以脱粟。帝臣欣然曰：「君以君子待我矣。」

帝臣名弼直，博野縣庠生，善容儀周旋，喜賓客，譚論款款然，終日無倦。施目疾藥，遠來者輒延款下榻，嘗僕馬居數月，疾逾乃去。與妻宋氏相敬如賓，每外退必入宋榻。宋氏嘗請之副室，或已至副室，宋氏輒來，副趨出垂手迎，搴簾肅入，夫妻坐譚，久副侍，不命不坐也。及宋氏卒，副祝氏以哭病亦死。帝臣晚年，聞先生學，甚重之，致敬盡禮焉。士鈞問：「孔子稱管仲爲仁，而孟子不許，何也？」曰：「孔、孟因時立論，所謂時中也。春秋周室卑，荊楚逼，不有管仲，孰有尊攘？至七雄之世，功利誇詐之習成，發政施仁之道息，孟子自不得傍孔子口吻也。後之講學則不然，虎豹已鞹矣，猶云甯質；邢、衛已亡矣，猶云羞管；虛言已蠹世矣，猶云講讀纂修，而生民之禍烈矣！」九月，修家譜，其目十七：曰姓氏源流，曰世系派衍，曰遷移離合，曰別嫌明微，曰莊居宅第，曰墳塋圖像，曰祭田樹株，曰餕宴儀注，曰家禮儀注，曰家法勸戒，曰人才列傳，曰嘉言善行，曰先人遺影，曰珍器文章，曰簡書誥命，曰婦女甥婿，曰拾遺雜記。買田氏女爲婢。王法乾爲子加冠，宿先生爲賓，行如禮。王法乾謂先生曰：「凡食，祭先代造食之人，敵客，客先自祭；降等之客，主人先祭導客，客從之。臣侍君食，則君祭而己不祭，若君以客禮待之，命之祭，乃祭。大兄凡食自祭，非禮也。」先生曰：「此禮久廢，故吾獨行以爲人倡，承教，敢不如禮。」自勘有美言傷信之過。或言：「天下多事，盍濟諸？」曰：「僕久有四方之志，但年既四十，血嗣未立，未敢以此身公之天下耳。」因愴然。

乙卯（一六七五）四十一歲

正月增常儀：灑掃，惟冬不灑，清明十月朔祭墓，恩祖考、妣忌日，亦往祭其墓。時及門日眾，乃申訂教條，每節令讀講教條，諸生北面恭揖，令一長者立案側高聲讀講畢，又一揖而退。有新從遊者，必讀講一次。教條：一、孝父母。須和敬并進，勿狎勿怠，昏定、晨省，出告、反面各一揖，經宿再拜，旬以上四拜，朔望、節令俱四拜，惟冬至、元旦六拜，違者責。（有喪者不爲禮，但存定省告面，父母有喪者亦然。）一、敬尊長。凡内外尊長，俱宜小心侍從，坐必隅，行必隨，居必起，乘必下，呼必唯，過必趨，言必遜，教必從，勿得驕心傲氣，甚至戲侮，干犯者責。一、主忠信。天生人只一實理，人爲人只一實心，汝等存一欺心，即欺天，説一謊話，即欺人，務存實心，言實言，行實事，違者責。一、申別義。五倫若父子之親，君臣之義，長幼之序，朋友之信，其義易曉；獨夫婦一倫，聖人加以「別」字，洵經綸大經之精義也。七年男女不同席，行路男子由右，女子由左，叔嫂不通問，男女授受不親，此皆男女遠嫌之別也。至於夫婦相敬如賓，相戒如友，必因子嗣乃比御，夫婦之天理也，必齊戒沐浴而後行。「別」義極精，小子識之。一、禁邪僻。自聖學不明，邪説肆行，周末之楊、墨，今日之仙、佛，及愚民之焚香聚會，各色門頭，皆世道之蟊蟲，聖教之罪人也。汝等勿爲所惑，勿施財修淫祠，勿拜邪神，勿念佛，勿呼僧道爲師。若宗族鄰里惑迷者，須感化改正。至於祖父有誤，諭之於道，更大孝也。違者責，罪重者逐。一、勤赴學。清晨飯後，務期早到，一次太遲及三次遲者責。一、慎威儀。在路在學，須端行正坐，輕佻失儀者責。一、肅衣冠。非力作不可去禮衣，雖燕居昏夜，不可科頭露體。一、重詩書。凡讀書必鋪巾端坐，如對聖賢，大小便後，必盥帨潔淨，方許展讀。更宜字句清真，不許鼻孔唔唔，違者責。一、敬字紙。凡學堂街路，但見字紙必拾，積焚之，或不便，則填牆縫高處。一、習書。每日飯後仿字半紙，改正俗僞，教演筆法，有訛落忘記者責。一、講書。每日早晨試書畢，講四書或經，及酉時，講所讀古今文字，俱須潛心玩味，不解者不妨反復問難，回講不通者責。一、作文。每逢二、七日，題不拘經書、史傳、古今名物，文不拘詩、辭、記、序、誥、示、訓、傳，願學八股者聽。俱須用心思維，題理通暢。不解題、不完篇者，俱責。一、習六藝。昔周公、孔子，專以藝學教人，近士子惟業八股，殊失學教本旨。凡爲吾徒者，當立志學禮、樂、射、禦、書、數及兵、農、錢、谷、水、火、工、虞，予雖未能，願共學焉。一、六日課數，三、八日習禮，四、九日歌詩、習樂，五、十日習射。一、行學儀。每日清晨飯後，在師座前一揖，散學同。每遇朔望、節令，隨師拜至聖先師四；起，北面序立，以西爲上，與師爲禮；再分東西對立，長東幼西相再拜。一、序出入。凡出入齊班，上、中、左魚貫論前後。行輩異者，以行輩敘，相遇相別皆拱手。出學隔日不相見，見必相揖；十日不相見，見必再拜，皆問納福。一、輪班當直。凡灑掃學堂，注硯，盛夏汲水，冬然火，斂仿進判，俱三日一班。年過十五，文行成章者免；惟有過免責，則執小學事一班，隨有善可旌者，即免。一、尚和睦。同學之人，長幼相敬，情義相關。最戒以大陵小，以幼欺長，甚至毆詈者，重責。一、貴責善。同學善則相勸，過則相警。卽師之言行起居有失，俱許直言，師自虛受。至諸生不互規有成，而交頭接耳、羣聚笑譚者，責，甚至戲嘲褻侮者，重責。一、戒曠學。讀書學道，實名教樂地，有等頑童，托故曠學，重責，有事不告假者，同罪。二月，聞王五修卒，爲位齊戒哭奠。曰：「瞽瞍愚父也，而舜齊栗祇載；定、哀庸君也，而孔子鞠躬踧踖。故孝莫大于嚴父，忠莫大于嚴君。」二月，王契九來訪，觀存性、存學編，是之。契九名鳦,清苑人,少有高才,與吕申習兵學。好雌黄人,爲惡少所侮,深悔之,晚年絶口不言人過。有以文事質者,輒稱佳,博學工詩。閏五月,陳見夷來訪,見夷名振瞻,清苑人,豪狂博覽。托束鹿任最六訪父,以其爲商于關東也。二十八日,未,坐不正,覺即正之;申,交股坐,覺而開之。九月五日,率門人習射村首,中的六,門人各二。因思孔子曰:「回之仁賢于丘,賜之辯賢于丘,由之勇賢于丘。」此聖道之所以光也。漢高祖曰:「運籌吾不及子房,攻戰吾不及韓信,給餉守國吾不及蕭何。」此漢代所以興也。今從吾者更不吾若,吾道其終窮矣乎!思人不親,教不成,事不諧,多以忿累之,屢懲而不免,愧甚!給孫衷淵書,規其惑佛、老也。衷淵名之萍,高陽人,孫文正公侄孫,隱居力學,以孝母名。訪彭大訓永年,博野庠生,孝繼母,端謹。

丙辰(一六七六)四十二歲

正月,保定府閻經略鳴泰之裔,有婦人被妖魅,符籙驅之莫效,其妖自言一無所畏,惟畏博野顔聖人。是時先生與王法乾,人皆以「聖人」稱之。專價來聘,先生謝不往;又力請,力卻之,恐虚傳招禍也。有求文者,謝以儀,卻之。語門人曰:「君子貴可常,不貴矯廉邀譽。昔子路拯溺人,勞之以牛而不受,孔子責之曰:『自此魯無拯溺者矣。』今蠡無醫,自朱振陽施方醫始也;博人無師,自吾家先三祖施館教食學者始也。小子識之,吾之卻此,有謂也,不可法也。」曰:「言而盡人者大,盡于人者小。」二十七日之市,市麻不成,信手拈麻一絲,將作鞭提,思麻未買而用其一絲,非義也,還之。謂門人曰:「君子于桓、文也,賤其心而取其功;于程、朱也,取其心而賤其學。」日功增:抄天文占法,讀步天歌;廢本日近出告家祠禮,從王法乾

「之死而致生之不智」之言也。三月，易砥石十餘片，後出者不如前所目；念貧人也，如所言價與之。知劉煥章缺糧，饋粱石六。思體人之情則不校，體愚人之情則生憐心，體惡人之情則生懼心；憐則不忍校，懼則不敢校。又思禍莫大于駁人得意之語，惡莫重於發人匿情之私。一僧求人邀入寺，辭曰：「儒爲盡人倫之道，寺爲無人倫之地，不往。」思齊明者，正吾身之德也；耳聰目明肢體健，利吾身之用也；寡慾積精，寡言積氣，寡營積神，厚吾身之生也。否則非堯、舜之修身也。閑男女之邪心，飭彝倫之等殺，正一家之德也；宮室固，器皿備，職事明，利一家之用也；倉箱盈，凶札豫，厚一家之生也。建學校，同風俗，正一國之德也；百工修，百官治，利一國之用也；倉府實，樂利遠，厚一國之生也。否則非堯、舜之齊、治也。六月十一日牧驢，思事雖至瑣，但當爲卽義，不可有厭心。題日記面曰：「學如愚。」思心神在內，天清地寧，豈不善乎？惜未能久也，勉諸！二十日，晚與人坐，遇可言，乃一二語；卽正言，但見人非傾聽，卽止。八月定此後行醫，非價非聘，不往。九月立齊戒牌。十月過王家莊，問室人生父家，無後矣，但有同曾祖兄弟三人。思得從弟子者其道行，得畏弟子者其道光。羽洙規先生未融鋒稜。

丁巳（一六七七）四十三歲

正月朔，思氣不沉，神外露，非雄壯也。萎歉不學，而省言斂氣，非沉定也。蕭九苞問曰：「復井田，則奪富民産，恐難行。」先生曰：「近得一策，可行也：如趙甲田十頃，分給二十家，甲止得五十畝，豈不怨咨。法使十九家仍爲甲佃，給公田之半於甲，以半供上終甲身；其子賢而仕，仍食之，否則一夫可也。」元宵懸齋前一燈，羣聚觀。先生歎曰：「盌大紙燈何足盼，而羣聚者，通巷無燈也。士君子生於後世，雖羣望集之，必當進而與堯、舜、周、孔相較，則自見其卑，前途無窮；若遽以寸光自多，不幾窮巷之紙燈乎！」王法乾曰：「每苦無聊，便思息肩。」先生曰：「此大惡，宜急改。莊周、佛氏，大約皆不耐境遇之苦而逃者也。」五月嫁祖母張氏逝，服弔衰，葬除。六月，如易州，會田治埏、馮繪升、楊孔軒，論學。治埏名乃畝，易州人，孫徵君弟子。繪升名夢禎，安州人，孝繼母，知正學。孔軒名思茂，山東人，以祖旅遼左，遂入旗，孔軒贖歸民籍，居新城，有文武偉志，親喪，廬墓三年。九月，與王法乾交責爲學不實，宜天降殃，共服先君子樸實。十月，訪宋賡休、楊計公，論學。賡休名會龍，博野人，童年游京師，一僧講法曰：「説人陞天堂，自己陞天堂；説人下地獄，自己下地獄。」賡休笑，僧曰：「汝童子何笑？」曰：「笑汝不識字耳。説，悦也，一言罪小，悦人福，心何其善，福至矣；悦人禍，心何其惡，禍至矣。」僧愕然，已而曰：「君必前世如來也」，拉至一水甕照之，見已頭瓔珞環垂，如繪佛、菩薩狀。賡休遽醒曰：「幻僧，而以術愚我入邪教耶！」僧驚謝去。善事續母，祭神必齊戒，樂施與。邑數十鄉有紛難難平，賡休到即釋。其生忿弟毆其子，且將興訟。賡休曰：「君愛子乎，惜令先君不在耳。若在，令弟胸創可使見乎！」生遽已。一少婦縊死，其母必令壻家作佛事，賡休往説之。嫗掩扉拒曰：「翁所言皆聽，惟吾女苦死，必資佛力拔，勿啟齒。」賡休曰：「嫂壽幾何？」曰：「七十。」曰：「求出共商。」曰：「吾婦人，孰與男立！」賡休乃大言曰：「七十老嫗，尚不立男側，況幻女牌位，令羣僧隨舁，不驚魂飛越乎？若女苦死，憐之惟慈母，豈可又使僧眾諠闐，驚散其魂乎！」乃止。

其他類此難僕數，而不食人一盂，不受人一錢謝也。許公、安平諸生，知兵，能技擊，精西洋數學。十一月，如甯晉，哭奠張公儀；之趙處士墓，弔之。處士名琰，安肅人，甲申後，不應童子試，就學於公儀，其卒也，白虹貫日。先生詩云：「孝友清高素慕君，神交未遂范、張心，白虹貫日當年事，遂拜孤墳憑弔深。」過滹水，由橋，思橋、舟，王、霸之分也。橋普濟而無惠名，舟量濟而見顯功，君子其橋乎！曰：「陳同甫謂人才以用而見其能否，安坐而能者不足恃；兵食以用而見其盈虛，安坐而盈者不足恃。吾謂德性以用而見其醇駁，口筆之醇者不足恃；學問以用而見其得失，口筆之得者不足恃。」十二月，訪安平趙衛公、啟公，兄弟，皆有武勇。言可訒言少年志爲聖賢，亦訪之。訒言名默，自此時來問學。

戊午（一六七八）四十四歲

正月，定每年元旦後，以次讌敬族尊長。思海剛峯曰：「今日之信程、朱，猶戰國之信楊、墨，吾謂楊、墨道行，無君無父；程、朱道行，無臣無子。試觀今日臣子，其有以學術致君父之安，救君父之危者，幾人乎！」抄祁州學碑，刻洪武八年頒學校格式：六藝以律易御，禮、律、書爲一科，訓導二員教之；樂、射、算爲一科，訓導二員教之。守、令每月考試，三月學不進，訓導罰俸半月。監察御史、按察司巡歷考試，府生員十二名，州八名，縣六名，學不進者，守、令、教授、訓導罰俸有差；甚多，則教官革職，守、令笞四十。三代後無此學政，亦無此嚴法，誰實壞之！源按：三代以後，開創帝王，可與言三代治道者，明太祖一人而已。惜無王佐之才如先生者以輔之，遂將所創良法如此類，不久卽變，不變者後人壞之。惜哉！惜哉！八月一日，親御載糞，失新易鞭。思以年長多疾，定不力作。今復力作，省半工而失一鞭，非命乎！徒自貽不安命之咎耳。九月，會李天生于清苑，論學。天生名因篤，陝西富平人，能詩文，時以博學鴻儒舉，至京考授翰林院檢討而歸。十月，一門童歐先生弟亨，責之不伏，逐之失言，既而悔之，以犯劉煥章所戒也。煥章嘗規先生曰：「君待人恩義甚切，而人不感，或成讐者，以怒時責人語過甚也。」夜不眠，内子問故，曰：「吾嘗大言不慙，將同天下之賢才，爲生民造命。乃恩威錯用，不能服裏中之童，愧甚！憂甚！」與高生言承歡。生曰：「非無心也，發不出耳。」曰：「發不出，痼蔽深也。愉色婉容，性質本具，但痼蔽後須著力發，發出又須頻頻習熟，故曰『庸德之行，不敢不勉。』」十一月，入蠡哭郭敬公，三日不歌不笑；送葬，哭之哀。先生族人爲尉虐，被繫纍纍，乃訟之縣，事解。曰：「爲治去四穢，其清明矣乎，時文也、僧也、道也、娼也。」十二月，以今歲覺衰，書一聯曰：「老當更壯，貧且益堅。」

己未（一六七九）四十五歲[一]

正月，塨同李毅武拜先生問學。先生謂塨曰：「尊君先生老成寡言，僕學之而未能；内方而外和，僕學之而未能，足下歸求之而已。」毅武名倜，邢臺人，志學聖學，篤孝友，燕居必衣冠，如對大賓，見不義事，去之如掩鼻而走惡臭也。如蠡與塨交，共學琴，學舞，學禮，闢佛、老力，故同問學于先生。二月，謂門人曰：

[一] 畿輔叢書誤作四十三歲。

「天廢吾道也，又何慮焉；天而不廢吾道也，人材未集，經術未具，是吾憂也。孔子修春秋曰：『我欲托之空言，不如見諸行事之深切著明也。』會典大政記，實竊取之。如有志者鮮何！」因吟曰：「肩擔寶劍倚崆峒，翹首昂昂問太空。天挺英豪中用否，將來何計謝蒼生。」或問：「守禮，人將以爲執？」先生曰：「禮須執，聖言也。」安州陳天錫來問學，謂程、朱與孔、孟，隔世同堂，似不可議。曰：「請畫二堂，子觀之：一堂上坐孔子，劍佩、觿、决、雜玉，革帶、深衣。七十子侍，或習禮，或鼓琴、瑟，或羽籥舞文，干戚舞武；或問仁孝，或商兵、農、政事，服佩皆如之。壁間置弓、矢、鉞、戚、簫、磬、算器、馬策、各禮衣冠之屬。一堂上坐程子，峨冠博服，垂目坐如泥塑，如游、楊、朱、陸者侍，或返觀打坐，或執書吾伊，或對譚靜敬，或搦筆著述。壁上置書籍、字卷，翰硯、梨棗。此二堂同否？」天錫默然笑。之田行徐而莊，思此無暴其氣也，而即所以持志。思老將至，而身心未可自信，如作聖初志何。又思致用恐成馬謖，宜及時自改。賈子一問家變。先生曰：「舜之化家也，其機在不見一家之惡。爲子計，須目盲，耳聾，心昧，全不見人過失，止盡吾孝友，方可化家而自全。」途遇蠡令，避人門下，令回首諦視久之。因思吾人不言不動，猶的然致世別眼，況輕言妄動，焉能晦其明以求免乎？九月謂人曰：「人宅内供仙、佛不祥，如人請僧或道士常住宅中，可乎？」弔蠡縣殉夫徐烈婦。客有見先生颭場者，異之。先生曰：「君子之處世也，甘惡衣粗食，甘艱苦勞動，斯可以無失已矣。」語可訒言曰：「佛氏是勿視、聽、言、動，吾儒是非禮勿視、聽、言、動。」十月，左目上生瘡，後久不愈，左目遂眇，途行遇風輒作痛，避息。

庚申（一六八〇）四十六歲

正月朔，丑興，隱然見一烏衣矮人。巳，祭祖考，父生牌忽跌仆如稽首狀。疑父已逝矣，大慟！自此于父生位前供箸饌，以人神之間事之。看陳龍川答朱子書，至「今之君子，欲以安坐而感動之」，浩歎曰：「宋人好言習靜，吾以爲今日正當習動耳！」王法乾父廷獻卒，先生往哭奠。規法乾行喪禮。廷獻翁名蘊奇，定州衛諸生，性仁厚，友于弟，以次女妻塨，已而卒。先君子曰：先共法乾議。壻則猶是也，而君女亡矣。俗以壻繼娶爲續女歸寧非禮也。」翁然之。其女未于歸時，有糧數石，翁遣車送至。先君子曰：「令女在時，未聞有此也，則君家物耳，請載歸。」翁曰：「亡女爲李氏之鬼，其遺物豈王氏之物哉！必不可歸。」先君子受之。四月二十四日，先生叔父愉如卒于京邸，先生聞之，慟哭成服。五月，塨來謁，先生衰麻出見，教學小學、曲禮。深州國公玉來問學。公玉初名之元，避先生，改名之桓。先生自二月買石氏女爲側室，以身有疾未納，女癡且顛，爲媒欺也。至四月，讓媒氏返得原金。六月，媒轉鬻之旗下，先生悔之。七月，塨往諫。先生泣曰：「吾過矣！吾父無處所，而年四十餘，先人血嗣未立，住與行罪皆莫逭。前擬有子卽出，後迫于時晚，以爲但見子産卽出，後更不及待，但見有孕卽出。乃天降罰，老妻不育，置一婢爲人所欺，短；又置一側，爲人所欺，癡。故眩亂之極，遂欲將此原金再圖一人，而不知其過戾至此也，敢不速更！盡出原金贖女歸其父，不責償。」塨感先生改過之勇，立日譜自考，自此始。閏八月，思爲學之難也，如行步也，心在則中規矩，心不在則不中規矩，所爭在敬肆。而人見其某時如此，某時又如彼，遂指以爲僞矣，敢不力乎！王法乾指其門人某曰：「渠能以冷眼窺人。」先生曰：「切不可教之如此。昔人有言，社稷丘墟，凡爲子孫者，當戮力王室，且勿以名分相責。方今孔子之道塗地，但有志者，卽宜互相鼓舞，以相勉於聖道之萬一。有八長而二短，姑舍其二；有八短而二長，姑取其二。後生尺寸未進，先存心摘人短，此何意也？」或告兄弟惡，先生淒然曰：「君有惡兄弟，幸也；若某欲求一惡兄而恭之，一惡弟而友之，得乎！」其人感動。聞先君子事親，夙興拜牀下，初不令父母知。獨左右就養，委曲有道，以使昆弟安。歎曰：「吾不如也。」塨規先生言躁而長，猶未改。先生曰：「古人養充而神靈，養充則改過有力，神靈則一點卽化，僕正賴良友夾扶耳。」因出日記令塨評。劉煥章規先生曰：「顏子之明，何至爲佞人欺，而夫子教之遠者，乃恐賢豪恃聰明，欲駕馭英雄，不覺爲佞人誤耳。」先生服其言。九月，博野鄉耆謀公舉先生賢能，先生力沮之。語塨曰：「春秋惟當以道致霸，戰國必當以道致王。孔子欲爲尊攘事，故仁管仲；孟子無須此矣，故卑之。易地則皆然。」教塨三減：曰減冗瑣以省精力，減讀作以專習行，減學業以卻雜亂。如方學兵，且勿及農；習冠禮未熟，不可更及昏禮。又語塨曰：「猶是事也，自聖人爲之，曰時宜；自後世豪傑出之，曰權略。其實此『權』字，卽『未可與權』之『權』，度時勢，稱輕重，而不失其節，是也。但聖人純出乎天理，而利因之；豪傑深察乎利害，而理與焉。世儒等之詭詐之流，而推于聖道外，使漢、唐豪傑，不得近聖人之光，此陳龍川所爲扼腕也。僕以爲三代聖賢，『仁者安仁』也；漢、唐豪傑，『智者利仁』也。」塨問：「古人子婦事舅如父，今遠避以爲禮，何也？」曰：「古人三十而娶，有子婦則已老矣，故可近事。今人昏早，父子年多不甚相遠，則別嫌爲禮，今時之宜也。」十二月，先生叔父柩還自京，竭力佐其子亨葬之，因思父，哭甚慟！曰：「勇，達德也，而宋人不貴，專以斷私克慾注之，則與夫子『不懼』二字及『勇士不忘喪其元』，『臨陣無勇非孝』等語，俱不合矣。奈之何不胥天下而爲婦人女子乎？」

辛酉（一六八一）四十七歲

正月，携塨如獻縣拜王五公先生，弔高公夢箕墓，并會五公門人吴瑾等。回過深州國公玉家，抵安平，晤彭古愚、彭子諒。二十五日，哭奠叔父主前，告練。二月，往哭奠朱參兩。坐王法乾齋，相對衎衎，忽覺期服忘哀，卽謹。三月，觀塨日譜，白圈甚多，曰：「此非慊也，怠也。怠則不自覺其過，不怠則過多矣。僕記中純白圈，終歲只數箇。自勘私欲不生，七情中節，待人處事，無不妥當，乃爲慊。故嘗與呂文輔言，聖門『三月不違仁』者固難及，卽月至日至，亦何容易！僕并不可言時至，祗刻至耳。」期服雖練，每日必思慕數次。謂夏希舜曰：「舜何罪？須知父母不悦，卽我之罪。舜何慝？須知感動父母不能，卽我之慝。『慝』字更苦，更精。蓋罪猶有事實可指，慝則并無其事，但見父母不允不若，必我心中暗有不可感動者在也。」養同高祖侄爲子，名之曰爾櫕。書塨所箴「滕口木雞」四字於東西壁，莊對致敬，如諍友在旁。思人不能作聖，只是昏惰，惰則不緝，昏則不熙。參訂司馬光十科取士法。源按：唐、宋科目甚繁，温公十科差勝，要皆出仕之人，而間雜以未仕者，總不外明經、進士而已。是取之以章句辭華，而另設科以用之，欲人才之得難矣。不如卽以先生所述三物之教，復古制鄉舉、裏選，各取其長，而分兵、農、禮、樂諸科以用之，終身於一職。以其職之尊卑爲升降，而不雜其途，庶人才可以競出，政事可以畢舉，又何事于唐、宋科目哉！先生存治之意如此。今蓋姑取其科之近似者，檢較之耳。曰：「彭濟寰嘗戒予，謂大病是心中話即説在口中，至今二十年未改也，恥哉！」四月二十四日，哭奠叔父主，告釋服。聞劉宰宇以豪俠老而甘貧，獎之。齊爗燧侯問學。時與張文升共學韜鈐，先生每入蠡城，則商酌徹晝夜。觀王法乾日記曰：「仁者不見菲薄之人，情不相召也。存於中者戾，而感應甚神，可畏哉！」服其深中膏肓，録之。思周、孔似逆知後世有離事物以爲道，舍事物以爲學者，故德、行、藝總名曰物；明乎六藝固事物之功，即德行亦在事物内。大學明、親之功何等大，而始事衹曰「在格物」。空寂靜悟，書册講著，焉可溷哉！八月，以患瘡久，氣血虚，乃更弔日在喪家不御酒肉，移處則用。偕塨習禮，教之曰：「旋轉貴方圓，唱禮貴高亮。方圓又貴中節，高亮又貴有謹慎意。僕嘗謂呼弟子及奴僕，聲音亦宜莊重，而忌陵傲之。」王法乾摘塨過曰：「剛主交某某，又與某通有無，可憂。」先生曰：「果有之乎？然吾以爲剛主不及吾二人在此，其勝吾二人亦在此。吾二人不苟交一人，不輕受一介，其身嚴矣。然爲學幾二十年，而四方未來多友，吾黨未成一材。剛主爲學僅一載，而樂就者有人，欲師者有人。夫子不云乎：『水清無魚，好察無徒』，某將以自改也。」思齊家之難，誠哉！嚬笑不可苟也。行必習恭，步步規矩，如神臨之。始製懸門齊戒牌，每齊戒懸大門外云：「今日交神，不會客，不主醫方，親友賜訪，請暫回，或榻他所，祭畢領教。」看家語至趙簡子鑄刑鼎，孔子歎曰：「晉其亡乎？法銘在鼎，何以尊貴，何業之守！」因著説，謂法寄之人也，銘在鼎，將重鼎而輕人，法必失。道行之人也，刻在書，將貴書而賤人，道必亡。十月，約塨以月之三五日會質學。先生從不入寺，不與僧道言。至是悔，曰：「如此何由化之？此即褊狹不能載物之一端也。」十二月，著明太祖釋迦佛贊解。

壬戌（一六八二）四十八歲

正月，先君子設穀日之筵，先生司禮，同劉焕章、張函白、王法乾、張文升、魏秀升諸友彈琴、賦詩，習射，演數，歌舞，藏鉤，極樂。先生作穀日燕記。塨從先生如獻縣，與王五公先生議經濟。國公玉邀衡水魏純嘏來，傳天文之學。思古學教法，「開而弗達，强而弗抑」，又古人獎人嘗過其量，吾皆反此，不能成人材，不能容衆，自今再犯此過，必罰跪。先君子規先生曰：「滿腹經濟，再求中節。」先生謝焉。四月，塨病疫，先生盤桓蠡城，醫之。七月，著喚迷途，後又名曰存人編：一、喚尋常僧道，二、喚參禪悟道僧道，三、喚番僧，四、喚惑於二氏之儒，五、喚鄉愚各色邪教。九月，與塨訂規約，以對衆不便面規者，可互相秘覺也，云：「警惰須拍坐，箴驕示以晴，重視禁暴戾，多言作嗽聲，吐痰規言失，肅容戒笑輕。」謂張函白曰：「千古學者，皆被孔子『狂、簡』二字説定；狂而不簡，則可進於中行矣。千古狂者，皆被孟子『進取不忘其初』一語説定；進取而忘其初，則可幾於聖域矣。吾與法乾、剛主皆愧是焉。」如保定府，哭奠吕文輔，晤孫征君十一子君夔。塨進于先生曰：「五穀之生也，生而已矣，長也，長而已矣，不自知其實而穡也。學者有進而無止也如之。孔子從心不踰時，猶思再進也。塨竊窺先生，近若有急急收割意焉。且夫英雄敗于摧折者少，敗於消磨者多，故消磨之患，甚於摧折，不知是否？」先生曰：「是也，願急改策。」

癸亥（一六八三）四十九歲

正月，如易州，望荊軻山，詩云：「峰頂浮圖掛曉晴，當年匕首入强嬴，燕圖未染秦王血，山色于今尚不平。」四月，博野知縣羅士吉差役來候，以王五修子贊及崔詹事蔚林、楊太僕爾淑言也。蔚林字夏章，學宗陸、王；爾淑字湛子，孫徵君門人，俱新安人。六月，河南楊蔭千來訪問學，奉喚迷途而去。喬百一書來論學。百一名己百，臨城人，明末給事范士髦嘗薦于朝，已而國變，遂高隱。與塨往返書有云：「孔子教人不過忠信、忠恕等語，不止罕言命，亦罕言性。蓋性命之説渺茫，不如實行之有確據也。實行敦，而性命自在其中矣。此孔子維世立教之深意也。」可爲名言。閏六月，納所買田氏女爲側室。張函白規先生固執，兼輕信人。王五公先生亦謂曰：「流丸止于甌臾，流言止于智者。」先生服之。一族弟無狀，先生責之，其人曰：「大兄惠我一家，原感不忘。因大兄表功，故反成怨耳。」先生悚然自悔。九月，先君子病，先生視之。既彌留，先生問教，曰：「嘉哉！尚有始有終。」卒，先生哭奠。挽聯曰：「勁脊柱乾坤，操嚴端介。柔腸和骨肉，德重孝恭。」批周子太極圖之誤，主靜之失。

卷　下

甲子（一六八四）五十歲

正月，國公玉來請執贄，先生以其年長于己，辭之。二月，王五公先生卒，先生聞之大慟！已而聞其目不瞑，歎曰：「五公不瞑目矣，吾之目其可瞑耶！」初志尋父，以事恩祖不遂，及歸宗，值天下多故，又思爲父母立一血嗣，乃出，耽延數年，今不及待矣，遂決計尋親。三月，爲位哭奠王若谷。若谷字餘厚，五公從兄，同起兵討賊者，嘗過先生。至易州坎下，會葬五公先生，私謚曰「莊譽」。又之郎仁，哭奠楊計公。先生自誓尋父遼東，不得則尋之烏喇、船廠諸處；再不得，則尋之蒙古各部落，再不得，則委身四方，不獲不歸，故凡友朋當哭奠者，皆行乃出，不欲留亡者以缺也。四月八日，隻身起行，如關東尋父。過涿州，晤陳國鎮。國鎮名之鉉，涿州人，鹿忠節公善繼弟子。善繼講學宗王守仁，而躬行切實過之。嘗語人曰：「傳吾學者，杜越而外，陳氏子而已。」年七十余，諄諄提引後進，不少倦。人問之曰：「先生亦苦寂寞乎？」曰：「動靜皆有事，何寂寞之有？」大學士馮銓同城居，謀請見，不得。十七日入京，刻尋父報帖，貼四城門及内城各處。對人言則泣，人聚觀則叩首白，求代尋。來報，重謝之。斧資取給醫卜，親友饋贐亦受之。五月十五日，出朝陽門而東，每朔望必望拜家祠，答室人拜。二十日抵山海關，海吼，山水暴漲，又無路引，不得出關。見山海之雄，歎曰：「夏、殷、周之得天下也以仁，失以不仁。漢、唐、宋之得天下也以智，失以不智。金、元之得天下也以勇，失以不勇。」六月四日，遇豪士曹梅臣者，爲經營路引，乃得出。十三日，過韓英屯南，已至奉天府，即瀋陽也，主堂兄在旗者希湯家。時東鹿友人張尚夫之兄張鼎彝東岩任奉天府丞。往拜尚夫，因見東巖，求散佈州縣尋父報帖。逢人則流涕跪懇，與之報帖，求其傳佈。七月，張東巖作毀錦州念佛堂議，先生爲之作檄，作說，入存人編。八月，報者沓至，往驗則非，先生日夜悲楚。交程玉行。玉行，山東人，有學，具壯志，以事編居瀋陽。滿州筆帖式關拉江問性、情、才。先生曰：「心之理曰性，性之動曰情，情之力曰才。」因言宋儒不識性，并才、情俱誤。拉江驚服，遂拜從學。拉江宿于外，先生問之，曰：「吾妻有親喪，念婦人亦人子也，豈可亂其喪哉！」先生喜曰：「禮所未制之禮也，而合矣。」四出尋覓，日禱父信于神明。

乙丑（一六八五）五十一歲

二月朔日，傳蓋州南有信，先生如海、蓋等處。三月，宿遼陽城，出陷翻漿泥中；七日至蓋平，十九日又陷泥中，失履出；過耀州，二十日入海城縣，二十五日入遼陽，俱貼報帖，遍諮詢不得。三十日，復返瀋陽。三月三日，擬東往撫順。四日，瀋陽有銀工金姓者，其婦見先生報帖，類尋其父者。使人延先生至家，問先生尋親緣故，先生泣訴。婦驚泣，曰：「此吾父也！」先生乃詳問父名字、年貌、疤識，皆合。婦又言：「父至關東，初配王氏，無出。繼配劉氏，生己。曾以某年逃歸内地，及關被獲，遂絶念。康熙十一年四月十二日卒，葬韓英屯。」因相向大哭，認爲兄妹。先生又出遍訪父故人，言如一。八日乃定税服，十一日，宰猪羊祭墓，立主慟哭。自此寢苫、枕塊，不食甘旨，朝夕奠，午上食，哭無時，識交皆來弔奠，人人歎息稱道。十二日，行初虞禮。四月朔，奠告奉主歸，隻身自御車，哭導而行。日朝夕奠，午上食，不怠。凡過大水、橋樑、城門必下而再拜祝告，溝渠、徒杠、莊門，車上跪祝，或俯車秘祝，乃過。是日兄及妹夫金定國識交等，俱遠送哭别。十二日達松山堡，行忌日奠，途哭無時，惟至人宅，哭止數聲，不揚。十八日，入關，往謝曹梅臣，梅臣來弔奠。嗣後遇前助力饋贐者，皆謝之，弔奠繹接。十九日行再虞禮。三十日過京，五月五日至博野七里庵，先期達服親，皆成服迎奠，哭拜，相向哭。已入里，至宅安主，行三虞禮，遠地親友皆來弔奠，賻則辭。十三日葬父生主于祖兆，告蠡庠教諭以丁憂。六月八日，行卒哭禮，九日行祔祭禮，自此惟朝夕哭。讀士喪禮，歎古聖書多記事，後儒書多談理，此虚實之别也。從三叔父怡如病，請同寢奉養之。七月十六日，怡如卒，其子早壯方孩提，貧，先生代葬之。是後朝夕哭考。其間思及從叔，則哭叔。十二月十六日，哭奠三從叔，告除服。高陽齊林玉有雄才，河南墾荒，先生隨之。

丙寅（一六八六）五十二歲

正月，教諭不敢以税服報先生丁憂，先生必不易服應考，因棄諸生。二月，思孟子曰「先立乎其大」，今小事皆能動心，小不平皆能動性，正是大不立也。三月八日，行小祥禮。自此易練服，止朝夕哭，惟朔望哭奠，頗食甘美，但不飲酒、不食魚肉稻。王學詩來執贄，先生不許，長跽兩晝夜以請，先生曰：「吾惡夫世之徒師弟名而無其實者。汝今居大母喪，能從吾喪禮行，再來，受子矣。」乃去。學詩字全四，完縣人，傭身葬父，割股肉療母疾，學使奏聞，并及其父三錫之孝、祖母金氏、母邊氏之節，領六十金，建三世節孝坊。嘗從孫鍾元徵君、魏庸齋司寇遊。四月十一日，思喪禮不言齊戒，以無時不齊戒也。今予年逾五十，愧不成喪，食蔬不免葱韭，則祭前須齊戒。十二日，行忌日奠。博野知縣羅士吉具牲來弔祭成禮。先生往縣謝，致胙二方，望署門稽顙拜而還。先生偶坐門外，聞言幾失笑，乃知喪禮不耦坐，不旅行，有以也，遂入。一日晏起，因思喪中廢業，兼以毀瘠，極易萎惰。故先王制祝詞曰：「夙興夜處，不惰其身。」然期以內哀慕不遑，不惰猶易；練以後，哀思日殺，心身少事，逸斯惰矣，惰愈憊矣。故孔子曰：「喪事不敢不勉。」五月十三日，聞關東大兄卒，稅服三月。先生自外過中門，側室田氏急掩扉避，先生遙嘉之曰：「可謂能守禮矣。」八月十三日，爲關東大兄位，奠告服闋。謂門人曰：「初喪禮，『朝一溢米，夕一溢米，食之無算。』宋儒家禮刪去『無算』句，致當日居喪，過朝夕不敢食，當朝夕遇哀至，又不能食，幾乎殺我。今因家禮『練後止朝夕哭，惟朔望未除服者會哭』，凡哀至皆制不哭，疑聖人過抑人情。昨讀子夏傳曰：『既練，舍外寢，始食菜果，飯素食，哭無時』，乃歎先王制禮，盡人之性。宋人無德無位，不可作也。」

丁卯（一六八七）五十三歲

自儆曰：「堯、舜之聖在精一，吾不惟不精，而方粗如糠稗；不惟不一，而且雜如市肆，愧哉！懼哉！

須極力培持，上副天之所以生我者，可也。」三月二日，聞嫁母病，亟之隨東侍疾。五日回里齋戒，八日行大祥禮，始參用儀禮。先生主初獻，主婦亞獻，以邊生作賓，三獻。祭訖，急如隨東，則母卒矣，大哭。服弔衰。弔賓爲先生來者，拜謝，非則否。十一日奠，十五日送葬，十六日哭拜，辭主而回。二十五日行禫祭禮，四月朔日，奉考主于家祠，行吉祭禮。乃遷曾祖考妣主于祧室，安祖考主于祖室，考主于禰室，以殤子赴考祔。十二日行忌日祭，十五日始行望禮于家祠、習齋。與家人爲禮，命田氏隨女君拜祠，拜君，女君，皆四。坐受子拜父母畢，揖之，一切復常。惟不樂，不華飾，以尚有心喪也。行醫于祁州，濟貧，且欲廣成人材也。六月，刁過之、石藍生約共習禮。羅令懸匾表先生門。許西山致書于先生，論學。先生以周、孔正學答之。西山先生，諱三禮，河南安陽人，順治辛丑進士，選杭州海寧令。邑煩劇，又值三藩變，政務旁午，先生撫民擒寇，皆有方略。且延士講學，行禮樂，考經史。廚傳繽紛，先生處之裕如也。署後建告天樓，每晨必焚香告以所爲。辛酉入授御史，已巳遷至副憲，特疏劾内閣徐元文與其兄尚書乾學，侍郎高士奇鐫一級，而徐、高亦由是去位。著河洛源流、政學合一等書。源流略云：「聖道一、中，原通天地民物爲一，全體大用，揆文奮武，皆吾心性能事。但自孔子沒，而中行絶，狂、狷兩途，分任聖道，乃氣數使然，不可偏重。狂者進取，如張良、韓信、房、杜諸人，皆能開闢世界，造福蒼生，然求其言行之盡規規聖道，不能也。狷者不爲，如程顥、朱熹、陸九淵諸人，不義不爲，主持名教，然欲其出而定鼎濟變，如古聖之『得百里而君之，朝諸侯，有天下』，不能也。二者分承協任，庶見聖道。若但認孔子爲一經學儒生，則非矣。」庚午，官至兵部督捕右侍郎，辛未卒。塨與張文升推衍存治，文升著存治翼編。塨著瘳忘編，先生訂正之。七月三日，謂紹洙曰：「犧其來，予心告矣。」入紹洙問，曰：「素不妄動。」已而爾犧果至。紹洙，遠族叔也，以貧養于習齋，數年如一。八月過保定府，謁魏蓮陸所建五賢祠：程明道、程伊川、劉靜修、鹿忠節、孫徵君，以其皆郡人也。配饗者爲杜紫峯、張聚五、張石卿、孫君僑、高薦馨、孫衷淵。王法乾謂先生曰：「君子口代天言，甯容易乎！」先生是之。十一月，過安平，可訒言勸先生以時文教人，藉以明道倡學。先生曰：「近亦思及此。」十二月，訂塨所著閱史郄視。聞劉煥章無疾而卒，面色如生，大哭。往弔奠，爲作行狀。

戊辰（一六八八）五十四歲

正月，常功增：日三復「毋不敬，儼若思，安定辭，安民哉」。朔日，遭還初伯緦喪，哭奠，慟。時先生内子復姓李。復移祁州藥鋪于家。思待聖賢以豪俠，待豪俠以聖賢，待庸愚以聖賢豪俠，待奸惡以聖賢豪俠，或處之如庸愚，則失其心，則致其侮或害，皆己過也。而乃委命之不淑，人之難交耶！二月，出棉百斤，助還初子文芳治喪。文芳，爾犧生父也。王學詩卒，先生如完縣弔之，揖而不拜，以其歸能行朔望哭奠禮，收之爲門人也。四月朔日，告還初伯于殯宫，除服。看塨四書言仁解。七月朔日，行禮畢，謂内子曰：「吾與子雖病，但能起，勿怠於禮。」塨規先生病中鬱鬱，是中無主也。先生卽書于冊面，自警。鹿密觀來訪。思宋室臣子所宜急商榷者，正在朝廷利害，邊報差除。乃范益謙首以爲戒，與門人舍職掌談學，皆失聖道，而予中年曾受其疫染也。十月，如獻縣哭奠王曙光。十一月，如高陽拜孫文正公祠。如新安，拜謝馬開一，會僧鶚立，是時凡助尋父者，皆往謝之。如郝闕，與馮繪升言存性、存學。繪升初疑，後是之。十二月，李植秀從遊，學禮。

己巳（一六八九）五十五歲

正月，訂一歲常儀常功：凡祭神用今儀，通三獻，詣位讀祝，共十二拜，較會典減三拜者爲成儀，連獻五拜者爲減儀。春祭祖考，秋祭考，俱大齊。季秋特祭孔子，孟春祀户，孟夏祀竈，季夏祀中霤，孟秋祀門，孟冬祀水，俱中齊。清明、十月朔，從族衆祭祖墓，亦中齊，皆用成儀。凡朔望、節令、親忌日、己生日及祭外親友，或同老幼祭分派族人墓，俱小齊，用減儀。朔有薦，望惟酒果。大齊，七日戒，三日齊；中齊，散齊二日，致齊一日；小齊，散齊一日，致齊一夜。大齊必沐浴，中齊沐浴或澡拭，必入齊房；小齊必別寢。戒日懸内齊戒牌，書云：「戒不弔喪，不問疾，不怒責人，不入内，不與穢惡，飲酒不至三盞，食肉不茹葷。」齊，沐浴，著明衣，遷坐，不會客，不方主，不理外事，致思所祭如在。齊日懸外齊戒牌，書云：「今方交神，不敢會客，不敢主方，賜訪親友暫回，祭畢候教。如遠客，煩族親延榻他所，祭畢恭迎。」凡倉卒與祭外神親友，又有時齊、刻齊之例，謂立刻卽屏他念，禁言語，專思所祭也。凡祭令家人辦祭品，務潔肅。凡朔望、節令謁祠出，中堂南面，妻北面四拜，惟冬至、元旦八，皆答再，妾拜同，不答；子拜同，不答；妾拜妻，儀同拜君；子孫惟元旦拜妾再，妾答拜。凡出告、反面于家祠前，俱如生人禮。今因禮言「無事不闚廟門」，定卽日反者揖告祠外，經宿以上再拜告簾外，旬日以上乃啟簾焚香設薦告之。教妻行禮同，是謂家禮。朔望出至習齋，焚香，率子及從學弟子拜聖龕四，畢，坐受弟子拜四，是謂學儀。凡出，過祠必下，淫祠不下，不知者式之，行樹壁外式。文廟壁外亦下，過墓必式，惡墓不式。若名賢宗族及至親厚友之父母，准下祠例。有所惻，必式，如見瞽者、殘疾、喪衰、城倉倒、河決、殺場之類。有所敬必式，如遇耄耋，望祠廟，望祖塋，過忠臣、孝子、節烈、遺跡、賢人裏之類。凡過祖塋，日一至揖，再至趨，旬以上再拜，月以上四拜。恩祖父母、師墓同。凡賓主相見，見師，曰見揖，旬以上再拜，月以上四拜；交友皆再拜，會常客如常儀。凡吉禮遭喪皆廢，雖緦亦然，此一歲常儀也。習禮、樂、射、禦、書、數，讀書，隨時書于日記，有他功隨時書。每日習恭時，思對越上帝，謹言語，肅威儀。每時心自慊則○，否則●，以黑白多少別欺慊分數，多一言♂，過五則⊗，忿一分♂，過五則⊗，中有×，邪妄也。如妄念起，不爲子嗣比內，皆是。每晨爲弟子試書講書，午判倣教字，此一歲常功也。有缺必書。新爲却疾求嗣計，增夜中坐功。謂張文升曰：「如天不廢予，將以七字富天下：墾荒，均田，興水利；以六字强天下：人皆兵，官皆將；以九字安天下：舉人材，正大經，興禮樂。」二月，塨執贄，正師弟禮。先生歎曰：「『素隱行怪』者有其人，『半塗而廢』者有其人，『依乎中庸遯世不悔』者，吾非其人也，竊有志焉。」思心時時嚴正，身時時整肅，足步步規矩，卽時習禮也。念時時平安，聲氣時時和藹，喜怒時時中節，卽時習樂也。玉帛周旋禮也，不爾亦禮；琴瑟、鐘鼓樂也，不爾亦樂。故曰：「禮、樂不可斯須去身。」王法乾論友主擇交，先生主節取。三月習琴。十一日，誕日也，家人請拜。先生泣下曰：「予兩間罪人，不及事父母，敢當家人祝乎！」乃例不祝壽。是日與人送葬，遂泣不已，自傷也。知養子有隱疾，不能嫿嗣，且有室變，大憂。旋以命自解，乃謀養孫爲後。李植秀來問禮，曰：「子有祖父在，禮不得專行。吾聞人子善言常悦于親耳，善行常悦於親目，須潛孚祖父，若自其己出，而我奉行之者，乃善。此吾在朱氏時所自勉也。」習騎刀式，始及雙刀。四月，學使李公應薦、知蠡縣事趙公旭，俱遣人懸匾旌閭，趙兼有餽儀，先生受而不報。時蠡人士公舉先生于縣，將達道院上奏，國公玉亦謀遍揚當道，先生力止之。謂塨弟培曰：「僕抱禹、稷之心，而爲沮、溺之行，如函劍而欲露寸光者。法乾謂不如全函，剛主謂不如多露，皆非僕志也。」如蠡哭奠塨世父保初。世父諱成性，康熙初，以恩貢截留提選通判，辭老不就。先生私謚之曰「節白」。五月，塨問曰：「近日此心提起時，萬慮皆忘，衹是一團生理，是存養否？」先生曰：「覩子九容之功不肅，此禪也，數百年理學之所以自欺也，非存養也。予素用力，靜則提醒、操持，動則明辨、剛斷，而總以不自恕。蓋必身心一齊提起，方是存養，不然，則以釋氏之照徹萬象，混吾儒之萬物一體矣。」七月，教李植秀及幼弟利，學士相見獻酬禮，令肄三。王法乾曰：「程、朱何可操戈？試看今日氣運，是誰主持？家讀其書，取士立教，致君臨民，皆是也。」先生曰：「元亦謂今日是程、朱氣運，正如周季自是五霸持世。然必以爲五霸持世，不如堯、舜；程、朱持世，不如孔、孟。」已而曰：「謂朱、程持世，尚過其分。十分世道，佛氏持三分，豪俠持三分，程、朱持三分，仙氏持一分，聖道焉得不皇皇表章也！」刁文孝之子靜之來，言靈壽知縣陸隴其求先生所著書，清苑知縣邵嗣堯欲相見。先生謝曰：「拙陋不交時貴，吾子勿遊揚也。」隴其字稼書，浙江平湖人，爲程、朱學，居官清介。嗣堯字子昆，山西猗氏人，學陸、王，清威有吏才。以祭門神齊戒，有雜念，思祭神猶難于齊，況平常而能齊明也，即專思神。二十九日，出也行中規矩，入則否，歎曰：「甚矣，周旋中禮之難也！」李植秀問曰：「秀尋師問道，人多毀忌，如何？」曰：「天下方以八股爲正業，別有講作，皆曰閒雜，皆屬怪異。汝初立志，當闇然自進，不驚人，不令人知，可也。然亦須堅定骨力，流言不懼，笑毀不挫，方能有成。」八月，撫院于公成龍，使來懸匾旌閭，先生受而不報。九月，訂塨所編訟過則例。吹簫。自勘「出門如見大賓」，近多如此。國之桓、介塨執贄，先生辭；固請，乃受之。思「戒慎不睹，恐懼不聞」，必於湛然虛靜之中，懍上帝臨汝之意，則靜存正功也。若宋人觀喜、怒、哀、樂未發氣象，非丹家所謂内視乎！塨問曰：「自整飭矣，已又忽忘昏惰，何以免此？」先生曰：「湯銘『苟日新』矣，何必復曰『日日新』？日日則無間矣，何必贅曰『又日新』？可見忽忘昏惰，古今學者通患，除時常振刷，無他法矣。」李植秀問：「閒念朋從，屏之不退，如何？」先生曰：「但將精神竦起，使天君作主，諸念自然退聽。然非用力有素，而驟言竦起退聽，亦殊不易，先儒所謂『工夫即是效驗』也。」族弟借乘，家人對，碓矣。先生思此人魯鈍，無所借，命家人改日碓。十二月，往哭奠閻大來。大來名際泰，蠡人，豪俠好義，所施散萬餘金，交遊幾遍天下，而待人寬讓，遇橫逆笑受之，不報。三從叔子早壯，以孩提從母嫁，至是取歸養之，率之招神於墓，立主習齋旁室，行虞禮。書一聯云：「虛我觀物，畏天恕人。」

庚午（一六九〇）五十六歲

正月三日，養族孫保成爲孫。國之桓至，先生曰：「學人未有真誠如子者，惜老矣！」之桓曰：「竭力向前，死而後已，敢以老阻乎！」先生與王法乾同榻，問曰：「元有寸進否？」曰：「有，遇人爭辯，能不言矣。」二十二日，行中矩，望見壁上書「毋不敬」，快然。思敬時見箴而安，怠時見箴而惕，不啻嚴師爭友矣。湯、武逐物有銘，有以哉！博野令羅公致仕，先生往謝，羅公尋來拜謁，深以先生之學爲是，作喚迷塗序。二月，張東巖通政來訪。二十二日，遭從世母緦服。三月，訂塨族約。思事可以動我心，皆由物重我輕，故兵法曰：「敗兵若以銖稱鎰。」曰：「後世詩、文、字、畫，乾坤四蠹也！」習射。門左演爨弄，家衆寂然，室中各理女工，如無聞。先生喜曰：「誰謂婦女不可入德也！」五月九日，子弟俱往田，思吾庭除日新，有乏人，無廢事，今不潔，衰惰甚矣。乃各處親掃，惟場，三息乃畢。思内篤敬而外肅容，人之本體也，靜時踐其形也；六藝習而百事當，性之良能也，動時踐其形也；絜矩行而上下通，心之萬物皆備也，同天下踐其形也，禪宗焉能亂我哉！二十二日，哭奠從世母墓，告除服。六月，書謹言八戒：一戒閒言，二戒俗言，三戒類引，四戒表暴，五戒陵人，六戒幽幻，七戒傳流言，八戒輕與人深言。思文墨之禍，中于心則害心，中于身則害身，中于家國則害家國。陳文達曰：「本朝自是文墨世界。」當日讀之，亦不覺其詞之慘，而意之悲也。思高明覆物，萬物歸我；洞照萬象，一象不沾，儒、釋相去天淵也。思定其心而後言，自無失言；定其心而後怒，自無妄怒。失言妄怒，皆由逐物，未嘗以我作主。八月朔日，以祭門神齊，思人心不如聖人之純一也，齊日之心，必如聖人，而神乃可格。人身不如聖人之九容也，齊日之身，必如聖人，而神斯可交。一日行容恭，因思劉煥翁。謂門人曰：「予當恭莊時，輒思劉煥章，矜莊時思呂文輔，坦率時思王五修、懇摯時思陳國鎮，謙抑時思張石卿，和氣包括英氣憤發時思王五公。嗟乎！使諸友皆在，其修我豈淺鮮哉！」九月，思人大則事小，伊尹五就湯，五就桀，人未聞譏其反覆背逆也。二日，行中規矩，思昨終日中度，今日惟此時，純敬之難也。思人才無用矣，厭其無用，即己才無用。世路不平矣，怨其不平，即己情不平。以祭考齊戒。思齊戒日，有不悦宜寬之，曰先考之量容之也；有交財宜讓之，曰先考之惠及之也。十月，爲蠡人士作祭劉潤九文。潤九名蔭旺，蠡人，恭兄，富而行仁，環居十餘村，有訟爭，皆往質之。十一月，涞水曹敦化來問學，求列門人，先生辭。王法乾曰：「自知周、孔三物之學，卻缺靜功，不及前日。」先生曰：「易曰『洗心』，中庸曰『齊明』，非齊不明，非明不齊，非洗心不能齊明，非齊明不能洗心。何事閉目靜坐，拾釋子殘沈也！」十二月，教之桓、敦化學禮。敦化介塨執贄，先生許之。先生語塨曰：「伯夷仁也，柳下惠義也。」塨曰：「塨亦謂伯夷非佛、老可托，以其不念舊惡也；柳下惠非鄉愿可托，以其必以道也；伊尹非雜霸可托，以其樂堯、舜之道，而一介取與必嚴也；孔子非經生可托，以其志爲東周，而教人以兵、農、禮、樂也。」先生曰：「然。」先生曰：「唐楊瑄疏言，選士專事文辭，自隋文帝置進士科始。加以帖括，自唐高宗聽劉思立之奏始。乃爲世害至今乎！」

辛未（一六九一）五十七歲

正月，思凡罪皆本於自欺，言聖人之言，而行小人之行，全欺也；即言聖人之言，而行苟自好者之行，亦半欺也。法乾規先生曰：「身不及口，口不及筆。」先生曰：「心更不及身，願共勉之。」思有一夫不能下，亦傲惡；有一事不耐理，亦怠惡；有一行不平實，亦僞惡；有一錢不義得，亦貪惡。又思不怨、不尤，下學而上達，真無聲、無臭，於穆不已，上通于天矣。故曰：「知我者其天乎！」内返歉然自愧！看韓非子至説難「强以其所不能爲，止以其所不能已，如此者身危」憮然恨予交人每蹈此，危哉！名保成曰重光。思予以淺露爲直，暴躁爲剛，執滯爲堅定，屢過不改，廢才也。三月，先生將出游，曰：「蒼生休戚，聖道明晦，敢以天生之身，偷安自私乎？」于是别親友，告家祠，十六日南遊中州。至安平縣閻暉光齋。閻教其門人揖立應對，朔望拜父母儀。獎之。至深州，國之桓請從，以其年老家貧子幼，辭之。對曰：「吾敢遜子路乎！」固請徒步從。先生教之曰：「正心、修身之功，不可因途行懈，吾嘗内自提撕也。」又教以齊家先嚴内外。野莊頭遇鄭光裕克昌，示以喚迷塗，大悦。至順德府馮莊，訪楊雨蒼及其弟濟川，示以喚迷塗，楊録之。晤邢臺教諭賈聿修，故人也。曰：「人言教職爲閑署，不知人才爲政事之本，而學校尤人才之本也。」勉以修身布教之道。四月朔日，行望拜家祠，答拜家人門生禮。至安陽，哭奠許西山先生。訪徐孝子适。适聞存學、存治，曰：「适每夜祝天生聖賢，以衛聖道，其在先生矣！」抵回龍，與陳子彝、耿子達、甯天木、熊伯玉、耿敬仲、孫實則、柴聚魁、丁士傑論學，爲甯季和、閻慎行言經濟。至濬縣，教諭國之蒲男玉，之桓弟也，來迎。游大伾山，諭道士歸倫。考忌日，齊宿遙奠，終日素衣冠，不御酒肉。與男玉論井田，固留之桓而行。宿班勝固，見民以歲凶流亡，惻然，出錢及衣周之。草遊客書，寄縣令，諷以四急：一急停徵，一急賑濟，一急捕蝻，一急請上官行文各處，安集流民。至夏峯，晤孫徵君子：五君協，七君孚，十一君夔，具雞酒祭征君，哭之。拜耿保汝。因同孫平子、孫箕岸登嘯台，遊安樂窩，弔彭餓夫墓，酹以酒。盥嗽百泉。時保汝率子爾良及楊癧千、楊誠甫、李天祐、孔益仲，陸續至。乃以存學質保汝曰：「請問孔、孟在天之神，以爲是否？程、朱罪我否？」保汝曰：「孔、孟必以爲是也，程、朱亦不之罪也，但目前習見不脱者起紛紜耳。」先生曰：「苟無獲戾先儒，而幸聖道粗明，生死元不計也。」保汝曰：「如此無慮矣。」乃爲暢言六藝之學。保汝出其王制管窺，论井田、封建，與先生存治合，深相得。流連幾十日乃別，賫千以車馬送。保汝名極，定興人，從孫徵君移家夏峯，高隱力學。至延津，訪周磏公論學。渡黄河。五月，至河南開封府，張醫卜肆以閲人。思今出遊，卽「用九」也，必見「无首」，乃爲善用。十日夜，店人喊盗，先生堅卧，亦不言。訪張子朗、劉念庵、郭十同、李瑤之。杜聿修、周炎、趙龍文來訪。時時習恭，心神清坦，四體精健。時疫氣流行，兼之斧資不給，而先生浩歌自得，絶不動心。一日見一翁過，骨甚健，異之，挽入座，則孫徵君門人原武張燦然天章也。先生以常功及存學質之，天章喟然曰：「禮樂亡矣，存學誠不容不作。」問水政，先生略言之。天章曰：「先生何不著禮儀、水政書？」先生曰：「元之著存學也，病後儒之著書也，尤而效之乎！且紙墨功多，恐習行之精力少也。」自此來問學者日衆。二十七日，始食杏，恐食早，家人未薦也。張天章來，曰：「學者須靜中養出端倪，書亦須多讀，著書亦不容已。」先生曰：「孔子强壯時，學成教就，陶鑄人材，可以定一代之治平矣。不得用，乃周流，又不得用，乃删述，皆大不得已而爲之者也。如僦富翁者，不學其經營治家之實，而徒效其凶歲轉移，遭亂記産籍以遺子孫者乎！且孔子自居于述，乃武、周述事之述，家居習禮、樂，執射、御，爲司寇辨五土之性，乃述六府、三物之事也；非註記其文字也。後儒以講書註解，托聖人之述，可乎？况靜中了悟，乃釋氏鏡花水月幻學，毫無與于性分之真體，位育之實功也。聖門下學上達，原有正途；不然，孔子日與七十子習行粗迹，而性命不得聞，孔子不幾爲千古之拙師，七十子竟成愚徒乎！」天章曰：「顔子仰鑽、瞻前、如立、卓爾，是何物，豈顔子枯禪乎？」先生曰：「否，顔子明言『博我以文，約我以禮』，豈空中玩弄光景者比耶！後儒以文墨爲文，以虛理爲禮，將博學改爲博讀、博講、博著，不又天淵之分耶！」天章拜手曰：「聞命矣。」時主客坐久，體愈莊，容愈恭。先生因指曰：「非夙用戒慎功，此容不得于人前矯强粧飾也，故一望識君。」天章悦服，抵夜乃去。偶見筆有亂者，因思杏壇之琴書不整，孔子不得謂之「恭而安」，俱正之。六月，游于衢，遇一少年，頗異，問之，朱超越千也。約來寓，已而果至。問其志，願學經濟，乃沽酒對酌，與之言。已，提劍而舞，歌曰：「八月秋風彫白楊，蘆荻蕭蕭天雨霜，有客有客夜彷徨。彷徨良久鸜鵒舞，雙眸炯炯空千古，紛紛諸儒何足數，直呼小兒楊德祖。尊中有酒盤有餐，倚劍還歌行路難，美人家在青雲端，何以贈之雙琅玕。」翌日報一刺曰「吳名士拜」，遂行。抵杞縣，訪田椒柏、鄭吉人，皆以存學爲是。至鄢陵，訪梁廷援以道，于伏村晤劉子厚。訪王延祐次亭。次亭述其師張仲誠所傳，將好貨、好色，作成色相制絶。先生曰：「是主人不務守家，而無事喊盜也。予謂白晝乾健習行，夜中省察操存，私慾自不作。卽或間作，衹一整起亦必退聽。孔門爲仁與克、伐、怨、欲不行之分，卽在此。」次亭請執贄，辭之。晤常貞一、蘇子文。七月，訪劉從先，言禮當習。從先奮起曰：「此時卽習，何待乎？」習祭禮二度。日入，從先曰：「燈可讀書，燈不可習禮乎！」秉燭終三。教從先三郎喪禮。從先問喪服制，言之。訪韓旋元。旋元閱存性曰：「『仁者人也，合而言之道也』，豈心之理善而身乃雜惡乎？」閔存學，曰：「是吾儒喚迷塗也。」訪韓智度。指易「修業、居業」曰：「學者須知田産籍非祖業，講讀籍上田産非修業，乃得求其業而修之；修乃得居之，吾儕急事也。」智度曰：「然。」觀鄧汝極傳，以當時心學盛行，崇證覺以九容、九思、四教、六藝爲多。汝極駁之曰：「九容之不修，是無身也；九思之不謹，是無心也。」先生續曰：「四教之不立，是無道也；六藝之不習，是無學也。」閏七月，思化人者不自異於人。抵上蔡，訪張仲誠。仲誠曰：「修道即在性上修，故爲學必先操存，方爲有主。」先生曰：「是修性，非修道矣。周公以六藝教人，正就人倫日用爲教，故曰『修道謂教』。蓋三物之六德，其發現爲六行，而實事爲六藝。孔門『學而時習之』即此也，所謂格物也；格物而後可言操存誠正。先生教法，毋乃于大學先後之序有紊乎？」論取士，仲誠曰：「如無私，八股可也。」先生曰：「不然，不復鄉舉里選，無人才，無治道。」仲誠名沭，以進士知内黄縣事，有惠政。論學大旨宗陸、王，而變其面貌，以一念常在爲主，弟子從者甚夥。觀上蔡知縣楊廷望所開杜渠，又聞其毁佛寺，重建蓍臺伏羲廟，清丈地畝，躬率人習文廟禮樂，蓋有用才也。先生謂李子楷曰：「朱子論延平觀喜、怒、哀、樂未發時氣象，曰『以不觀觀之』，此是禪宗否？」子楷曰：「此誠近禪。愚等操存不如此，乃將學、問、思、辨俱在『戒慎不覩，恐懼不聞』内用功。」先生曰：「如此，則孔子學于識大、識小，問禮、問官，終日以思，辨聞與達，皆其兀然静存，不覩不聞時也，而可通乎？」八月，先生與仲誠及其門人明辨婉引，幾一月。將行，申曰：「學原精粗内外，一致加功。近世聖道之亡，多因心内惺覺，口中講説，紙上議論，三者之間見道，而身世乃不見道。學堂輒稱『書院』，或曰

「講堂」，皆倚「學之不講」一句，爲遂非之柄，殊不思置「學之」二字于何地。孔門是爲學而講，後人便以講爲學，千里矣！」仲誠笑曰：「向以爲出脱先儒藩籬，不知仍在其窠中也。」及行，仲誠率門人遠送，先生拜手曰：「承教不敢自棄，勉加操存。先生操存有年，願進習行，以惠蒼生。」仲誠拜手許諾。訪侯子賓諸人，勉以習行有用之學。至商水，訪傅惕若，論學，惕若服焉。以「吳名士」刺，拜李子青木天，與言經濟，木天是之。先生佩一短刀，木天問曰：「君善此耶？」先生謝不敏。木天曰：「君願學之，當先拳法，拳法武藝之本也。」時酒酣，月下解衣，爲先生演諸家拳法，良久，先生笑曰：「如此可與君一試。」乃折竹爲刀，對舞，不數合，擊中其腕。木天大驚曰：「技至此乎！」又與深言經濟，木天傾倒下拜。次日令其長子珖、次子順、季子貞，執贄從遊。渡小黄河，訪王子謙及寇楣等，隨問引以正學。抵奉天峙，訪王焉倚、李象乾。焉倚初執習見，已而服。返鄢陵，訪李乾行等，論學。乾行曰：「何須學習，但操存功至，即可將百萬兵，無不如意。」先生悚然，懼後儒虚學誣罔至此。乃舉古人兵間二事，叩其策，次日問之。乾行曰：「未之思，亦不必思，小才小智耳。」先生曰：「小才智尚未能思，大才智又何在？豈君操存尚未至耶！」乾行語塞。九月朔日，偕王次亭昆仲，習冠、燕諸禮。次亭問明德、親民，先生曰：「修六德，行六行，習六藝，所以明也；布六德、六行、六藝於天下，所以親也。今君等在仲誠先生之門，從未以此爲學教，然則何者爲若所以明之、親之者乎？閉門静坐，返念收心，乃二氏之學，非吾儒之操存也。」次亭感佩。先生渡河北歸，過淇縣，訪王餘嚴柔之，五公先生弟也；老病，留金于其孫世臣爲養資。至湯陰訪朱敬主一，他出。其父甯居出會，夙儒也，語之學，抵掌稱善。主一歸，先生與主一及其子侄習禮。甯居曰：「予可任老乎！」卽主位伏興，彬彬如也。夜與主一論學，論治，主一曰：「不見先生，幾枉度一世。」行，徐适仲容已來迎，出日省記求教，問禮樂，答之。已而主一復來，追送至磁州別。主一請先生習恭，觀之，因並坐習恭。先生曰：「吾儒無一處不與異端反，卽如我二人並坐習恭，儼然兩儒；倘並靜坐，則儼然兩禪和子矣！」十月，至臨城，拜喬百一，耄耋清苦，布衣單敝。饋以金，力却，出酒食，寒舍論學。五日抵里，族侄修己、爾儼從遊。聞家人前以家書至，相謂曰：「不聞朝廷詔至，人臣必拜受乎！夫子，一家之君也，甯以妻子異人臣？」相率拜受。先生惕然曰：「吾無以當之，尚容少自菲薄乎！」因以非禮勿視聽言動，與家人相勉。思言終未能謹，復擬五字用力：曰省、徐、文、禮、遜，或少寡乎！王法乾論道在于書。先生曰：「書之文字固載道，然文字不是道；如車載人，車豈是人！」法乾曰：「如『坐如尸』，非道乎？」曰：「是人坐乎，書坐乎，抑讀之卽當坐乎？」法乾無以應。給李介石書，返其幣，以南遊後，介石具幣儀來問學也。介石名柱，深澤人，黃門人龍子也。辛酉舉鄉，能技擊，好樂，教子甥及門人各習一音，每日讀書畢，卽登歌合樂，颯颯如也，樂易好施，人多德之。

壬申（一六九二）五十八歲

二月，觀塨所輯諸儒論學。關中李中孚曰：「吾儒之學，以經世爲宗。自傳久而謬，一變訓詁，再變詞藝，而儒名存實亡矣。」批曰：「見確如此，乃膺撫台尊禮，集多士景從，亦祇講書說話而已。何不舉古人三事、三物之經世者，與人習行哉！後儒之口筆，見之非，無用；見之是，亦無用，此所以吾心益傷也！」觀古月令，每月教民事，至命樂正習舞，命宗正入學習樂之類。嘆今歷授時布政之法亡，添入「建除」、「宜忌」諸術，亦周、孔學失所致也。謂塨曰：「子纂諸儒論學，名曰未墜集，蓋憂予存性、存學，大翻宋、明之案，逆而難入。録其合道之言，欲使人信吾説不謬於先儒，而教易行，意甚盛也。然予未南遊時，尚有將就程、朱，附之聖門支派之意。自一南游，見人人禪子，家家虚文，直與孔門敵對，必破一分程、朱，始入一分孔、孟，乃定以爲孔、孟、程、朱，判然兩途，不願作道統中鄉愿矣。且所謂未墜者，非也。未墜者，在身世也；今諸儒之論，在身乎世乎？在口筆耳！則論之悖于孔、孟，墜也，即合于孔、孟，亦墜也！吾與子今日，苟言而不行，更憂其墜矣，而暇爲先儒文飾，曰『未墜』哉！」六月，教儼曰：「人之不爲聖人也，其患二：一在視聖人之大德，爲不敢望；一在視聖人之小節，爲聖不在此。吾党須先于小節用功。」七月，録四書正誤偶筆，皆平日偶辨朱子集注之誤者，至是命門人録爲卷。八月，側室田氏卒，葬之祖塋傍，行三虞禮于别室。以無所出，准無服殤例，令子弟十二日除服。田名種宜，有女德，柔順而正，事先生十八年，未嘗一昵近，未嘗仰首一視先生面也。事女君如慈母，死後數年，女君時時哭焉。十一月，王次亭北來問學，先生詳示之。王法乾規先生雜霸，先生曰：「子以僕爲雜霸，或卽子染于老、莊之見乎？僕以子爲老、莊，或卽僕流於雜霸之見乎？各宜自勘。」

癸酉（一六九三）五十九歲

正月，書塨規先生：「道大而器小，宜去褊，去矜，去躁，去隘。」語于記首。二月，王法乾曰：「吾二人原從程、朱入。」先生曰：「從程、朱入之功，不可沒也，然受其害亦甚。使我二人不見程、朱之學，自幼專力孔、孟，所成豈如今日而已哉！即以賢弟聰穎，屢悟屢蔽，受害豈淺。故吾嘗言仙、佛之害，止蔽庸人；程、朱之害，偏迷賢知。」置側室姜氏。亡岐劉懿叔延往。先生曰：「後儒失孔子之道，致我輩不得見君子『以文會友』之樂矣。卽如今日，如聖學未亡，與公郎等吹笙鼓瑟，演禮習射，其快何如？乃祇閒論今古，差勝俗人酣賭而已，可勝歎哉！」四月，以三物一一自勘。思一日不習六藝，何以不愧「習齋」二字乎！閱宋人勸其君用曉事人，勿用辦事人，歎曰：「官乃不許辦事耶！曉事者皆不辦事耶！愚謬至此，不亡得乎！」六月，王越千來問學。觀明臣傳，每以著書成，加官進秩。夫爵位所以待有功者也，而以賞著書之人，朝野胥迷乃爾！觀周密癸辛雜識，載周平原云：「程伊川言，有『真知，所行自然無失』，以致學者但理議論，不力實行。」沈仲固云：「『道學』之名，起於元祐，盛於淳熙，居官不理政事，以爲俗吏所爲，惟建書院，刊書註，輯語録，爲賢者。或稍議之，其黨必擠之爲小人，異時必爲國家莫大之禍，不在典午清談下也！」當時儒者猶覺其害如此，今則舉世罔覺矣，吾敢不懼哉！李植秀問曰：「張仲誠學術錯，先生亦時稱之，何也？」曰：「辯學不容假借，若其居官廉幹，自是可取。吾嘗謂今日若遇程、朱，亦在父事之列，正此意也。」思與常人較短長者，常人也；與小人爭是非者，小人也；如天之無不覆幬，斯大人矣。十月，觀春秋，思孔子祇記某事某事，其經濟裁處之道，皆在胸中未録也，故游、夏不能贊一辭。予皇明大政記，祇録條件，不參一議，以待用之則行，似孔子當日，亦此心事。後人專以文字觀經，至年、月、日皆尋義意，遇不相合，又曰：「美惡不嫌同辭。」恐皆寱語耳！如涿州，哭奠陳國鎮。十二月，與爾儼言致用以税本色、均田爲第一政。

甲戌（一六九四）六十歲

正月朔日，祭祖考，側室田氏亦祔食。二月，肥鄉郝文燦公函來問學，請先生主漳南書院設教，先生辭。王法乾爲定州過割地畝於己名下，書狀不如式，氣象鬱鬱然。先生曰：「爲愛靜空談之學，久必至厭事，厭事必至廢事，遇事卽茫然，賢豪不免，況常人乎？予嘗言誤人才、敗天下事者，宋人之學，不其信夫！」六月，以祭中霤，齊，自勘行坐皆如禮，使他日盡如齊日也，無愧矣；而不如也，非忘乎！故「助、忘」二字，非孟子實加作聖功，不能道也。語塨曰：「吾與文升不言操存，與法乾不議經濟，兼語者惟子，子其勉之。勿以虛文畢事也。」謂魏帝臣曰：「近世翰林院侍讀、講、修撰等官，爲朝廷第一清貴之臣，奈何唐、虞命官詔牧乃忘此要職乎？學術誤及政事，可嘆也。」十月，思「夫子之温、良、恭、儉、讓」，石卿先生有三焉：温、恭、讓也；介祺先生有二焉：温、恭也；晦夫先生有二焉：良與儉也。予曾未有一焉，愧哉！十一月，郝公函具幣帛輿僕，遣苗生尚儉來聘主漳南書院，先生又辭。

乙亥（一六九五）六十一歲

三月，修己曰：「近日取士，書藝攢砌，策表互換，祇爲欺局。」先生嘆曰：「豈惟是哉？孟子後之道之學，二千年總成一大謊！」四月，曰：「施惠于人，乃其人命中所有，第自吾手一轉移耳，何德之有？故世間原無可伐之善，可施之勞。」七月，之小店，途誦程子四箴，覺神清氣聳。因思心淨氣舒一時，乃爲生一時，故君子壽長；神昏氣亂一日，卽是死一日，故小人年短。謂敦化曰：「三重之道，王者之迹也；三物之學，聖人之迹也。亡者，亡其迹也，故孟子曰：『王者之迹熄。』孔子曰：『不踐迹。』吾人須踐迹。」又曰：「多看詩書，最損精力，更傷目。」教修己、爾儼曰：「學者但不見今日有過可改，有善可遷，便是昏惰一日。」十一月，謂修己曰：「子讀律，而時文乃進，可知經書皆益于文，不在讀八比矣。然尚未嘗實學之味也。苟時時正吾心，修吾身，則養成浩氣，天下事無不可爲也，況區區文藝乎？『仁義之人，其言藹如也』，韓退之文人之雄，亦云。」十二月初三日，爲孫重光行冠禮，延杜益齋爲賓。思以厚病人之薄，卽己薄也；以寬形人之刻，卽己刻也。

丙子（一六九六）六十二歲

二月朔日，行朔禮。已旦矣，出行學儀，久之入，家人仍帽幱候請拜。先生曰：「吾德衰，不能振一家之氣，不足拜也。」室人懼，拜内户外，立而不答；側拜，坐而不立。謂曹敦化曰：「天下無治亂，視禮爲治亂；家國無興衰，視禮爲興衰。」四月，郝公函三聘請主教肥鄉漳南書院，乃往；重光及門人鍾錂從。五月朔日在途，率重光行望拜禮，使錂望拜其父母。四日抵屯子堡，漳水泛，公函率鄉人以舟迎入。公函學士相見禮，因告家事。先生曰：「爲兄之道，只不見子弟之過則善矣。」議書院規模，建正廳三間，曰「習講堂」；東第一齋西向，榜曰「文事」，課禮、樂、書、數、天文、地理等科。西第一齋東向，牓曰「武備」，課黄帝、太公及孫、吳諸子兵法，攻守、營陣、陸水諸戰法，并射御、技擊等科。東第二齋西向，曰「經史」，課十三經、歷代史、誥制、章奏、詩文等科。西第二齋東向，曰「藝能」，課水學、火學、工學、象數等科。門仍懸許公三禮漳南書院扁，不沒舊也。門内直東曰「理學齋」，課靜坐、編著程、朱、陸、王之學；直西曰「帖括齋」，課八比舉業；皆北向，以應時制，且漸引之也。北空二齋，左處儐價，右宿來學。門外左房六間，榻行賓；右廈六間，容車騎。東爲更衣亭，西爲步馬射圃堂，東北隅爲倉庫、厨竈，西北隅積柴炭。思孔子討陳恒，而料其民不予，會夾谷而却萊兵，反汶田，聖人之智勇也；乃宋儒出而達德沒，僅以明理解智，去私解勇，其氣運之阨哉！又思君臣、父子、夫婦、昆弟、朋友，天下之達道也，自佛氏出，而天下有不達之道；知、仁、勇，天下之達德也，自宋儒起，而天下有不達之德。郝也魯、苗尚信、白宗伊、李宏業、韓習數、郝也廉、郝也愚，拜從學。六月，書習講堂聯云：「聊存孔緒勵習行，脱去鄉愿、禪宗、訓詁、帖括之套；恭體天心學經濟，斡旋人才、政事、道統、氣數之機。」思多言，由于歷世事不熟，看人情不透。閲家語，至游農山，歎曰：「觀于子路、子貢，則趙奢、李靖、仲連、陸賈，皆吾道所不擯矣。乃自宋儒分派，而諸色英俊，胥不得與于吾道，異哉！」思有所事則心景日上，無所事則心思日下，尚書曰「所其無逸」，有以也。命諸生習恭、習數、習禮，與公函顧而樂之。七月朔，行學儀畢，曰：「朔望行禮，匪直儀文，蓋欲每月振刷自新也，汝等知之？」又教弟子舞，舉石習力，先生浩歌。八月，如回龍，晤諸故友。程濬伯請筵，語之曰：「程、朱與孔門，體用皆殊。居敬，孔子之禮也；靜坐惺惺，程、朱之禮也。兵、農、禮、樂爲東周，孔子之用也；經筵進講『正心、誠意』，程、朱之用也。」灊伯曰：「解矣。」訪路趨光驤皇，論治主封建井田相合。謂之曰：「聖人不能借才異代，須寬以收天下之材，和以大天下之交。」十六日，以漳水愈漲，書齋皆沒，歎曰：「天也！」乃旋。門人皆哭別，也魯送至家，九月始返。思「非禮勿視」四句，嚮二字一讀，謂不視邪色云云，非孔子復禮意也。當四字一氣讀，重在一「禮」字，謂視聽言動必于禮也。「天下歸仁」，卽「王天下有三重，民其寡過也」，皆復于禮也。思威不足以鎮人，而妄夷之；惠不足以感人，而妄居之，不智也，禍于是伏焉。十一月十五日，爲爽然行冠禮，延劉滁翁爲賓。爽然，卽早壯也。二十七日，遭叔母期喪，寢于外，不入內，飲食行處，非哭時皆如平居，不致毀矣。十二月，著宋史評，爲王安石、韓侂胄辯也。其辯安石略曰：「荊公書夜誦讀，著書作文，立法以經義取士，亦宋室一書生耳。然較之當時，則無其倫比，廉孝高尚，浩然有古人正己以正天下之想。及既出也，慨然欲堯、舜、三代其君。所行法，如農田、保甲、保馬、雇役、方田、水利、更戍、置弓箭手于兩河，皆屬良法，後多踵行。卽當時至元祐間，范純仁、李清臣、彭汝礪等，亦訟其法，以爲不可盡變。惟青苗、均輸、市易，行之不善，易滋弊竇。然人亦會考當日之時勢乎！太宗北征，中流矢，二歲瘡發而卒，神宗言之，惓焉流涕。夏本宋臣，叛而稱帝，此皆臣子所不可與共戴天者也。宋歲輸遼、夏銀一百二十五萬五千兩，其他慶吊、聘問、賂遺近倖又倍是，宋何以爲國！買以金錢，求其容我爲君，宋何以爲名？又臣子所不可一日安者也。而宋欲舉兵，則兵不足；欲足兵，餉又不足。荊公爲此，其得已哉！辟之仇讐戕吾父兄，吾急與之訟，遂至數責家貲，而豈得已哉？宋人苟安日久，聞北風而戰慄，于是牆堵而進，與荊公爲難，大哄極詬，指之曰奸、曰邪。并無一人與之商搉曰某法可，某法不可，或更有大計焉。惟務使其一事不行，立見驅除而後已，而乃獨責公以執拗，可乎！且公之施爲，亦彰彰有效矣。用薛向、張商英等辦國用，用王韶、熊本等治兵，西滅吐蕃，南平洞蠻，奪夏人五十二砦，高麗來朝，宋幾振矣。而韓琦、富弼等，必欲沮壞之。毋乃荆公當念君父之讐，而韓、富、司馬光等，皆當恝置也乎！矧琦之劾荆公也，其言更可怪笑，曰：『致敵疑者近有七：一招高麗朝貢；一取吐蕃之地建熙河；一植榆柳于西山，制其蕃騎；一創團保甲；一築河北城池；一置都作院，頒弓矢新式，大作戰車；一置河北三十七將，皆宜罷之以釋其疑。』嗟乎！敵惡吾備，則去備，若敵惡吾有首，將去首乎！此韓節夫所以不保其元也。噫！腐儒之見，亦可畏哉！且此七事，皆荆公大計，而史半削之，幸琦誤以爲罪狀遂傳耳，則其他削者何限。范祖禹、黄庭堅修神宗實録，務詆荊公，陸佃曰：『此謗書矣。』既而蔡卞重行刊定，元佑黨起，又行盡改，然則宋史尚可信耶！其指斥荆公者，是耶？非耶？雖然，一人是非何足辨，所恨誣此一人，而遂普忘君父之讐也。而天下後世，遂羣以苟安頽靡爲君子，而建功立業、欲搘柱乾坤者爲小人也；豈獨荆公之不幸，宋之不幸也哉！」辯侂胄略曰：「南宋之金，與北宋之遼，又不可同年而語也。乃累世知岳飛之忠，累世皆秦檜之智，獨韓平原毅然下詔伐金，可謂爲祖宗雪恥地下者矣；仗義復讐，雖敗猶榮者矣。乃宋人必欲誅之以畀金也，尚有人心哉！然兵臨城下，宗社立墟，敵問戎首，無如何也。乃夷考當時，葉適、丘崈、辛棄疾等支吾于北，敵無勝計，而宋相之首，已不保矣，異哉！有題朝門者，曰：「晁錯既誅終叛漢，於期一入竟亡燕！」可見當時人卽惜之，非誅平原而宋存，留平原而宋亡也。及金主見平原首，率羣臣哭祭禮葬曰：「此人忠於謀國，繆于謀身」，謚曰『忠繆』，則金非惡平原，而深笑宋室也可知矣。宋史乃入之奸臣傳，徒以貶道學曰『僞學』，犯文人之深惡耳。宋儒之學，平心論之，支離章句，染痼釋、老，而自居于直接孔、孟，不近于僞乎！其時儒者，如沈仲固、周密等皆曰『今道學輩言行了不相顧』，其徒不已有僞乎，而遂深疾之也！至于指數其奸，除貶僞學外，實無左驗，徒曰『姬媵盛，左右獻媚』而已。郭汾陽猶窮奢極欲，張曲江猶喜軟美，而欲責平原以聖賢乎！且此等亦未必非珥筆文人媒孽之也，而七百年來，直視爲奸宵，無一察焉，不其冤哉！」郭子固寓書問學。子固名金城，北京人，少能詩文，聞塨言顏先生之道，輒棄去，爲天文、地理、禮樂、書數、河渠諸學。仕刑部員外郎，精練刑名，十四司稿皆倚定，每奏讞，再四欷歔，全活甚夥；陞御史，上疏謂官宂殘民，請汰之。性孝友，謙默有容，非其義，强之財，弗受也，年四十一卒。博野知縣徐公國綬造廬拜見。

丁醜（一六九七）六十三歲

正月，偶觀宋孫馨、吳時二傳，歎宋家每論人，先取不喜兵，能作文讀書，不可療之痼癖也。殃其一代君臣，毒流奕世，傷哉！思人至衰老，容色氣度，宜倍寬和，以樂人群；骨力志情，宜更剛毅，以保天命。吾未有一焉，豈不可懼。二月，思宋人但見料理邊疆，便指爲多事；見理財，便指爲聚斂；見心計材武，便憎惡斥爲小人，此風不變，乾坤無寧日也。閱韓詩外傳，仁道有四：聖仁、智仁、德仁，而磏仁爲下。歎曰：「予求仁而好其下，殆哉！」觀古書言十淫，有「淫中破禮」，「淫文破典」，曰：「其宋儒之謂乎！」三月，廣平陳宗文來訪。四月，王法乾與先生言學，忽歎曰：「宋儒竟是惑世誣民！」先生笑曰：「子乃今始知乎！」答塨書曰：「吾所望與于此道者，惟足下一人。故懼其放，畏其雜，相見責善過切，如日暮途遠，擔重力罷，將伯之呼，不覺其聲高而氣躁也。」六月，思天之所祚報者，人不感稱，己不表見，所謂陰德也。又思對越上帝，不爲世味糾纏，不爲喜怒勞擾，不爲疾病困縛，乃爲晚年進益。七月，定興劉棻旃甫刊先生訂改王應麟三字書。九月，思古人靜中之功，如「洗心退藏于密」，乃洗去心之污染，退然自藏，極其嚴密，一無粗疏，卽「不動而敬」也。何事宋人借禪宗空靜，而文之以「主一」，又贅之以「無適」，以似是而非者亂吾學哉！十一月十七日，哭奠叔母墓，告服闋。

戊寅（一六九八）六十四歲

正月，登廁，皆梁之糠秕也，出謂人曰：「昔年歲儉，人剛主家，廁矢積蓊糠。此處正堪自對，焉知貧之苦乎？」三月八日忽長吁，自愧必有隱憂不自覺者。思千古無暴戾之君子。四月，思諸子不及門，吾卽無學習，亦是無志，遂獨習士相見禮，如對大賓。鄢陵裴文芳子馨來問學。五月，觀朱子語類「秦檜愛與理學交，自謂敬以直內，終日受用」，則當日理學之爲小人假者，固多矣！六月，保定詹遠定侯來問學。觀語類曰：「本朝全盛時，如慶曆、元佑間，只是相共扶持，不敢做事，不敢動，被外人侮，亦祇忍受，不敢與較，方得天下少寧；積而至于靖康，一旦所爲如此，安得天下不亂？」不知此言，是怨慶歷、元祐諸人乎？抑怨靖康諸人乎？宋家可笑可憐，積成禍亂之狀如此，而乃歸獄荊公，何也？思宋儒如得一路程本，觀一處又觀一處，自喜爲通天下路程人，人亦以曉路稱之。其實一步未行，一處未到，周行榛蕪矣。遽返己，正墮此，處事非惰卽略，待人非偏卽隘，仍一不能走路之宋儒也，可愧可懼！塨謂走路者，兵、農、禮、樂也，路程本者，載兵、農、禮、樂之籍也，宋儒亦不甚喜觀此籍。蓋其所喜者，尚在安樂窩居，不在通曉路程也。如論語「敬事而信」等書，必曰「是心不是政」，可見。思吾身原合天下爲一體。「行夏時，乘殷輅，服周冕，舞韶樂，放鄭聲，遠佞人」，合天下之視聽言動，俱歸于禮也。故曰：「天下歸仁。」七月，曰：「天下寧有異學，不可有假學；異學能亂正學，而不能滅正學，有似是而非之學，乃滅之矣。」徐公解任來作別，先生往答之。八月，覺胸中恬靜，與天地相似。十月，王法乾曰：「自居功者，人必共怨之；自居長者，人必共短之；自居是者，人必共非之。」先生曰：「然。」十二月，李植秀請專志于禮，先生曰：「善。剛主在浙學樂，俊射粗可，修己學律，希濂學書，賞白及儼數俱可用，近法乾大奮於禮，汝又佐之，六藝備於吾黨矣。予何憾。勉之！」習祭禮，爲身近衰惰，乃主獻，升降跪拜以自振。國之桓卒，先生聞之大哭！易素冠服，爲位哭奠，受弔，持心喪三月。之桓字公玉，深州生員，性樂善，愨誠敢爲。邑人王之俊廬墓苦孝，桓遍走當道及諸王舉揚。田逢年行傭得直，以佐斧資，桓辭之。逢年恚曰：「善不分人乎！」凡五載，卒上達建石坊于之俊墓。長顔先生八歲，束修長跽求教，先生辭。桓曰：「昔董蘿石執贄王陽明不論年，桓乃遜蘿石耶！」卒成禮。先生南游，桓步從，時年幾七十矣。嘗擬草民疏，言天下疾苦，人笑其愚，不恤也。老以無子置側，凡求嗣，必偕齊戒沐浴，聯生三子。爲重光娶婦，行醮命、親迎、饋食、饗婦禮。

己卯（一六九九）六十五歲

二月，規王法乾不繫念民物。法乾引易「何思何慮」，先生曰：「子自返已至聖人乎！元則自愧衰昏，不能『晝有爲、宵有得矣。』」觀朱子語録，見其于岳忠武也，雖從天下之公好稱之，有隱忌焉，曰「岳飛誅」，曰「岳飛亦横」，曰「岳飛只是亂殺」。于秦檜也，雖從天下之公惡而貶之，有隱予焉，曰「秦老」，曰「士夫之小人」，何也！爲植秀、鋑言用人：自鄉約保長，與州縣吏胥同禄，更代任用，三年，鄉里公課其功德，而上之邑宰，邑升府，府升監司，監司登之朝，以至公卿。思每晝夜自檢，務澄澈方寸，無厭世心，無忘世心，無怨尤心，無欺假心，方與天地相似。不然，昏昏如無事人，老而衰矣。吟詩云：「本來一點無虧缺，遭際窮阨奈我何！自從知得吾儒事，不大行也亦婆娑。」三月，思言行不相顧，卽欺世也；使路人指爲聖人，而一德未立，一行未成，卽盜名也；見禍于天，受侮于人，不亦宜乎！四月，之桓心喪已闋，以未得往哭，猶不忍歌笑爲樂。十八日，王法乾卒，先生慟哭！爲之持緦服，朔望祭禮俱廢。五月，送法乾葬，爲謀家事，托其門人王懷萬，教遺孤溥。一僧從先生言，歸倫，姓姚，名之曰宏緒，字曰昌裔。思畏友云亡，須時時畏天，不則墮。六月，思三事、六藝若盡亡，三才亦不立矣；所亡者，士不以爲學術耳。語修己，勿觀性理語録。抵某家，寅起，賓主皆未寤。思吾方自愧衰惰，而人猶稱勵精，世運乃至此哉！省過，近多自老，大過也。七月已前不時哭慟，至十九日之北泗哭、奠、釋麻。既而考禮，乃悔誤廢吉禮。蓋朋友麻，乃弔服加麻，非緦麻服也，謝過于家祠、五祀。閏七月，塨自浙來，見先生，命吹篴笙，聽之。塨謂先生曰：「先生倡明聖學，功在萬世。

但竊思向者，束身以斂心功多，養心以範身功少，恐高年于内地更宜力也。」乃以無念有念、無事有事、總持一敬之功質。先生曰：「然，吾無以進子，子乃于外出得之，可愧也。敢不共力！」乃書「小心翼翼，昭事上帝」二語于日記首，日服膺之。觀毛大可樂書、王草堂書解正誤。大可先生名奇齡，浙之蕭山人，多學善文，少爲讐家搆，避之四方。康熙戊午，舉博學鴻儒，授翰林院檢討，已告歸，益邃經學，禮、樂、易、詩、書、春秋，各有論著，一洗舊儒痼説。草堂名復禮，淑行好學，初年調和朱、陸，晚見益邃，著四書集注補書正誤，駁朱註訛謬，内入顔先生説。曹敦化以新鄉尚重威如及朱主一詠先生辭來。威如辭曰：「卓識絶膽，踢籬折藩。存性學，恨不親孔、孟傳；講治法，真如見三王面。不得已，跳過漢、唐，舉首堯天。眼睜睛，總不教塵沙眩！」主一辭曰：「喚回迷塗，億兆添多，三存如願，萬邦協和。喜先生壽考作人，聞風起，焉肯蹉跎！」威如、主一寄辭，俱四拜。塨質所著大學辨業于先生。大略言：格物、致知者，博學于文也，學問思辨也；誠正、修齊、治平者，約之以禮也，篤行也。物即三物之物，格，至也，即「學而時習之」。誠意，慎獨也，内省也；正心，心在也，「洗心退藏於密也」，「不動而敬」也。總之，不分已發、未發，皆持一敬，孔子所謂「修己以敬」也。謂心無静時，祇一慎獨盡之而已；朱子分静存、動察者非也；分静于動，而以主静爲功者，亦非也。何者？心之静而爲其所不覩不聞者，祇屬須臾，不可主之也；主之，必入二氏矣。先生喜曰：「吾道賴子明矣。」後爲之作序。八月，語曹敦化曰：「論語，孔子之經濟譜也。漢高祇得『惠則足以使人』一句，即興；項王祇犯『有司出納』一條，即亡。」自以衰病，敬身功疏，省過自振。九月，安州馮繪升來，以法乾亡，與繪升約一年兩會，責善辨學。以衰病不能理他功，惟常習恭；覺萎怠，習恭莊；覺放肆，習恭謹；覺暴戾，習溫恭；覺矜張，習謙恭；覺多言，習恭默；覺矯揉，習恭安。先生以屯子堡水患益甚，屢請不往。至是郝公函書至候安，附一契云：「顏習齋先生生爲漳南書院師，沒爲書院先師。文燦所贈莊一所，田五十畝，生爲習齋産，沒爲習齋遺産。」十一月，省過，恐振厲時是「助」，平穩時是「忘」。十一月，博野知縣杜公開銓造廬拜見。閱陸桴亭思辨録。

庚辰（一七〇〇）六十六歲

二月，把總趙玘光玉來拜。去，謂儼曰：「汝今日見吾會武夫辭氣乎？」對曰：「異平日矣。」先生曰：「因事致禮，因人致對，竊有慕焉；友人不知吾者多矣。」三月，朱主一來，考習六藝，復具贄，令其少子本良從學。一日習恭，忽閉目，自警曰：「此昏惰之乘也，不恭孰甚！」已而喟然歎曰：「天置我于散地，二十有八年，曾不切劘我矣。」植秀問曰：「何也？」曰：「困抑不若在蠡之甚，左右共事，不若在蠡之才，忽忽老矣，是以歎也！」五月，思法乾不已，因曰：「行敬一步，即若法乾之監我一步也；心敬一念，即若法乾之範我一念也，何必戚戚爲無益之悲乎？」作先君子傳曰：「年幾七十，受兄掌面，不怒益恭；此一節也，幾堯、舜矣。」六月二日，覺天清地寧，風和氣爽，身舒心泰，誠如象山所云「欲與天地不相似不得」者。倘如是以死，子張所稱「君子曰終」，其庶乎！思昔年工程，靜敬中檢昏惰，近日昏惰中檢靜敬。七月，徐仲容來問學。思釋氏、宋儒，靜中之明，不足恃也，動則不明矣。故堯、舜之正德、利用、厚生謂之三事；不見之事，非德、非用、非生也。周公之六德、六行、六藝謂之三物；不徵諸物，非德、非行、非藝也。許恭玉憂學人弱如婦人女子。先生曰：「非去帖括制藝與讀、著、主靜之道，禍終此乾坤矣！」八月，高陽李霖沛公寓書問學，稱「弟子」。謂李命侯曰：「法乾卒，良友中再無以聖人相責者。」遂泣下不已。十月，思家人有不化者，須諄諄諭之，以法齊之，乃書「言教、法束，人治之要」，于日記額。悔過，自訟驕、浮二事。十一月，思文王「緝熙敬止」，若宋人釋之，必寫一派禪宗。大學「爲人君」五句，乃真熙、真敬。十八日，夜就榻矣，聞子弟樵還，復出圍坐，成一聯云：「父子祖孫，幸一筵共樂；漁樵耕牧，喜四景長春。」十二月，謂重光曰：「三達德之定天下也，有互用之時，有獨勝之時。光武戰昆陽，此德勇獨勝之時也。」評塨日譜，戒以用實功，惜精力，勿爲文字秏損。口占云：「宇宙無知己，惟有地天通，須臾隔亦愧，自矢日兢兢。」思人使之才易，使人之才難。

辛巳（一七〇一）六十七歲

正月十五日，祭户神，祝成。教重光安五祀龕，奉上額，正行，家衆當者令辟，坐者令起。淨掃神位，拂拭神主，置祝爐前，恭揖稟明日寅時恭祭，垂簾而退。此儀幾四十年，皆先生自行，今始命孫。塨弟培從學。二月，培請先生之李家莊。塨門人管廷耀、李廷獻、管紹昌皆來習禮。三月，修己侍，告之曰：「浮躁人無德，亦鮮福壽。吾年少自斷不過三十，今幸苟延也。子戒之！」閻公度半日默對，嘗闔座稱羨。」四月，李塨問孟子「盡其心」節，先生曰：「盡其惻隱、羞惡、辭讓、是非之心者，知其仁、義、禮、智之性也；知其仁、義、禮、智之性，則知元、亨、利、貞之天矣。」五月，曹乾齋刊存學編。六月，思「小心翼翼」，翼翼者，如翼之飛，進進不已也。八月，塨將入京，先生曰：「道寄於紙千卷，不如寄于人一二分。北遊，須以鼓舞學人爲第一義。」自傷三老：有不下之族墓，一也；田有菅曠，二也；歌興不長多忘句，三也。九月，語杜生曰：「道莫切于禮，作聖之事也。今人視禮之精鉅者曰不能，粗細者曰不必，是使聖人無從學也。有志者，先其粗，慎其細，學得一端，亦可。卽如出告、反面，苟行之，家道不亦秩，孝弟不亦興乎！」教塨曰：「今卽著述盡是，不過宋儒爲誤解之書生，我爲不誤解之書生耳，何與于儒者本業哉？願省養精神，苟得行此道之分寸，吾卽死無憾矣。」十二月，有惑者，盛氣解之，思此卽己惑也。曹乾齋寄所刻存學編至，或言盍走書謝之。先生不可，曰：「吾二人不識面，渠以明道也，非以爲我也，何謝？」後有問學書至，乃答之。

壬午（一七〇二）六十八歲

正月朔日，始祖、禰同祀。初先生遵程伊川說，春祭祖，秋祭禰。塨按：古禮皆祖、禰同日祭，程說非也，質之先生，先生考而然之，至是改從古禮。聞人稱邊之藩孝、恤二行，曰：「吾門有人矣！」雪夜，重光取薪烘火，他人者近，欲把之，思不可，而遠取己薪。先生聞而獎之曰：「充此意，可爲聖矣。昏夜不欺，一也；義利分明，二也；舉念能斷，三也。」二月四日，哭從姑喪，思禮七十衰麻在身而已，而況功、緦乃定葬日朔望禮，哭勿傷，其餘但追慕，不哭。服膺「小心、昭事」。思任人情之顛倒，事變之反覆，君子之心總不其失對越上帝之常，其幾矣！三月八日，忽思少年最卑汚事，因思張仲誠言「鳶飛戾天，一斂翅卽落地」，豈不信乎！自今不可任此身頽衰，須日日有工程，但擇老力可能者爲之耳。劉懿叔稱其長郎、近勤子職，先生因獎之。語懿叔曰：「數子十過，不如獎子一長。數過不改也，徒傷情；獎長益勸也，且全恩。」五月四日，哭奠從姑，告除緦。自勘：期人過高，望人過厚，百苦百咎所從來也。或饋肉，家人德之，先生曰：「此施百而報一也。」家人言，報一亦佳。先生因自愧一言三失：伐善，校物，器小。思老來懈惰之態，不施于身，昏慢之慝，不作于心，無所鬱累，無所貪繫，斯學力之驗也已。六月，自勘曰：「李晦夫氣象朴穆，全不入世局；王法乾專一畏避，故皆不受侮。予既甘心沮、溺，而又不能認確『窮則獨善』一句。且至誠不足動人，恭也皆取恥辱，愛也皆招玩侮，是誰之過與？」思宋儒之學，南誤張仲誠，西誤李中孚，北誤王法乾，皆天生秀傑，可爲斯人立命者。誤常人之患小，誤秀賢之禍大。又思吕新吾、陸道威材識又高矣，亦沾泥帶水，更可惜也！族孫保邦，初不識字，先生愛其勇力，教之武，爲講鑑史，遂漸通文。閏六月，乃入班行學儀。習恭，覺足容微開，斂之。十四日，小便秘，幾殆，書命塨勉力益光聖道，已少靜，談笑如常，夜乃通。越數月，鋑侍，請曰：「剛主曾請于師，以習齋作千秋公所，門人恭祀師主，集則講習其中，先生可手書一紙。」先生許之。七月，先生聞某不分父勞，歎曰：「古者弟子爲學，即教之事父事兄，服勞奉養。今學讀書作文，必袖手靜坐，安其身，而奴隸其父兄。此時文取士之害，讀作爲學之弊也。」八月，思大人自恃其聰明，則不能用人；小人自恃其聰明，則不能爲人用。聞師賈金玉卒，奔哭。持心喪五月，罷，無時哭，猶朝夕哭，葬時率門人往哭送。九月，河南周璕，介塨執贄從學，先生率行釋菜禮于先聖，傳之經濟，囑以勿爲書生所誤。培始編日記求教，誨之曰：「務有恆。」

癸未（一七〇三）六十九歲

正月，或求教授書文，先生曰：「衰疲自知天廢，姑舌耕以濟絶糧，亦可也。」于是曹可成、田得豐、郝品、郝夢祥、郝夢麒來從遊。清苑馮辰拱北書來問學，答之。六月，大興王源，介塨執贄從學，先生辭不受；固請，乃受之。曰：「文升、剛主，道吾友英雄之氣，與夫文章識力，想望久矣！近又聞因剛主言，爲省身録，從事身心，尤使僕喜而不寐，過謙不敢當。然相期于周、孔之道者，寧有既乎！願斷自今，一洗詩文之習，實力聖學，斯道斯民之幸也。」因問曰：「聞子知兵，其要云何？」對曰：「源何足知兵要，但以爲不過奇、正而已。」又曰：「假以烏合數千，使子治之，何法爲先？」對曰：「莫先束伍。」先生躍然曰：「子真其人矣！」次日，率源祭告孔子，行釋菜禮，祝聖陰佑，使之成德興行，有功乾坤。評省身録，勉以遷善改過。源問刀法，告之。源紀二詩曰：「離迷禾黍問南村，慚愧擔簦五柳門。十載低顔隨燕雀，半生孤眼横乾坤。先生有道青雲上，今日從遊皂帽尊。虞、夏高歌人未老，無邊風雨正黄昏。」「藜羹麥飯話情親，今古興亡賴有人。破屋寒飛宵練影，荒籬遠隔夕陽塵。直將文武傳洙泗，未許安危係洛閩。山勢東蟠滄海盡，應知燕趙自生申。」七月，塨使弟培、門人陳兆興爲共學會，以日記質之先生。塨質所撰小學勺舞儀節，畫舞位，執干、戚、羽、籥以舞。先生觀譜，監之。八月，評培日記，曰：「既脱俗局，而高視遠望；再斂空虛，而自卑自邇，則可與適道矣。」儼侍，言有心疾。曰：「習行于身者多，勞枯于心者少，自壯。」一日，曹可成觀天象，言寅時東方見黑雲，似雨兆，然不大；次晨果微雨。先生曰：「若可成者，可與傳瞻天之學矣。」九月，祭孔子。祝曰：「李培從元及其兄塨學日記，逐時自省，改過遷善；因之元門下侄修己、爾儼及門人李植秀、鍾錂，各集冊互相糾繩。元亦用自振拂，庶末路無躓，惟神相之！」訂塨所譜小學。十月，夜坐久，無惰容，爲修己述故友劉肇南以六十鄉宦，失一出告，受跪責于其母事。十一月，語可成曰：「孔子稱仲弓可使南面，稱子賤霸王之佐，論由、求等從政，及子貢、孟子之稱孔子，得邦家，得百里而君，聖賢之學之德可想矣。宋人相推有是乎！」先生見學堂禮器位，乃知諸子自習禮也，錂蓋倡之，私喜。培來與錂習勺文舞式。教培痛除假冒將就。十二月齊，憑案者再，因思古人之老也，行有杖，馮有几，是古人固不諱老。齊之日，不拘行、立、坐、卧，以一心思神而不忘爲主，不必盡莊坐也。

甲申（一七〇四）七十歲　九月二日酉時先生卒

正月朔日，祀祖、禰。祝文末曰：「尚其冥佑，末路乾乾，寡增罪戾，庶保降衷以歸元！」率門人習禮，先生作通贊，新歲習勤也，必終肄三。漢軍崔璠奐若來問學。先生謂之曰：「學之亡也，亡其粗也，願由粗以會其精。政之亡也，亡其迹也，願崇迹以行其義。」十五日，行學儀，有後至者。乃命凡遇行禮日，專任一人，或輪班傳呼齊集，務于先生未出前嚴辦，聽候勿悞。自勘一生勉于明虞、周之政，學孔、孟之學，尊祖敬宗，老老恤孤，隆師重友，闢邪衛正，改過修慝，日新時惕，懍乎帝監，勿負蒼生。乃年及七十，而反身自證，無一端可對堯、舜、周、孔而無慚者。且有敗壞不可收拾，如化族一事，良可傷也！戒子侄，後日斂用布，勿以絲帛。二月朔日習禮，先生主獻，問諸子有失儀否？儼曰：「無失，且始終恭敬。」謂門人曰：「孟子『必有事焉』句，是聖學真傳，心有事則心存，身有事則身修，至于家之齊，國之治，皆有事也。無事則道統、治統俱壞。故乾坤之禍，莫甚于釋氏之空無，宋人之主靜。」與門人言博、蠡修河法，曰：「北人祇思除水患，不思興水利，不知興利即除害也。」二十日看書，儼曰：「伯父言誦讀爲病，而又犯之，況年邁宜養。」先生笑置之，曰：「子弟不當如是乎！」族祭，籑，三盞及限，若有醉意；乃坐久止一盞，較指輸一盞，即止。曰：「吾事水學，不外『分、濬、疏』三字；聖王治天下，亦祇此三字。」三月，將以銀易新冠。思此門人周瑀所寄遺者，當爲天下公用之，不可以私華其身；乃易紙，抄喚迷塗。思生存一日，當爲生民辦事一日，因自鈔存人編。遊西圃，可成從。因言王五公之教于陑陽也，謂主人曰：「吾登山，即偕弟子登山，玩水即偕玩水；吾吟酌，吾看花，吾步騎射，無不弟子偕，諸公勿問也，祇取弟子學問科名勝人耳。」學且勿論，其門人甲遂中進士，即帖括也，豈僅在誦讀哉！書「立心高明，俯視一切」，于記首。四月，謂門人曰：「齊宣王欲授孟子室，養弟子，使大夫、國人矜式，是以宋儒待孟子也。孟子志作名世，烏肯居哉！倘以留宋儒，必悅。」使繙朱註，程子果曰：「齊王處孟子，未爲不可。」慨然歎曰：「程、朱之學，焉得冒孔、孟之學哉！」十二日，素服行忌祭禮，其祝末曰：「嗚呼顯考饗哉！知兒之將獻，尚得幾時哉！悲咽哀愴，何有極哉？」塨來，叩稟應郾城知縣温公益修聘，因議南遷。先生曰：「吾夙志也，然屢謀不遂，而竟昏耄，天殆使我葬斯土也已矣！」五月，坐場中，覺脊骨俯屈，振起習恭。二十五日，塨以往郾城，拜辭求教，先生曰：「持身莊竦，力斷文墨，愛惜精神，留心人才，佐政仁廉，足民食用，特簡武壯，不問小過，出入必慎，交遊勿濫。」塨拜受。

行後，先生悽然。許恭玉來，言一統志、廣輿記等書，皆書生文字，于建國規模，山河險要，未詳也。先生曰：「豈惟是哉！自帖括文墨遺禍斯世，即間有考纂經濟者，總不出紙墨見解矣。」六月沐後，見指肉紅潤，甲色穩秀，歎曰：「天何不使我櫛風沐雨，胼手胝足也！」以祭中霤，齊。戌，臥以致思，覺不專一則坐，坐覺不專一則立，期不以暑困勝吾心之齊。思「修其天爵以要人爵」，雖文、武盛時，不能保無其人也。惟修之久，則習與性成，功名之事，皆性命之事矣。即或虛假，而有此一修，其存天理、成人材者亦不淺；故戰國才俊，猶盛後世。此周公立法之善也。今時文取士，求一修天爵以要者，亦安可得哉！七月，謂門人曰：「心性天所與，存養所以事天；道義師所授，習行所以事師。」曹可成死，先生哭之慟。爲素服十二日。八月二日夜，夢中大哭父，闔巷皆聞。十一日，行中矩，習恭。十二日，行中矩，已而習恭，坐如泥塐。夜半，左肋下病發，兒時積也。十三日，習恭者二。十五日，行中秋禮，獻先祠瓜果、酒肉，夜與修己、爾儼、爾檥、重光飲月下，不歌，不能忘可成也。二十五日，寢疾，李植秀、鍾錂俱來侍。二十七日，張振旅、張智吾來視，起，冠。智吾曰：「病，何必冠？」先生曰：「臥則脱，起則冠，固也。」三十日，王巽發、王濬、王澤、王懷萬、王溥、王繩其來候，命人扶揖。九月朔日，張文升來視疾。二日辰，令燀湯沐浴。培及賈子一來視疾，先生謂門人曰：「天下事尚可爲，汝等當積學待用。」申，命自學舍遷于正寢，酉卒，面貌如生。安陽徐适聞訃，北面拜哭，正弟子禮。塨聞訃，自鄖城奔回，哭奠。與及門培、邊之藩、顔修己、李植秀、顔爾儼、鍾錂、賈易、田得豐、郝品、郝夢麒執喪，衰服加絰，紳士許璠、彭大訓等百余人，共奠。囑塨爲祝，曰：「嗚呼！秦火焰而大道隱，講壇盛而學術歧，悠忽者千餘年，昧痼者數百載；乃今始得一先生，而先生又忽逝也，悲哉！天之于人，其有意耶，其無意耶！先生崛起側陋，直以聖道爲己任，以爲聖人必可學而至，希賢則已卑。才總丱，即能幹師門内難。及長，躬灌園，事恩祖，甘毳隨欲敬進，雖勞不怨。日五漏起，坐必直首端身，兩足分踏地，不逾五寸，立不跛，股不搖移，行折必中矩，周旋必中規，盛暑，終身未嘗去衣冠。尊長，恤族里。與王法乾十日一會，糾日記，記詳十二時言行，時下圈黑白，別欺慊。好言論，行嘗忤俗，然生平無一言非道，無一事不以堯、舜、周、孔相較勘。朔望謁家祠，二時祭以及冠昏，力行古禮。居喪倚廬堊室，衰麻無時哭，三年不懈，雖功、緦皆如禮，無少假。待妻如君，撫子如師，屋漏獨居，身未嘗傾欹，是爲先生之躬行。非其有，一介不取，一錢贈必報。邑令約車騎造齋下拜，惟遣弟子答。士民公舉德學苦孝，學使者李公、巡撫于公，將交章上薦，先生力阻若傷之，乃止，是爲先生之守。慨然謂周、孔之道，在六德、六行、六藝，後儒以静坐致良知，參雜異端，篡吾心之德，且鄉黨自好，遂負高誼，罕見一一考行古道，絲發不苟者；至攻詩文，纂章句，羣趨無用，而先王兵、農、禮、樂之藝，嗒然喪失，以致天地不得位，萬物不得育。乃定課外整九容，内顧明命，一致加功，自終日迄夕，乾乾惕若。家禮學規，酌古准今，務曲當。帥弟子分日習禮、習射、習樂、習數、習書，考究兵、農、水、火諸學。學堂中灑掃潔甚，琴竽、決拾、籌管森列，衆生揖讓進退其間，已而歌謳舞蹈。唐、宋後儒室久不見此三代威儀矣。於是著存性、存學、存治、存人以立教，是爲先生之學術。而謂先生之生徒然耶，天無意耶！故嘗謂先生之力行爲今世第一人，而倡明聖學，則秦後第一人。海内文士無論，即稱篤儒致行者，與先生疏密，固大有間。而至於秦火之余，如董仲舒、鄭康成、文中子、韓昌黎、程明道、張橫渠、朱晦庵、王陽明，其於學術，皆襭此躂彼，甚至拾沈捉風，侵淫虛浮，以亂聖道。嗚呼！千余年於茲矣。先生生亦晚近，居蓬蓽，孰傳之，孰啟之？一旦爬日抉月，堯、舜、周、孔之道，拾之墜地，而舉之中天，奚其然耶！豈天道運會，一盛一衰，堯、舜盛以至於周、秦衰，而邐迤至明，自此以後，乾旋坤轉，聖道重明，斯民蒙福，故特生其人耶！乃少困以患難，中阨貧賤，內苦于家庭，外之聞者，或疑或信，或謗且滋，而且奄忽以去。抑天地之氣，如燭灺火燼，已成灰滯，後轉螢點，紅豔烱然自照，而竟熸耶！嗚呼！吾無以知天矣。嗚呼慟哉！凡我同人，皆有後死者之責，其何以不負先生？其何以終邀福于天？先生之神，萬世不磨，矧茲旦夕，而不予臨。嗚呼哀哉！尚饗！」李植秀挽聯云：「持身矻矻，備曆錯節盤根，大德行，二千年後無雙士！樹議岩岩，直排迷途歧路，真學術，十八代來第一人！」鍾錂聯云：「手著四存，繼絕學于三古；躬習六藝，開太平以千秋！」顏爾儼聯云：「關外尋親，遼水東西欽大節；洛中辯道，嵩山南北識真儒！」張文升上私謚曰：「文孝先生。」十二月六日，葬於北楊村西祖兆。埰與及門諸子送葬，哭慟失聲。葬返，從孝子爾儀、孝孫重光行虞祭，相向哭盡哀。持心喪三年。先生卒前遺囑子孫，以習齋爲門人公聚學習之所，埰等共議懸匾門額曰「習齋學舍」。敬書神牌曰「顏習齋先生神位」，供于習齋。晨興設祭，告以後每年二八月上辛公集致祭，講習先生學術。乙酉四月，郾城知縣温德裕刊先生存性、存人、存治三編于郾城。六月，恭修先生年譜。丙戌八月，王源哭奠先生于習齋學舍。十月，訂先生年譜。

中外哲學典籍大全·中國哲學典籍卷
已出版書目

《關氏易傳》《易數鉤隱圖》《删定易圖》，劉嚴點校。

《周易口義》，〔宋〕胡瑗著，白輝洪、于文博、［韓］徐尚賢點校。

《周易玩辭》，〔宋〕項安世著，杜兵點校。

《周易内傳校注》，〔清〕王夫之著，谷繼明、孟澤宇校注。

《周易外傳校注》，〔清〕王夫之著，谷繼明校注。

《易説》，〔清〕惠士奇著，陳峴點校。

《易漢學新校注（附易例）》，〔清〕惠棟著，谷繼明校注。

《周易學》，曹元弼著，周小龍點校。

《讀禮疑圖》，〔明〕季本著，胡雨章點校。

《王制通論》《王制義按》，程大璋著，吕明烜點校。

《春秋釋例》，〔晉〕杜預著，徐淵整理。

《春秋尊王發微》，〔宋〕孫復著，趙金剛整理。

《春秋集注》，〔宋〕張洽著，蔣軍志點校。

《春秋集傳》，〔宋〕張洽著，陳峴點校。

《春秋師説》，〔元〕黄澤著，〔元〕趙汸編，張立恩點校。

《春秋闕疑》，〔元〕鄭玉著，張立恩點校。

《春秋屬辭》，〔元〕趙汸著，張立恩整理。

《宋元孝經學五種》，曾海軍點校。

《孝經集傳》，〔明〕黄道周撰，許卉、蔡傑、翟奎鳳點校。

《孝經鄭注疏》《孝經講義》，常達點校。

《孝經鄭氏注箋釋》，曹元弼著，宫志翀點校。

《孝經學》，曹元弼著，宫志翀點校。

《四書辨疑》，〔元〕陳天祥著，光潔點校。

《張九成集》，〔宋〕張九成著，李春穎點校。

《錢時著作三種》，〔宋〕錢時著，張高博點校。

《吴澄集》，〔元〕吴澄著，方旭東、光潔點校。

《涇皋藏稿》，〔明〕顧憲成著，李可心點校。

《高子遺書》，〔明〕高攀龍著，李卓點校。

《閑道録》，〔明〕沈壽民撰，雍繁星整理。

《四存編》，〔清〕顏元著，王廣點校。

《小心齋劄記》，〔明〕顧憲成著，李可心點校。

《太史公書義法》，孫德謙著，吴天宇點校。

《肇論新疏》，〔元〕文才著，夏德美點校。

更多典籍敬請期待……